© Hachette Livre, 2013.
Écrit par Michel Leydier.
Conception graphique du roman : Audrey Thierry.

Hachette Livre, 43, quai de Grenelle, 75015 Paris.

AVENTURES · SUR · MESURE

CLUEDO

Monsieur Olive

hachette
JEUNESSE

elle, elle se serait retrouvée seule et unique suspecte… Le risque était trop considérable.

 Si tu te méfies de tout le monde et décides d'enquêter seul, va au 30.

Si tu es convaincu que Madame Pervenche est innocente et décides d'enquêter avec elle, va au 5.

LES CHOIX
À CHAQUE FIN DE CHAPITRE, CE VISUEL
T'INDIQUE OÙ CONTINUER TA LECTURE,
S'IL ANNONCE « VA AU 15 », TU DEVRAS CHERCHER
LE CHAPITRE 15 POUR CONTINUER TON AVENTURE.
ATTENTION, PARFOIS, PLUSIEURS CHOIX TE SONT
PROPOSÉS… À TOI DE FAIRE LE BON !

Madame Pervenche te paraît au-dessus de tout soupçon. Elle ne peut pas être retournée la première dans la villa et avoir tué le docteur puisqu'elle ne savait pas que plusieurs personnes quitteraient le parc après elle. Sans ça, elle aurait immédiatement été désignée comme coupable.

Tu envisages de t'associer avec elle car la tâche que tu t'es imposée est immense et vous ne serez pas trop de deux pour tenter de démasquer le coupable. Mais encore faudrait-il qu'elle accepte de faire équipe avec toi ! Le mieux étant de le lui demander, tu t'approches d'elle, ta coupe à la main.

—Je peux vous parler un instant ? demandes-tu discrètement.

— De quoi ? répond-elle, un peu étonnée par ta question.

— Marchons un peu, d'accord ?

Vous vous éloignez du chêne de quelques pas et tu lui expliques pourquoi il n'est pas vraisemblable qu'elle soit coupable. Ce n'est pas elle qui te contredira !

— À deux, nous serons plus forts pour identifier le meurtrier, exposes-tu. J'ai besoin de vous.

LES CHAPITRES
POUR REPÉRER LES CHAPITRES, CHERCHE
LES NUMÉROS COMME CELUI-CI.
ILS APPARAISSENT EN HAUT DE PAGE.

VOUS AVEZ
1 MAIL NON LU

Tiens ! Un mail du docteur Lenoir.

Il peut bien attendre un peu… tu le liras plus tard !

HOUSE OF GREEN

Monsieur Olive
C'est toi !

Particulièrement charismatique, tu as la capacité de te faire des amis et de l'argent en claquant des doigts ! Beaucoup de personnes t'envient cette qualité : en effet, ce n'est pas donné à tout le monde de pouvoir jauger aussi rapidement le profit à retirer de n'importe quelle situation... Le revers de la médaille, c'est que tes spéculations sont incertaines, et tu te fies parfois un peu trop à ton jugement. Mais si c'est le jeu en affaires, sauras-tu être aussi brillant lors d'une enquête ?

À toi de jouer !

Madame Pervenche

Madame Pervenche a su se faire une place de politicienne dans ce milieu principalement masculin. Elle y est respectée… et crainte aussi !

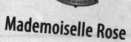

Mademoiselle Rose

Mademoiselle Rose est sublime. C'est simple, elle pourrait être top modèle ! L'ennui, avec les jolies femmes, c'est qu'elles doivent se battre pour prouver qu'elles sont autre chose qu'un physique…

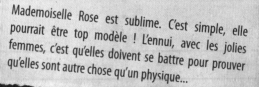

Madame Leblanc

Madame Leblanc est une éminente avocate. Prête à tout pour faire régner la justice, elle en fait trembler plus d'un...

Monsieur Violet

Monsieur Violet pourrait être qualifié de génie ! Inventeur de renommée internationale, il est doté d'une intelligence hors normes...

Monsieur Moutarde

Monsieur Moutarde est un expert en arts martiaux. Mieux vaut ne pas le mettre en colère : sa force herculéenne est une légende dans le monde sportif !

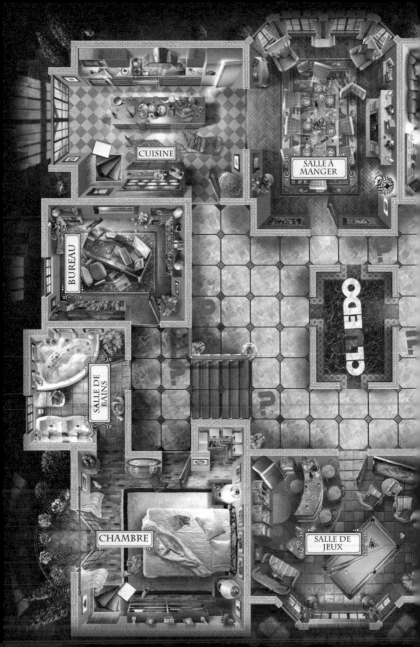

SALON

JARDIN

GARAGE

LES PIÈCES
DE LA VILLA

La villa du docteur Lenoir est grandiose !
Cuisine, salon, bureau, chambre,
salle de jeux… pour explorer le moindre
recoin de cette immense maison,
une vie entière ne suffirait pas !

LES ARMES
DU CRIME

La corde

Le pistolet

Le tuyau

**La clef
à molette**

Le poignard

Le chandelier

Qui n'a jamais rêvé d'enquêter sur un crime ?

Toi qui dévores les romans policiers, qui essaies de deviner le coupable d'une série policière avant tout le monde, tu vas enfin pouvoir mener ta propre enquête !

En participant à cette aventure Cluedo, toi, Monsieur Olive, tu devras élucider un meurtre. Pour cela, il te faudra faire preuve d'intelligence, de psychologie et de perspicacité. Tu vas avoir pour lourde tâche de découvrir l'identité du coupable, l'arme qu'il a utilisée, ainsi que son mobile.

Si tu ne tournes pas de l'œil à la vue d'une goutte de sang et ne crains pas de tomber sur un cadavre, tourne la page...

La journée a été trépidante. Tu as passé la matinée chez ton comptable, tu as déjeuné avec ton banquier, tu as enchaîné les rendez-vous d'affaires… Bref, tu n'as pas eu une minute à toi.

Il est environ dix-huit heures trente et tu te retrouves enfin seul dans ton bureau, face à ton ordinateur. Tu vérifies tes mails en soufflant un peu. Rien de très passionnant : quelques affaires courantes, des spams et… Tiens ! un message du docteur Lenoir ! « *Chers amis. Pour fêter l'arrivée de l'été, j'organise un dîner chez moi samedi soir. Me ferez-vous le plaisir d'accepter mon invitation ? Je compte sur vous tous ! Amicalement, Dr Lenoir.* »

Il s'agit d'un mail collectif, également adressé à Mesdames Pervenche et Leblanc, à Mademoiselle Rose ainsi qu'à Messieurs Moutarde et Violet – de vagues et anciennes connaissances que tu as un peu perdues de vue.

Ta première réaction est mitigée : tu n'es pas très emballé à l'idée d'aller à ce dîner, d'autant plus que tu avais prévu d'aller à la mer, ce week-end ! Mais, étant donné ton métier, un dîner chez un milliardaire, ça ne se refuse pas. La finance, c'est ton domaine, et tu te dois d'entretenir des relations privilégiées avec les gens fortunés. Tes affaires ne sont pas très florissantes, ces derniers temps... Qui sait ? Le docteur a peut-être en tête de te confier la gestion d'une partie de son portefeuille ? Tu pourrais essayer de le convaincre de le faire...

Tout compte fait, ce mail est la seule bonne nouvelle de la journée.

Tu décides donc de modifier tes plans de fin de semaine et d'accepter cette invitation.

 File vite au 3.

Samedi, vingt heures.

Le docteur Lenoir reçoit ses invités dans son salon.

— Les amis, annonce-t-il lorsque vous êtes tous arrivés, n'oublions pas que je vous ai conviés pour célébrer le retour des beaux jours ! Je propose donc que nous allions prendre l'apéritif dans le parc afin de profiter de la douceur des derniers rayons de soleil.

Vous le suivez de bon gré dehors. Antoine, le majordome, a disposé tables et fauteuils à l'abri d'un grand chêne. Il s'affaire à présent à disposer des assiettes garnies d'amuse-bouches, des plateaux de verres et autres seaux à glace.

Quelques minutes plus tard, vous levez vos verres.

— Que cet été vous soit agréable à tous ! lance le docteur. Et merci à chacun d'entre vous d'avoir accepté mon invitation !

À peine avez-vous trinqué et porté les coupes de champagne à vos lèvres que le docteur se relève.

— Je vous prie de bien vouloir m'excuser un très court instant.

Il se tourne alors vers Antoine et lui glisse :

— Je vous confie momentanément mes invités. Veillez à ce qu'ils ne manquent de rien, surtout !

Antoine exécute une courbette et le docteur retourne vers la maison, située à une centaine de mètres.

 Va au 4.

l s'est déjà écoulé une vingtaine de minutes et le docteur ne vous a toujours pas rejoints dans le parc...

Tu en fais la remarque à Mademoiselle Rose, très en beauté ce soir, avec qui tu papotes tranquillement, un peu à l'écart des autres.

— Allons voir ce qu'il fait ! lui proposes-tu.

Vous déposez vos coupes et regagnez l'intérieur de la villa.

Personne dans le salon, ni dans la salle à manger. Vous appelez :

— Docteur ? Docteur, où êtes-vous ?

Vous vérifiez dans la cuisine puis dans le bureau... Et là, stupeur ! Le docteur est immobile derrière sa table de travail dans une curieuse position : il est penché en avant et sa tête repose sur son sous-main...

Vous vous précipitez : le meuble est recouvert de sang ! Un des bras de votre hôte pend dans le vide. Tu palpes son poignet mais ne sens aucune pulsation.

— Il est mort ! lâches-tu.

— Oh mon Dieu ! s'exclame Mademoiselle Rose.

— Allez vite prévenir les autres !

Quelques secondes plus tard, tous les convives

du docteur, ainsi qu'Antoine, vous rejoignent et restent muets face au drame.

Que faire ?

Avocate, Madame Leblanc a plus d'expérience et de sang-froid que vous.

— Ne touchez à rien ! ordonne-t-elle. J'appelle la police.

Elle sort immédiatement son téléphone portable de son sac à main et compose un numéro. En quelques phrases claires et concises, elle résume la situation et donne l'adresse du docteur avant de raccrocher.

— Ils envoient une équipe dès que possible, rapporte-t-elle. Malheureusement, ils ont peu d'effectifs, et, apparemment, le travail ne manque pas...

« Comme si les tueurs en série avaient attendu l'été pour reprendre leurs activités » , te dis-tu.

— Qu'est-ce qu'on fait ? demande Monsieur Violet, angoissé.

— On va attendre la police, réponds-tu. Que voulez-vous faire d'autre ? Il s'agit d'un meurtre, les enquêteurs voudront tous nous entendre !

Le mot « meurtre » en fait bondir plus d'un. On te regarde comme si tu venais d'évoquer le diable.

— Le sang ne sort pas tout seul d'un corps humain, expliques-tu avec perspicacité. Il faut une blessure pour qu'il s'échappe. On ne la distingue pas nettement dans le cas présent parce que le corps du docteur a basculé en avant et qu'il y a du sang partout, mais elle doit se situer au niveau de la gorge, à mon avis.

— Peut-être s'est-il suicidé ? suggère timidement Monsieur Moutarde.

— Non ! objectes-tu. S'il s'était suicidé avec un revolver, un poignard ou ce que vous voulez, l'arme utilisée serait visible, à portée de main. Il s'agit d'un meurtre, j'en suis certain ! Et l'assassin est forcément parmi nous !

Tu sens la tension monter d'un cran mais personne ne cherche à te contredire. Ta démonstration a été convaincante.

Et tu n'as pas du tout l'intention d'en rester là. Tu comptes bien découvrir par toi-même l'identité du coupable. Pas question d'attendre la police comme on attend un livreur de pizzas ! Ne rien entreprendre signifierait risquer de finir comme le docteur.

Vous quittez tous le bureau en refermant soigneusement la porte et retournez dans le jardin en silence, sous le choc.

Tu mets à profit ce laps de temps pour réfléchir à la situation. Tout le monde est suspect puisque les convives du docteur ont tous quitté le parc à un moment ou à un autre avant votre macabre découverte. Monsieur Violet avait oublié ses cigarettes à l'intérieur et Monsieur Moutarde son téléphone. Mademoiselle Rose est allée se refaire une beauté – ce qui te paraissait tout à fait superflu tant elle rayonnait – et Madame Leblanc a récupéré son gilet car elle souffre d'un léger début d'angine. Quant à Madame Pervenche, elle n'a pas donné d'explication, ce que chacun a traduit par un besoin soudain de se soulager.

Toi aussi, tu t'es brièvement absenté pour porter une gamelle d'eau à Watson, ton fidèle épagneul breton resté à l'intérieur de ta voiture dans le garage. Finalement, les autres peuvent donc aussi te considérer comme suspect.

Seul Antoine n'a pas quitté le parc, obéissant à la lettre à son employeur, passant sans relâche les plats et remplissant les coupes. Il ne peut donc pas être le coupable.

Il y a autre chose qui ne t'a pas échappé : Madame Pervenche est la première à être retournée dans la maison après le départ du docteur. Cet élément est de nature à l'innocenter car si personne d'autre n'avait quitté le parc après elle, elle se serait retrouvée seule et unique suspecte… Le risque était trop grand.

 Si tu te méfies de tout le monde et décides d'enquêter seul, va au 30.

Si tu es convaincu que Madame Pervenche est innocente et décides d'enquêter avec elle, va au 5.

Madame Pervenche te paraît au-dessus de tout soupçon. Elle ne peut pas être retournée la première dans la villa et avoir tué le docteur puisqu'elle ne savait pas que plusieurs personnes quitteraient le parc après elle. Sans quoi, elle aurait immédiatement été désignée comme coupable.

Tu envisages de t'associer avec elle car la tâche que tu t'es imposée est immense et vous ne serez pas trop de deux pour tenter de démasquer le coupable. Mais encore faudrait-il qu'elle accepte de faire équipe avec toi ! Le mieux étant de le lui demander, tu t'approches d'elle, ta coupe à la main.

— Je peux vous parler un instant ? demandes-tu discrètement.

— De quoi ? répond-elle, un peu étonnée par ta question.

— Marchons un peu, d'accord ?

Vous vous éloignez du chêne de quelques pas et tu lui expliques pourquoi il n'est pas vraisemblable qu'elle soit coupable. Ce n'est pas elle qui te contredira !

— À deux, nous serons plus forts pour identifier le meurtrier, déclares-tu. J'ai besoin de vous.

— Mais j'ignore comment on résout une enquête, se défend-elle. Et je ne suis pas sûre d'avoir envie de savoir qui a tué le docteur.

— Vous faites de la politique. Vous savez manier les foules, vous savez être convaincante, renverser l'opinion des gens…

— J'ai un jugement plus respectable de mon métier, Monsieur Olive, répond-elle sèchement.

— Quoi qu'il en soit, il y a un assassin parmi nous, et plus tôt nous l'aurons identifié, mieux nous nous porterons. Vous n'allez pas me dire que ça ne vous glace pas les sangs de savoir qu'une des quatre personnes qui sirotent tranquillement leur champagne sous nos yeux a tué notre ami ce soir ? Et avons-nous la certitude qu'elle s'arrêtera là ? On ne peut pas rester sans rien faire !

 Va écouter sa réponse au 28.

— Je suis souffrante depuis quelque temps et mon frère m'appelle gentiment tous les soirs pour prendre de mes nouvelles. Nous sommes assez bavards tous les deux et nos conversations durent souvent des heures. Mais ce soir, il m'a prévenue qu'il recevait des amis et qu'il ne resterait pas longtemps au téléphone. D'ailleurs, au bout de quelques minutes, quelqu'un a dû entrer dans la pièce où il se trouvait car je l'ai entendu dire quelque chose comme : « Entrez, ma chère, asseyez-vous ! »

Votre sang se glace et tous les regards se tournent à nouveau vers Madame Leblanc, qui blêmit. Forcément, cela ne fait que confirmer vos soupçons puisque les deux autres femmes ont été innocentées.

— Et ensuite ? demandes-tu à Alexandra.

— Ensuite il a abrégé notre discussion en s'excusant et en prétextant que ses invités s'impatientaient. Et il a raccroché.

Tu remercies Alexandra en lui promettant de la tenir informée de l'état de santé de son frère.

Puis tu fixes Madame Leblanc.

— Je pense que vous nous devez quelques explications…

 Ton affaire s'annonce bien ; va vite au 27 pour vérifier que tu l'as bien menée.

De retour dans le parc, tu mets au courant Madame Pervenche de vos découvertes dans le bureau. Le faisceau de présomptions s'épaissit considérablement : le coupable est une femme, vous avez trouvé une arme à feu dans le sac de Madame Leblanc et des documents appartenant au docteur qui constituent un mobile tout à fait plausible.

— Il est temps de la faire avouer ! déclares-tu.

Tu tapotes sur une assiette pour attirer l'attention de tous, puis tu déballes le résultat de vos investigations.

Progressivement, Madame Leblanc baisse la tête. Elle paraît de plus en plus abattue.

— Si vous ne niez pas, c'est que nous avons découvert la vérité, lui dis-tu.

Vous scrutez tous son visage en guettant sa réaction.

— Oui, finit-elle par répondre à mi-voix. C'est moi qui ai tué le docteur. Je voulais qu'il se rétracte dans ce procès. Je connaissais la teneur de son témoignage et, s'il venait à la barre, toutes mes chances de gagner l'affaire s'écroulaient. Et je ne pouvais pas me permettre de la perdre ! J'ai perdu la tête… le coup est parti tout seul… je ne sais plus…

Vous êtes abasourdis par ce que vous entendez.

— Je sais ce que vous vous dites : que ce n'est pas une raison pour tuer quelqu'un, poursuit-elle. Et vous n'avez pas tort... Mais je suis à bout de nerfs et son refus de m'entendre a été la goutte d'eau qui m'a poussée à commettre cette énorme erreur, que je paierai le restant de mes jours. Je suis désolée, vraiment…

Le silence est total.

Madame Pervenche et toi échangez un regard. Tu ne pensais pas que Madame Leblanc avouerait si facilement…

— Dites, Madame Leblanc, reprends-tu, ça fait plus d'une heure qu'on attend la police. Vous n'auriez pas fait semblant de les appeler, par hasard ?

Elle hoche la tête et fond en larmes.

Vous n'avez plus qu'à prévenir les secours et votre soirée cauchemardesque sera bientôt terminée.

Bravo à tous les deux ! Vous avez mené cette enquête d'une main de maître et avez trouvé les réponses à toutes les questions posées par l'énigme. Sais-tu qu'il existe cependant d'autres moyens d'élucider le crime ?

Si Monsieur Moutarde avait eu un alibi sérieux, il te l'aurait révélé. Quel avantage aurait-il eu à le garder pour lui ? Tu n'es pas un inspecteur assermenté, certes, mais les circonstances sont suffisamment tragiques pour être prises au sérieux. Tous les innocents se porteront mieux une fois le coupable démasqué. Il n'y a rien de pire que de savoir qu'il rôde parmi vous, comme n'importe quel autre véritable ami du docteur.

— Monsieur Moutarde, je vous le demande aimablement, dites-moi ce que vous savez ! Vous êtes le dernier à être rentré dans cette maison. Vous serez le suspect numéro un de la police ! Vous le savez ?

— Ce que je sais, c'est que vous commencez sérieusement à m'énerver. Je n'aime pas faire usage de ma force, mais ne m'y poussez pas trop non plus !

Monsieur Moutarde est un champion en arts martiaux. Il te flanquerait par terre en deux temps trois mouvements. As-tu envie de prendre ce risque ?

Bien sûr que non !

Échappe-toi vite vers le 31.

Mais oui ! Tous les morceaux se recoupent ! C'est Madame Leblanc qui a pris les devants en appelant la police aussitôt après la découverte du cadavre du docteur. Si ton raisonnement est bon, elle a dû faire semblant de composer le numéro. Ça fait partie de sa stratégie : elle veut se donner le temps de préparer sa fuite, d'effacer les traces de son crime, et éventuellement de mouiller une tierce personne…

Il existe un moyen très simple de le vérifier : en téléphonant à la police.

Tu es toujours assis sur un banc près de la mare et tu attends qu'un agent des forces de l'ordre décroche.

— Allô ?

— Bonsoir, ici Monsieur Olive. J'appelle au sujet du meurtre du docteur Lenoir.

— Pardon ? Quel meurtre ?

Tu répètes plusieurs fois ta présentation en la formulant de différentes manières mais les choses sont claires : le meurtre n'a jamais été signalé aux autorités ! Madame Leblanc vous a eus ! C'est donc elle qui a tué le docteur !

 Va vite au 26.

Le temps de finir ton verre dans le parc et tu reviens vers eux avec l'air du type qui oublie tout.

— Je perds complètement la boule, moi ! dis-tu suffisamment fort pour qu'ils t'entendent.

Tu glisses ton téléphone dans ta poche et repars. Tu vas t'asseoir sur un banc à l'écart et découvres l'enregistrement en faisant comme si tu écoutais ta messagerie vocale.

— Qu'est-ce que vous attendez de moi ? demande Monsieur Violet à Madame Leblanc.

— Je ne vais pas attendre que la police me passe les menottes. Ce sera très facile de prouver ma culpabilité. Je veux que vous me couvriez !

— Comment ça ?

— Si je retourne seule dans la maison, j'éveillerai les soupçons. Il faudrait que vous attiriez l'attention des autres le temps que je puisse quitter cet endroit. Ou alors que vous m'accompagniez jusqu'au garage…

— Ce que vous me demandez est très délicat, répond Monsieur Violet, embarrassé. Vous savez que je ne peux rien vous refuser, mais là, vous faites de moi votre complice et j'aurai des comptes à rendre à la police car je vous aurai aidée à fuir.

— Je vous mettrai en rapport avec les meilleurs avocats. Ça ne vous coûtera rien et au pire vous vous en tirerez avec un peu de sursis. Je vous en serais tellement reconnaissante…

— Je ne sais pas… je dois réfléchir.

— Nous n'avons pas beaucoup de temps !

— Je perds complètement la boule, moi !

Là, c'est toi qui viens récupérer ton téléphone. Tu arrêtes l'enregistrement, perplexe. Tu doutais de Monsieur Violet et voilà que tu apprends que c'est Madame Leblanc qui a fait le coup. Ton intuition n'était pas bonne, mais elle t'a permis d'élucider une partie de l'énigme. Tu sais maintenant que Madame Leblanc est la meurtrière.

Si tu décides d'affronter seul Madame Leblanc et Monsieur Violet, va au 68.

Si tu préfères le faire publiquement, va au 33.

Tu tiens ton chien en laisse tandis que vous approchez de Monsieur Violet et de Mesdames Pervenche et Leblanc.

Watson est ravi de gambader dans l'herbe, mais quand vous n'êtes plus qu'à quelques pas des trois autres, il semble soudain flairer une piste. Il renifle la pelouse et il tire furieusement sur sa laisse pour s'approcher de Madame Leblanc.

— Retenez-le ! s'écrie-t-elle, hystérique. Je ne veux pas qu'il me touche.

Environ un mètre la sépare du chien. Tu la fixes. Son assurance a fondu. Le reste du groupe observe la scène sans en perdre une miette.

Tu avances encore de quelques centimètres.

— Arrêtez ! hurle-t-elle.

Soudain, elle bondit de sa chaise et s'éloigne d'une dizaine de mètres.

Watson paraît surpris, mais l'odeur qui l'intrigue est toujours là. Tu le laisses renifler la chaise ; il semble que c'est après le sac à main accroché au dossier qu'il en a.

— Qu'y a-t-il là-dedans ? demandes-tu à Madame Leblanc.

— Ça ne vous regarde pas ! répond-elle sèchement.

— J'ai bien peur que si, répliques-tu. Il se trouve qu'avant de revenir ici, nous avons accompagné Watson auprès du docteur. Il y a visiblement dans ce sac quelque chose avec lequel il associe l'odeur qu'il a sentie dans le bureau.

Tu te tournes vers Mademoiselle Rose.

— Voulez-vous bien ouvrir le sac de Madame Leblanc devant témoins ?

Elle hésite un instant, interrogeant les différents convives du regard. Comme elle ne sent pas de réprobation de leur part, elle s'approche du sac à main.

— Mademoiselle Rose, je vous interdis de toucher à ce sac ! ordonne Madame Leblanc.

Cependant cette mise en garde n'a pour effet que de lui ôter ses derniers doutes. Elle fait glisser la fermeture Éclair et s'écrie :

— Oh mon Dieu !

Tu regardes à ton tour et aperçois la crosse d'un revolver.

Pour la suite, rends-toi au 35.

Madame Pervenche n'a pas tort : tu ne peux pas demander à cette Alexandra de te raconter sa conversation avec le docteur sans lui expliquer ce qui s'est réellement produit ce soir. Ce ne serait pas correct.

Tu appuies sur la touche rappel du combiné et elle décroche rapidement. C'est bien la sœur du docteur. Évidemment, elle est affolée, ne comprend pas pourquoi tu lui téléphones : elle imagine aussitôt le pire. Et malheureusement, c'est bien du pire qu'il s'agit.

— Votre frère est mort.

Alexandra devient hystérique. Elle crie sa douleur et te bombarde de questions sans te laisser le temps de lui répondre. Ça dure plusieurs minutes et elle finit par te raccrocher au nez.

Vous restez silencieux un instant avec Madame Pervenche, puis tu rappelles Alexandra. Tu tombes sur sa messagerie. Tu ressaies plusieurs fois, sans plus de succès. La sœur du docteur ne répond plus.

On dirait bien que votre seule et unique piste n'est plus exploitable. Vous êtes découragés et décidez d'un commun accord de mettre un terme à votre enquête.

Tu dois apprendre la patience et la persévérance si tu veux devenir un enquêteur confirmé. Ne te décourage pas au premier obstacle et recommence !

Non, vous ne pouvez pas accepter la proposition de Madame Leblanc. C'est peut-être une ruse de sa part et le jeu n'en vaut pas la chandelle : vous n'êtes pas prêts à prendre le risque de faire capoter votre enquête. Vous avez décidé de la mener à deux, vous vous y tenez.

Soudain, tu entends des aboiements. C'est Watson. En fait d'aboiements, ce sont plutôt des hurlements : ton chien hurle à la mort ! « Houhouhouhou ! »

— Il a senti qu'il se passait quelque chose, devines-tu. Les chiens ont un flair extraordinaire.

— Vous ne pouvez pas le laisser comme ça, décrète Madame Pervenche.

Tous les regards sont tournés vers toi : il n'y a que ton chien dans la propriété. Tu ne peux pas décider d'aller seul au garage, on te soupçonnerait de vouloir fuir. Mais on dirait que Monsieur Violet est un ami des bêtes.

— Allons le chercher, tous les deux ! te propose-t-il.

Bien sûr, tu acceptes et vous vous précipitez jusqu'à ta voiture où vous libérez Watson, qui n'écoute alors que son museau. Sans demander la permission, il s'introduit dans la maison et prend la direction du bureau. Vous le suivez.

— On dirait qu'il veut nous dire quelque chose, fais-tu observer.

Monsieur Violet paraît aussi intrigué que toi.

Watson s'arrête devant la porte du bureau en attendant que vous l'ouvriez. Tu actionnes la poignée et il se précipite aussitôt à l'intérieur.

Comme il fallait s'y attendre, il fonce sur le docteur et entreprend de le renifler.

— Qui sait ? dit Monsieur Violet. Il pourrait être capable de nous mener droit au coupable !

Sa remarque est pleine de bon sens. Le flair des chiens est utilisé dans bien des domaines : après des catastrophes naturelles telles que les avalanches ou les tremblements de terre, par les douaniers pour localiser de la drogue… Pourquoi pas dans la police pour confondre un assassin ?

Vous le laissez sentir le corps avant de retourner dans le parc avec lui.

Sors avec Watson jusqu'au 59.

Tu as envie de recueillir l'opinion des présumés innocents au sujet de tes deux derniers suspects. Après tout, ils ont peut-être leur idée sur la question. Tu n'es certainement pas le seul à te torturer les méninges pour élucider cette énigme.

Tu penses qu'ils seront plus bavards et surtout plus sincères si tu les interroges séparément.

Comme plus tôt, tu commences par cette chère Mademoiselle Rose.

— Je n'ai pas beaucoup progressé depuis tout à l'heure, lui avoues-tu. J'ai toujours deux suspects sur les bras et j'aimerais beaucoup en éliminer un pour pouvoir épingler l'autre.

— Toujours plongé dans votre enquête, à ce que je vois ! réplique-t-elle avec un franc sourire. Ça vous va bien ce rôle. Il ne vous manque que la casquette et la pipe de Sherlock !

Elle rit.

— Que pensez-vous, sérieusement, de mes deux suspects ? reprends-tu. Que vous inspirent-ils ?

— Monsieur Moutarde me paraît inoffensif. Je ne l'imagine pas en tueur. Quant à Madame Leblanc, je ne la vois pas non plus tenir le rôle d'une criminelle.

— Vous la connaissez bien ?

— Pas tant que ça. Je l'ai consultée il y a quelque temps à propos d'une histoire de contrat pour un film. Elle m'a gentiment reçue à son cabinet et m'a conseillé un confrère spécialisé dans le droit intellectuel.

— Vous l'avez trouvée comment ?

— Un peu nerveuse ! Elle semblait empêtrée dans des affaires compliquées… D'ailleurs, je ne l'ai pas trouvée très aimable avec le docteur, ce soir. C'était juste avant votre arrivée. Elle était un peu… agressive, si vous voyez ce que je veux dire…

Tu vois très bien ce qu'elle veut dire. De là à penser qu'il y avait un contentieux entre eux… il n'y a peut-être qu'un tout petit pas.

Continue ton interrogatoire au 81.

Tu ne t'attendais pas à ça !

Tu lis le courrier en entier mais n'en apprends pas beaucoup plus. Apparemment, le docteur aurait été témoin d'un meurtre et la justice réclame son témoignage pendant le procès de l'accusé qui se tient la semaine prochaine.

Que faire de cette information ?

La justice, ça n'est pas vraiment ton domaine : tu n'y connais pas grand-chose. C'est même un mot peu utilisé dans le monde des affaires. Mais il est une personne présente ce soir dans cette maison qui pourrait t'aider à y voir plus clair : Madame Leblanc.

Ou peut-être devrais-tu dire Maître Leblanc ?

Si tu décides de lui faire part de ta trouvaille sans plus attendre, va au 41.

Si tu préfères poursuivre tes recherches dans le bureau, va au 76.

La grande question est bien de découvrir ce qu'ont fait tous les invités du docteur entre le moment où ce dernier vous a laissés dans le parc avec Antoine et celui où Mademoiselle Rose et toi l'avez découvert sans vie dans son bureau.

Madame Pervenche et toi allez donc les interroger les uns après les autres, non seulement sur leurs propres agissements, mais aussi sur ce qu'ils ont vu ou entendu. Car vous n'êtes pas naïfs au point de penser que le coupable va vous raconter en détail comment il s'y est pris pour faire la peau au docteur. Non, il ne faut pas y compter ! Mais toute information est bonne à prendre et si Untel a vu tel autre se comporter étrangement, ça peut valoir de l'or.

Mais par qui commencer ?

Vous n'en avez aucune idée ! Ce dont vous êtes sûrs, tous les deux, c'est que vous allez devoir opérer le plus discrètement possible.

En observant le groupe des quatre autres invités, tu remarques qu'une seule personne se tient légèrement en retrait : Madame Leblanc.

— Commençons par elle ! siffles-tu.

Pour débuter l'interrogatoire de Madame Leblanc, rends-toi au 46.

Tu rédiges une réponse pour ta coéquipière :

« Vous vous êtes formidablement tirée de cette première épreuve ! Nous allons creuser la piste de Madame Leblanc (après tout, elle est avocate, n'est-ce pas ? elle a plus d'expérience que nous) et enquêter sur Mademoiselle Rose. Je prends le relais. Faites comme si de rien n'était, je vais réintégrer le groupe discrètement. »

Tu appuies sur la touche envoi et te diriges lentement vers les autres, comme si l'incident de tout à l'heure était oublié.

 Va au 83.

P lutôt que d'aggraver ton cas, tu préfères baisser les armes et abandonner ton enquête.

— Très bien ! lâches-tu. Passez-moi les menottes, fusillez-moi si ça vous chante ! Je n'ouvrirai plus la bouche tant que la police ne sera pas là.

Tu t'assieds dans un fauteuil en osier et fermes les yeux. Tu entends le groupe chuchoter.

Tu t'en veux terriblement d'avoir aussi mal manœuvré, car tu es à présent convaincu que c'est Madame Leblanc qui a tué le docteur. Mais tu ne peux plus le prouver puisqu'elle t'a fait perdre toute crédibilité. Tu n'as plus qu'une hâte : que la police arrive au plus vite et que le cauchemar se termine.

— Donnez-moi votre téléphone !

Tu rouvres les yeux : Madame Leblanc se tient debout devant toi, main tendue. Les autres l'entourent, attendant que tu obéisses.

— Pour quoi faire ? demandes-tu.

— Ne discutez pas et faites ce qu'on vous dit ! La police vous le rendra quand elle le jugera nécessaire.

Bah ! Au point où tu en es… De toute façon,

tu n'avais pas l'intention d'appeler ta mère ni de commander des sushis dans les heures qui viennent…

Tu lui remets bien sagement ton portable.

Hélas, tu comprends trop tard... Mais c'est bien sûr ! Le téléphone, voilà le moyen de prouver sa culpabilité ! Lorsque vous avez découvert le corps du docteur sans vie, c'est Madame Leblanc qui a pris les devants et a appelé la police. Ou plutôt, elle vous l'a fait croire, tu en donnerais ta main à couper. Et en te confisquant ton portable, elle t'enlève toute possibilité d'appeler les secours !

— Écoutez-moi ! t'exclames-tu. Madame Leblanc nous a menti ! Elle a fait semblant d'appeler la police ! C'était pour se laisser le temps de fuir ! Vérifions son historique !

Ils te regardent tous comme si tu étais devenu fou.

— Et si on l'enfermait dans la maison ? propose Monsieur Violet.

— Excellente idée ! approuve Madame Leblanc.

Va, contraint et forcé, au 77.

Mademoiselle Rose tient dans ses mains une convocation du Tribunal.

— Bravo ! la félicites-tu. Nous sommes sur la bonne piste, j'en suis certain.

Pendant que tu lis la lettre intégralement, Mademoiselle continue sa recherche et elle ne tarde pas à tomber sur un classeur regorgeant de coupures de presse concernant le procès en question.

Vous en parcourez les titres et ton cœur s'arrête de battre quand tu tombes sur cette phrase : « ... l'accusé sera défendu par Maître Leblanc. »

— On tient le mobile ! t'exclames-tu.

— Que voulez-vous dire ?

— Un témoignage peut mettre à plat toute une plaidoirie. Madame Leblanc devait très fortement redouter que le docteur déclare à la cour ce qu'il savait. Je ne vois pas d'autre explication. En tout cas, nous en savons assez pour lui demander des comptes.

 Allez au 7.

— Monsieur Moutarde ! lances-tu en l'abordant. Avez-vous croisé le docteur lorsque vous êtes retourné récupérer votre téléphone dans la maison ?

Il te regarde en mâchouillant un canapé au saumon.

— Pourquoi me demandez-vous ça ?

— Pour essayer de reconstituer ce qui s'est passé ce soir.

— La réponse est non !

Il se retourne pour empoigner une mini-tartelette aux anchois.

— Je dois vous dire que, d'après Mademoiselle Rose, le docteur était encore vivant lorsqu'elle y est retournée, poursuis-tu. Elle l'a entendu parler au téléphone. Donc, tout à fait logiquement, il reste trois suspects possibles : vous, Madame Leblanc et moi, puisque nous sommes tous trois entrés dans la maison après Mademoiselle Rose. Vous pensez bien que, si je m'évertue à identifier le coupable, c'est que ce n'est pas moi. Vous restez donc seuls avec Madame Leblanc.

Il se retourne pour te faire face.

— Et alors ?

L'odeur de l'anchois te déstabilise un peu mais tu résistes.

— « Et alors ? » répètes-tu. C'est tout ce que ça vous fait ?

— Si ça vous amuse de jouer les détectives, moi, ça ne me dérange pas.

— Tout de même ! L'étau se resserre !

— C'est votre opinion. Mais elle a une valeur très anecdotique, vous ne croyez pas ? Si votre enquête est officielle, je n'en ai pas été informé...

— Mais c'est le bon sens, Monsieur Moutarde. De simples déductions tout à fait logiques. À votre place, je m'inquiéterais !

— Ne vous en faites pas pour moi !

Cette fois, son haleine est parfumée à l'ail car il vient d'avaler un toast recouvert de tapenade.

— Si vous savez quelque chose qui vous disculperait, c'est le moment ! renchéris-tu.

Il regarde tout autour de lui, l'air surpris.

— Je n'avais pas remarqué que nous étions dans un tribunal.

Sa décontraction te trouble. Soit il est coupable et sait très bien ce qu'il fait, soit il ne l'est pas et réserve son alibi pour la police.

Si tu penses que c'est lui, va au 8.

Si tu as un doute, va au 93.

Enfin une piste !
Tu retrouves Mesdames Pervenche et Leblanc et leur répètes ce que tu as appris de la bouche lumineuse de Mademoiselle Rose.

— Bravo, Monsieur Olive ! te félicite Madame Leblanc. Je vous soupçonne d'user de votre charme pour faire parler les jolies femmes. Restez ici à surveiller les autres, je vais regarder dans le téléphone du docteur pour vérifier son historique et savoir à qui il parlait !

Si tu fais confiance à Madame Leblanc et décides de la laisser faire, va au 38.

Si tu t'y opposes, va au 53.

Tu abordes Monsieur Violet avec des pincettes. Il a un drôle de caractère et peut vite se montrer caustique, voire carrément désagréable.

— Monsieur Violet ! lui lances-tu après un bref résumé de ton analyse, j'aurais besoin de votre sentiment sur cette affaire. Qui, de Madame Leblanc ou de Monsieur Moutarde, vous semble faire un parfait assassin ?

Il éclate de rire.

— Madame Leblanc, coupable d'un meurtre ? Vous plaisantez, j'espère.

Tu ne veux surtout pas le brusquer.

— Pourquoi ne la voyez-vous pas dans ce rôle-là ?

— Mais parce que… enfin je… Non ! Madame Leblanc est tout sauf ça !

— Peut-être pensez-vous comme ça parce que vous l'aimez beaucoup ?...

Son sourire se fige.

— Mais pas du tout ! Et puis… En tout cas…, pas plus que vous et Mademoiselle Rose ! Vous croyez que je n'ai rien remarqué de votre petit manège ?

Tu rougis sans doute un peu.

— Quoi qu'il en soit, te reprends-tu, votre

jugement est purement subjectif.

— C'est le mien. Je ne vous demande pas de le partager.

— Et vous imaginez facilement Monsieur Moutarde en criminel ? Vous lui avez deviné un mobile ?

— Écoutez, je n'ai jamais prétendu vouloir jouer les détectives. Je vous laisse volontiers ce rôle.

Tu ne tireras rien de valable de Monsieur Violet. Mais, fort de ce que t'ont révélé Madame Pervenche et Mademoiselle Rose, tu te sens apte à affronter à nouveau Madame Leblanc.

 Si tu décides de le faire en tête à tête, va au 50.

Si tu préfères le faire publiquement, va au 89.

Vous patientez depuis près d'une heure dans le parc et la nuit est tombée. Certains s'affairent sur leur téléphone portable, tandis que d'autres ont fermé les paupières ou font semblant de dormir. Antoine est toujours debout, comme un zombie obéissant, prêt à resservir qui a faim ou soif.

La soirée vous paraît interminable à tous.

Soudain, tu repenses à Watson ! Ton chien est enfermé depuis trop longtemps ! Il a certainement envie de se dégourdir les pattes, et probablement un petit besoin à satisfaire.

Vu que tu es dans le collimateur de chacun, il est inutile de demander l'autorisation de t'absenter : on te la refusera.

Mademoiselle Rose paraît assoupie, aussi te tournes-tu vers Madame Pervenche.

— J'ai un service à vous demander, lui souffles-tu.

— De quoi s'agit-il ?

— Mon chien est dans ma voiture depuis plusieurs heures. Auriez-vous la gentillesse d'aller le chercher pour qu'il se dégourdisse les pattes ? Je pense que ça ne dérangera personne qu'il patiente avec nous ici...

Elle s'apprête à te répondre quand Madame Leblanc la devance :

— Il n'en est pas question ! s'écrie-t-elle. Je déteste les chiens.

Tout le monde paraît surpris de sa réaction quasi hystérique.

— Je suis allergique aux poils de chien ! précise-t-elle.

Si tu ne veux surtout pas être responsable d'une crise d'asthme, file au 82.

Si, au contraire, cette déclaration te met la puce à l'oreille, va au 98.

Vous retournez tous les quatre dans le parc. La nuit est tombée. Messieurs Moutarde et Violet bavardent sous les ampoules accrochées aux branches du chêne et sous l'œil impassible d'Antoine.

Tu demandes discrètement à Madame Pervenche de surveiller Mademoiselle Rose et Madame Leblanc, et tu te diriges vers les deux hommes.

— Messieurs, Madame Pervenche et moi avons mené notre enquête et nous sommes arrivés à la conclusion suivante : le docteur a été tué par une femme ; Mademoiselle Rose ou Madame Leblanc.

— Vous dites n'importe quoi ! s'exclame Monsieur Violet.

— Ça suffit, votre petit jeu ! renchérit Monsieur Moutarde. Ça devient grotesque !

— Attendez ! protestes-tu.

Tu leur expliques ton raisonnement avec toute la conviction possible… mais ils ne veulent rien entendre.

— Ça ne prouve absolument rien ! déclare Monsieur Violet.

— Vous nous avez déjà interrogés tout à l'heure, vous n'allez pas recommencer ! ajoute

Monsieur Moutarde. Pour qui vous vous prenez ? Personne ne vous a mandatés pour mener cette enquête.

Tu es bloqué. Tu n'obtiendras plus rien d'eux. Veux-tu te résoudre à abandonner si près du but ?

Bien sûr que non !

Tu retournes auprès de Madame Pervenche.

— Ils ne veulent plus coopérer, lui murmures-tu. Mais j'ai une autre idée...

 Fonce au 90.

Tu as une sorte d'intuition. Monsieur Violet ferait un coupable qui t'irait très bien. Peut-être parce que tu ne l'as jamais porté dans ton cœur. Son arrogance t'irrite, sa suffisance t'agace. Si tu devais donner la définition d'une tête à claques, tu le citerais en exemple à coup sûr.

Naturellement, ce ne sont pas des raisons valables pour soupçonner quelqu'un de meurtre, tu en es conscient. Mais n'as-tu jamais entendu dire que les bons enquêteurs savaient écouter leurs intuitions ?

Tu réfléchis à tout ça. Comment agir ? Tu ne peux pas aller vers lui et lui dire : « Ça m'arrangerait beaucoup que vous soyez coupable, mon vieux, alors faites un petit effort, s'il vous plaît ! » Ou : « Avec votre tête à claques, vous avez certainement des choses à vous reprocher. Et si vous passiez aux aveux tout de suite ? »

Tu l'observes de loin. Il bavarde avec Madame Leblanc. Il fait un peu le coq. Tout le monde sait qu'il a un faible pour elle depuis longtemps.

Ce qui renforce sans doute ton intuition, c'est qu'il lance en permanence des regards en direction de la maison, comme s'il attendait que quelqu'un en sorte. Étant donné qu'il est peu probable que le docteur en ressorte un jour, si ce n'est dans un cercueil, tu te dis qu'il doit attendre la police. Redoute-t-il son arrivée ?

Une idée te vient…

 Va au 96.

Maintenant que la police est prévenue, il s'agit de veiller à ce que Madame Leblanc ne vous échappe pas avant son arrivée. Le standardiste t'a promis qu'une équipe serait là dans dix minutes maximum. Tu décides d'envoyer un SMS à ta partenaire pour la prévenir.

« J'ai trouvé ! C'est Madame Leblanc qui a tué le docteur. Ne la quittez pas des yeux ! La police arrive.

PS : Une coupe de champagne tout à l'heure pour fêter notre victoire et nous remettre de nos émotions ? »

Tu quittes ton isolement pour revenir vers le groupe. Apparemment, Madame Leblanc ne se doute de rien.

Lorsque les sirènes de police envahissent le quartier, tu observes l'avocate changer de couleur. Tu lis sur son visage qu'elle réalise qu'elle a perdu la partie. Elle est coincée !

Tu essaies de la faire parler pour connaître son mobile et l'arme qu'elle a utilisée, mais elle ne prononcera plus un seul mot sans la présence de son avocat.

Malgré ce bémol, ton association avec Madame Pervenche est un succès !

Bravo ! Toutefois, il existe un moyen de trouver les réponses à toutes les questions de l'énigme avant l'arrivée de la police. Essaie de le découvrir !

Madame Leblanc fixe le parquet devant elle. Elle tremble de tous ses membres.

— Je vous demande pardon, souffle-t-elle. Je viens de commettre une faute impardonnable. Je ne sais pas ce qui m'a pris…

— Racontez-nous ce qui s'est passé, dis-tu.

— Le docteur devait effectivement témoigner contre mon client. Je suis passée le voir la semaine dernière pour lui demander de ne pas le faire ou de taire ce qu'il savait devant la cour. Mais sa moralité l'empêchait de mentir, même par omission… Il s'y est farouchement opposé.

— Et ? relances-tu.

— J'ai profité du fait qu'il se soit réfugié dans son bureau tout à l'heure pour revenir à la charge… Il n'avait, hélas, pas changé d'avis…

— Vous l'avez tué pour de simples raisons professionnelles ? s'insurge Monsieur Moutarde.

— Je jouais ma carrière sur ce procès ! s'exclame Madame Leblanc en reprenant des couleurs. Je ne pouvais pas me permettre de le perdre ! J'ai joué très gros en acceptant de défendre mon client… Je pensais que, par amitié, le docteur se rangerait de mon côté et qu'il accepterait de modérer sa déposition…

— Comment vous y êtes-vous prise pour le tuer ? demandes-tu.

Pour toute réponse, elle ouvre son sac à main et en sort un petit revolver muni d'un silencieux, qu'elle dépose sur le bureau.

— Votre acte était donc prémédité, en déduis-tu.

— Pas du tout ! te contredit-elle. J'ai un permis de port d'arme et je ne sors jamais sans mon revolver. Lorsqu'on côtoie les criminels les plus dangereux du pays, on doit prendre certaines précautions…

Tu as mené cette enquête avec maestria :
en moins d'une heure, tu tiens le coupable
et l'arme qu'il a utilisée, son mobile et ses aveux.
Ça s'appelle un sans-faute !
Félicitations ! Toutefois, il existe d'autres moyens
de résoudre ce meurtre ; cela devrait être
un jeu d'enfant pour toi...

Après une longue réflexion, Madame Pervenche te livre sa réponse :

— Bon, c'est d'accord : je vais essayer de vous aider. Mais c'est vous qui dirigerez les opérations et ne me demandez pas de faire des choses impossibles !

— Merci, Madame Pervenche. Je savais que je pouvais compter sur vous.

À ton tour de te creuser la cervelle. Il existe plusieurs façons d'opérer à deux : vous pouvez fonctionner main dans la main comme Sherlock Holmes et Watson, ou bien travailler séparément tels deux Colombo solitaires.

Si tu fais le choix d'enquêter de ton côté tandis que Madame Pervenche avancera du sien, va au 101.

S'il te semble préférable de mener l'enquête ensemble, va au 74.

Tu te places face aux deux hommes, prêt à te battre. Ta position ne doit pas manquer de ridicule car elle fait sourire Monsieur Violet.

— Je vous préviens, dis-tu, je frapperai sans hésitation celui qui tentera de m'approcher.

Monsieur Moutarde fait un pas en avant. Puis un second. Il est à portée de bras. Ces dames vous observent avec attention, murées dans le silence. Trop tard pour reculer. Tu lances ton poing en direction de la mâchoire de ton adversaire. À la vitesse de l'éclair, il évite le coup et agrippe ton avant-bras. Comme un danseur de rock, il fait un tour sur lui-même en serrant sa prise. Tu te retrouves plaqué au sol, le bras tordu dans le dos et le genou de Monsieur Moutarde planté dans les reins. Tu hurles de douleur.

— Vous vous calmez ou j'enchaîne ? te demande calmement Monsieur Moutarde.

Inutile de continuer à jouer les héros. Tu ne fais pas le poids. Et puis le ridicule suffit, tu n'as pas besoin d'être humilié.

— C'est bon, lâchez-moi ! souffles-tu.

Cette fois, tu te laisses lier les mains dans le dos avec Madame Pervenche sans résister. Puis Monsieur Violet vous enferme dans le bureau.

—Je suis désolé, murmures-tu à ta partenaire.

— Vous pouvez l'être ! Si j'avais les mains libres, vous auriez déjà les marques de mes doigts sur les deux joues !

—Je comprends votre colère.

— Vous n'imaginez pas son intensité.

—Je suis désolé.

— Vous l'avez déjà dit.

Un ange passe.

— Que vont-ils faire à présent ? demande Madame Pervenche.

La porte s'ouvre avant que tu ne répondes.

 Va au 65.

Tu es en terrain miné. Tant que le coupable n'est pas démasqué, pas question de faire confiance à qui que ce soit ! Madame Pervenche a beau être retournée dans la villa la première, ça ne l'innocente pas complètement à tes yeux. Qui sait ? Elle est peut-être la complice du meurtrier ? Elle pourrait très bien avoir préparé le terrain pour qu'il puisse agir en toute sécurité.

Cette soirée qui démarrait si bien a viré au cauchemar. Tu dois attendre la police avec cinq personnes, dont l'une a tué de sang-froid votre ami commun. Tu as envie de te pincer pour t'assurer que tout est bien réel... Tu as envie de croire à une bonne blague mais l'expression sur les visages qui t'entourent te confirme qu'un drame vient de se produire. Et puis, tu as toi-même pris le pouls du docteur...

Assez de lamentations ! Tu as décidé de faire cavalier seul : assume ton choix ! Oui, mais par où commencer ? Tu n'as jamais lu le manuel du parfait enquêteur, à supposer qu'un tel ouvrage existe. Alors tu fais fonctionner tes méninges.

Que s'est-il passé entre le moment où le docteur a quitté le parc et celui où Mademoiselle Rose et toi l'avez découvert mort ?

Pour obtenir la réponse à cette question, il n'y a pas trente-six façons de procéder mais deux : soit tu te focalises sur ce qu'a pu faire le docteur pendant ce gros quart d'heure, soit tu t'intéresses à ce qu'ont fait ses convives durant ce laps de temps.

Si tu choisis d'étudier l'emploi du temps du docteur, va au 60.

Si tu choisis d'approfondir celui des suspects, va au 61.

Tu décides de te tourner vers Madame Leblanc, l'autre suspect.

Tu parviens sans difficulté à avoir une petite conversation privée avec elle, à l'écart des autres.

Tu lui poses les mêmes questions qu'à Monsieur Moutarde et elle te répond d'une manière quasi identique.

— Monsieur Olive, fichez-moi la paix avec vos déductions d'enquêteur du dimanche ! C'est un métier qui ne s'improvise pas. Et je ne vous permets pas d'insinuer que je puisse être coupable.

Décidément, ta méthode ne fonctionne vraiment pas.

Par dépit, tu vas chercher du soutien auprès de Madame Pervenche, qui ne se montre guère plus coopérative.

— Cessez d'embarrasser tout le monde avec vos manières de justicier ! La police fera son travail, et puis c'est tout !

Monsieur Violet est encore plus virulent :

— La soirée est suffisamment sinistre, mon vieux, n'en rajoutez pas ! On saura bien assez tôt qui a fait le coup !

— Mais vous n'avez pas envie de l'apprendre le plus vite possible ? Ça ne vous dérange pas qu'un traître fasse comme si de rien n'était alors qu'il, ou elle, vient d'assassiner notre ami commun ? Vous n'avez donc pas de cœur ?!

— Taisez-vous ! hurle-t-il.

Soudain, tout le monde vous regarde.

Tu as perdu la partie. Tu n'as pas appris grand-chose et plus personne ne voudra coopérer...

Ton idée n'était pas mauvaise mais tu t'es heurté à l'hostilité des autres. Tu as sans doute manqué de psychologie et de tact. Pourquoi ne pas recommencer l'enquête avec un autre état d'esprit ?

l te paraît plus sage de ne laisser personne derrière vous. On n'est jamais trop prudent !

Vous annoncez au reste du groupe ce que vous avez appris de la bouche de Mademoiselle Rose. Ensuite, vous leur proposez de retourner dans le bureau du docteur pour tâcher d'en savoir plus sur cette mystérieuse conversation téléphonique qui a dû précéder sa mort de quelques minutes seulement. Voire moins !

Personne ne s'y oppose.

Déplacez-vous vers le bureau du docteur au 86.

Tu rejoins le groupe et tapes dans tes mains pour attirer l'attention.

Les uns après les autres, les regards se tournent vers toi.

— J'ai quelque chose à vous faire entendre, lances-tu. Mon téléphone a enregistré une conversation très instructive entre Madame Leblanc et Monsieur Violet.

Tous deux se raidissent.

Tu lances l'écoute.

Madame Leblanc n'attend pas la fin de l'enregistrement pour agir. Elle sort un revolver de son sac et le brandit.

— Si l'un de vous cherche à m'empêcher de fuir, je tirerai.

— Vous ne le ferez pas ! réplique Monsieur Moutarde.

Madame Leblanc recule en direction de la villa, arme au poing. Monsieur Moutarde s'avance vers elle, les yeux dans les yeux.

— Restez où vous êtes ou je tire !

Mais Monsieur Moutarde, faisant preuve d'un courage extraordinaire, ne cède pas.

Soudain, le coup part. Monsieur Moutarde est touché à l'épaule. Cette fois, il s'arrête : la douleur l'empêche de continuer.

Tout le monde fixe Madame Leblanc qui continue à reculer jusqu'à la salle à manger, l'arme pointée sur le groupe.

Dès qu'elle a disparu, vous vous inquiétez de l'état de Monsieur Moutarde. La blessure semble superficielle.

Tu arrêtes l'enregistrement et appelles la police pour leur faire part des rebondissements de l'affaire. Comme il fallait s'y attendre, Madame Leblanc n'a jamais signalé le meurtre du docteur Lenoir. Elle a fait semblant de téléphoner devant vous, sans doute pour se laisser le temps de trouver une porte de sortie avant l'arrivée des enquêteurs.

FIN

Tu as fait la lumière sur l'identité du meurtrier mais, ce faisant, tu l'as aidé à fuir. De plus, tu es indirectement responsable de la blessure de Monsieur Moutarde. Tu ne mérites aucune félicitation. La conclusion de cette affaire n'est pas glorieuse, on peut le dire ! Recommence ton enquête, tu réussiras bien à contrer le coupable !

Vous vous ruez à l'intérieur du salon.

Mademoiselle Rose est prostrée dans un fauteuil, le visage caché dans ses mains. Madame Leblanc est allongée sur le parquet, le visage en sang. Au bout de son bras droit : un revolver.

— Que s'est-il passé ? demande Madame Pervenche.

Mademoiselle Rose est trop choquée pour répondre. Tout son corps est secoué de sanglots.

Pour toi, ce suicide est un aveu.

— Je crois que les choses sont simples, finis-tu par dire. Madame Leblanc a dû réaliser qu'elle ne s'en sortirait pas et elle a préféré se donner la mort plutôt que de devoir répondre de ses actes.

— C'est affreux ! commente Madame Pervenche. A-t-elle dit quelque chose avant d'appuyer sur la détente ?

Mademoiselle Rose a juste la force de secouer la tête.

Même si tu penses avoir réussi à identifier le coupable, ton enquête est un échec. La mort d'une personne est toujours un échec.

On n'enferme pas quelqu'un sans s'être assuré qu'il ne porte pas d'arme sur lui. Madame Leblanc aurait tout aussi bien pu abattre Mademoiselle Rose.
Tu dois tout faire pour que ce genre d'erreur impardonnable ne se reproduise pas !

— Je crois que la démonstration de votre culpabilité est faite, Madame Leblanc, déclares-tu. Watson a retrouvé l'odeur de poudre qu'il a dû flairer sur les vêtements du docteur.

Elle baisse la tête.

Tous ceux qui avaient gobé son petit jeu plus tôt dans la soirée se sont rangés de ton côté, à l'exception peut-être de Monsieur Violet qui semble perplexe.

—Je constate que vous ne niez plus, ajoutes-tu.

Elle ne relève pas.

Il fait nuit noire à présent. Heureusement, Antoine a tout prévu : quelques ampoules blanches pendent au chêne. Madame Leblanc a l'air totalement abattue.

Tu proposes de rappeler toi-même la police afin de les presser un peu. C'est ainsi que tu découvres qu'en réalité le meurtre n'a jamais été signalé à la police. Si c'était nécessaire, voilà une preuve supplémentaire de la culpabilité de l'avocate qui a donc fait semblant de les appeler après la triste découverte. Sans doute afin de se laisser un peu de temps pour préparer la suite des événements…

Dix minutes plus tard, les inspecteurs sont

là et vous êtes tous enfin soulagés. Sauf la coupable qui repart, menottes aux poignets.

Tu as rondement mené ton enquête. Il te manque les aveux de la coupable, c'est vrai, mais que cela ne t'empêche pas de savourer ta victoire ! Au fait, sais-tu qu'il y a d'autres façons de résoudre cette énigme ?

— Vous l'avez vue entrer dans la maison par la porte de la cuisine que nous empruntons tous depuis le début de la soirée ? demandes-tu.

— Oui, répond Monsieur Moutarde. Je l'ai bien vue entrer par là.

Tu n'y comprends plus rien.

— Qu'est-ce que c'est que cette embrouille ? t'interroges-tu.

Vous vous observez tous les uns les autres.

— Il existe un passage secret dans la maison, lance alors le majordome d'un ton neutre.

Vous vous tournez tous vers lui.

— Vous voulez rire ? lâches-tu, car tu ne veux pas y croire.

— Hélas, Monsieur, je n'ai pas le cœur à rire ce soir.

— Parlez-nous de ce passage !

— C'est un passage souterrain qui mène directement de la cuisine au garage.

Tout s'écroule soudain.

Tu avais trouvé la coupable et Madame Leblanc l'avait compris. Elle a préféré fuir pendant qu'il était encore temps.

— Comment était-elle au courant ? demande Monsieur Moutarde.

— Ça, mon vieux, on s'en contrefiche ! réponds-tu. Ce qui compte, c'est que notre suspect numéro un nous a faussé compagnie. D'un côté, ça renforce mes convictions ; de l'autre, ça ruine tout espoir de la livrer à la police.

Il n'y en a qu'un qui a retrouvé le sourire, c'est Monsieur Violet.

Tu as réussi à identifier la coupable mais tu n'as ni mobile précis ni arme du crime. De plus, la meurtrière est en fuite. Le constat est loin d'être positif !

Tu as fait preuve d'un esprit de logique honorable. En revanche, tu as péché par excès de confiance à la fin de ton enquête. Veux-tu vraiment rester sur cet échec ? Ce serait surprenant de ta part...

— Nous allons donc interroger les suspects individuellement. Pour gagner du temps, nous le ferons simultanément. Vous vous occuperez de Mademoiselle Rose et de Monsieur Violet ; je me charge des deux autres.

— Et qu'est-ce que je leur demande ?

— Eh bien, s'ils ont remarqué des choses particulières ce soir, leur degré d'amitié avec le docteur, s'ils lui connaissaient des ennemis, s'ils étaient au courant de ses affaires, de sa santé, de ses amours... Ce genre de choses. Et puis vous improviserez en fonction de leurs réponses.

— Et s'ils refusent de me parler ?

— Si vous réussissez à comprendre pourquoi, ce sera déjà pas mal !

Madame Pervenche te paraît nerveuse.

— Ça va très bien se passer, ajoutes-tu pour la rassurer.

Vous retournez vous fondre dans le groupe.

 File au 78.

Madame Pervenche et toi laissez Madame Leblanc s'occuper du téléphone. Vous vous tournez vers les autres.

Mademoiselle Rose est assise à la table en tek où vous vous trouviez, Messieurs Moutarde et Violet discutent debout près du chêne. On dirait que le champagne a grisé le second : il parle de plus en plus fort.

Une dizaine de minutes s'écoulent. Vous vous faites resservir une coupe par Antoine, vous grignotez quelques amuse-bouches.

— Je ne suis pas certaine que nous ayons eu raison de la laisser agir seule, te glisse soudain Madame Pervenche.

C'est étrange, tu étais en train de te dire la même chose.

— Accordons-lui encore quelques minutes, réponds-tu.

 Va au 85.

— Y a-t-il un volontaire, en dehors de Madame Leblanc, pour m'accompagner jusqu'au bureau du docteur ? demandes-tu. J'aimerais jeter un coup d'œil dans ses papiers… Et j'ai besoin d'un témoin.

Il est préférable que ta partenaire reste dehors pour surveiller Madame Leblanc.

— Je veux bien, accepte Mademoiselle Rose.

Vous quittez tous les deux le groupe et regagnez le bureau.

Mademoiselle Rose n'a pas l'air enchantée de se retrouver de nouveau en présence du cadavre du docteur. Ce n'est pas une partie de plaisir pour toi non plus, bien sûr, mais les circonstances vous l'imposent.

— Mettons-nous au travail ! proposes-tu.

Il y a deux meubles susceptibles de contenir des documents intéressants : les tiroirs du bureau et un vaste secrétaire.

— Je vais commencer par le secrétaire, vous voulez bien vous occuper du bureau ?

— Qu'est-ce qu'on est censés chercher ? demande-t-elle.

— Si seulement je savais… Dans un premier temps, focalisons-nous sur les documents récents.

Chacun de votre côté, vous commencez votre fouille.

Le secrétaire est rempli de documents administratifs, de contrats d'assurance et autres dossiers fiscaux. Tu te rends vite compte que ce meuble ne recèle que des archives et tu restes persuadé que le passé lointain n'expliquera pas le meurtre de ce soir.

— Vous saviez que le docteur était appelé à témoigner dans une affaire criminelle la semaine prochaine ? te demande Mademoiselle Rose.

 Pour en apprendre plus, rends-toi au 19.

En l'espace d'une seconde, Monsieur Violet a encaissé un méchant crochet du droit en pleine face et un coup de pied dans les côtes. Il est à terre, le souffle coupé. Monsieur Moutarde le bloque dans cette position.

Comme tu te sens un peu responsable de la tournure des événements, tu te précipites pour t'interposer entre eux. Tu reçois à ton tour une gifle magistrale de la part de l'as en arts du combat qui t'envoie respirer l'odeur de la pelouse.

— Arrêtez ! hurle Mademoiselle Rose.

— Vous n'avez pas honte ? renchérit Madame Pervenche.

Madame Leblanc sourit.

— Moi, je trouve ça très amusant au contraire !

— Pas moi ! répliques-tu en te relevant difficilement. On arrête tout et on va attendre bien sagement la police.

Monsieur Moutarde, qui a toujours un genou planté dans les reins de Monsieur Violet, ne l'entend pas tout à fait de cette oreille.

— Auparavant, vous allez retirer tout ce que vous avez dit et vous allez vous excuser, tous les deux.

— Parfait, t'inclines-tu. Je retire tout et je m'excuse. Ça vous va ?

Tout le monde se tourne vers Monsieur Violet.

— Moi aussi, lâche-t-il en crachant une dent. M'excuse !

Monsieur Moutarde se relève et rajuste ses vêtements. Il a retrouvé son teint habituel.

Vous n'avez plus qu'à attendre la police qui viendra, tu l'apprendras ultérieurement, beaucoup plus tard que tu ne le penses encore.

FIN

Perdu ! Bien sûr, tu veux savoir pourquoi la police n'est pas près d'arriver. Pour ça, il faut que tu reprennes tout depuis le début.

Tu ranges la convocation dans ta poche et remets soigneusement la chemise en place dans le tiroir.

Tu sors rejoindre le groupe et te mêles à une discussion entre Monsieur Violet et Madame Leblanc. Ils sont en train d'évoquer les tracasseries administratives qui font généralement suite à un décès. Tu fais semblant de t'y intéresser quand Monsieur Violet vous laisse pour aller remplir son verre. Tu sautes aussitôt sur l'occasion et lances à Madame Leblanc :

— Puis-je vous voir seule ? J'ai besoin de vos lumières.

Elle paraît surprise par ta sollicitation et te scrute. Elle finit par accepter, non sans quelque réserve malgré tout.

— Suivez-moi, je vous prie ! dis-tu.

Vous retournez dans la maison et tu la conduis jusqu'au salon. Là, tu sors la convocation de ta poche et la lui tends.

— Vous étiez au courant de ça ?

Quelques secondes lui suffisent pour comprendre. De toute évidence, elle savait. Et on dirait même qu'elle aurait préféré être la seule à savoir, car elle semble soudain très contrariée par ta découverte... La voilà qui sort de son sac à main un petit objet métallique dont elle braque l'extrémité contre le bout de ton nez.

— Vous n'auriez pas dû vous mêler de ce qui ne vous regardait pas, Monsieur Olive ! Vous auriez vécu plus longtemps.

Tu n'as même pas le temps de comprendre ce qui se passe. Aurais-tu mis la main sur l'assassin sans le faire exprès ? Tu ne le sauras jamais car une détonation retentit et tu t'effondres.

Tu perds de la pire des façons, en payant le prix le plus fort qui soit : ta vie.

Tu vas devoir être beaucoup plus prudent que ça pour réussir à résoudre cette énigme. N'oublie pas qu'il y a un assassin parmi vous et qu'à chaque fois que tu t'adresses à quelqu'un, ça peut être lui... Tiens compte de ce conseil et recommence !

L'attente est longue.

— Il ne faut pas dix minutes pour trouver des clés dans un sac à main tout de même, glisses-tu à Madame Pervenche.

— Ne soyez pas si impatient !

Tu te contiens encore quelques minutes avant de craquer.

— Je vais voir ce qui se passe.

Au pas de course, tu retournes dans la maison. Personne dans le hall, ni dans le salon… Personne nulle part !

Tu fonces au garage : la voiture de Madame Leblanc a disparu ! Elle vous a bernés !

Tu sors ton téléphone et composes le numéro de la police afin de faire boucler le quartier. Tu expliques à ton interlocuteur que le meurtrier du docteur Lenoir vient de quitter les lieux et qu'il y a certainement un moyen de l'intercepter avant qu'il ne disparaisse dans la nature.

Mais tu mets du temps à te faire comprendre, ton interlocuteur te prend pour un dingue. La raison en est simple : le meurtre du docteur Lenoir n'a jamais été signalé !

On peut dire que Madame Leblanc vous a bien manipulés. Tous autant que vous êtes.

Elle est allée jusqu'à faire semblant d'appeler la police sous votre nez !

Tu as découvert l'identité du meurtrier, soit, mais c'est une bien piètre consolation.

Tu t'es laissé attendrir : un bon détective ne tombe pas dans ce genre de piège. Ne t'avoue pas vaincu et recommence depuis le début !

Le dénouement n'arrive que de longues heures plus tard avec la police.

Tu avais vu juste. Madame Leblanc avait bel et bien fait semblant d'appeler la police à la découverte du corps du pauvre docteur. Lorsque tu as été mis hors d'état de nuire, elle a persuadé les autres qu'en se rendant elle-même au commissariat, il lui suffirait de montrer sa carte professionnelle pour obtenir, sur-le-champ, une équipe de policiers. Naturellement, elle en a profité pour disparaître dans la nature !

Tu as beau avoir découvert l'identité du meurtrier ainsi que son mobile, même après avoir reçu de plates excuses de tous les autres, le constat reste identique… tu as perdu, car le coupable a filé à l'anglaise.

FIN

Les avocats sont par nature de beaux parleurs. À l'avenir, il faudra t'en souvenir et ne plus te mesurer à eux sur leur terrain. Tu n'as plus qu'à recommencer !

Te voilà isolé dans le parc.

Il s'écoule environ un quart d'heure jusqu'à ce que ton portable se mette à vibrer au fond de ta poche. Comme on te surveille peut-être, tu laisses s'écouler une minute avant de prendre connaissance du texto de Madame Pervenche.

« Mission accomplie, chef ! Nos amis se sont fait un plaisir de se confier à moi après notre petit numéro. En résumé, voici leurs positions. Monsieur Violet s'est toujours méfié de vous. Pour lui, vous êtes le coupable idéal. Mademoiselle Rose avait un faible pour vous, mais, ce soir, vous vous êtes grillé, mon cher. Monsieur Moutarde, lui, vous jalouse pour votre réussite professionnelle (cet homme est aigri !). Seule Madame Leblanc ne vous a pas accusé. Elle parie sur Mademoiselle Rose. Elle a l'air très sûre d'elle. Étrange, non ? À vous, chef ! »

On dirait que Madame Pervenche se pique au jeu de votre enquête.

Plus sérieusement, les réactions de Messieurs Moutarde et Violet ne te surprennent pas tant que ça, et celle de Mademoiselle Rose te fait plutôt plaisir. La plus intrigante est sans conteste celle de Madame Leblanc. Quelle raison a-t-elle de penser que Mademoiselle Rose est coupable ? Voilà en tout cas une information qui mérite que vous vous y attardiez.

Si tu décides de tenir compte de ce scoop et d'enquêter sur Mademoiselle Rose, va au 17.

Si au contraire tu penses que Madame Leblanc ne cherche qu'à détourner l'attention pour une raison encore inconnue, rends-toi au 63.

Tu estimes qu'il est inutile d'alarmer tout le monde. Demander aux autres de vous accompagner jusqu'au bureau du docteur risquerait de mettre la puce à l'oreille du coupable.

Vous vous éclipsez, Madame Pervenche et toi, sans provoquer de réaction particulière.

Aussitôt dans le bureau, tu te jettes sur le téléphone. Un bref examen confirme la révélation de Mademoiselle Rose : le docteur a appelé un numéro figurant dans son répertoire sous le nom d'Alexandra.

— Alexandra ? répète Madame Pervenche.

— Vous la connaissez ?

— Je crois que c'est sa sœur.

— Je la rappelle.

— Attendez ! t'interrompt-elle.

— Qu'y a-t-il ?

— Si elle répond, vous allez devoir lui annoncer que son frère est décédé. Sans quoi elle ne comprendra pas pourquoi vous appelez. Vous êtes prêt à faire ça ?

— Vous avez raison. Ça mérite réflexion.

Si tu penses comme Madame Pervenche qu'il faut tout dire à la sœur du docteur Lenoir, va au 12.

Si tu préfères ne pas annoncer la triste nouvelle à Alexandra, va au 67.

Madame Pervenche et toi avez entraîné Madame Leblanc à l'écart afin de pouvoir bavarder avec elle sans être entendu du reste du groupe.

— Nous avons décidé de découvrir la vérité, annonces-tu.

Elle te lance un regard étonné, mais compréhensif.

— Je vois.

— Nous voulons savoir ce que les uns et les autres ont fait pendant que le docteur s'est absenté, et surtout ce qu'ils ont vu ou entendu les autres faire.

— J'approuve totalement votre initiative. On ne peut pas rester sans rien faire. Pourquoi ne pas enquêter ensemble ? À trois, nous irons plus vite et nous serons plus forts !

Tu ne t'attendais pas à ça.

— Ça demande réflexion, réponds-tu prudemment. Laissez-moi en discuter avec Madame Pervenche, d'accord ?

— Naturellement.

Pendant qu'elle s'éloigne, tu interroges ta partenaire du regard.

— Qu'est-ce qu'on a à perdre à accepter sa proposition ? te demande-t-elle.

— Qu'est-ce qu'on a à y gagner ?

— Comme elle l'a dit : du temps, de l'efficacité...

— Il y a un risque, tout de même ! On ne peut pas exclure tout à fait qu'elle soit elle-même coupable !

— C'est exact, concède Madame Pervenche, dubitative.

Si vous acceptez la proposition de Madame Leblanc, allez au 58.

Si vous la refusez, allez au 13.

Vous voilà de nouveau réunis dans le bureau du docteur. Tu remarques que chacun évite de poser le regard sur le cadavre et que plus personne n'ouvre la bouche.

Tu avises sur la table de travail un combiné téléphonique posé sur son socle. Tu t'en empares et farfouilles dans le menu. Il semblerait que Mademoiselle Rose n'ait pas menti.

— Le docteur a bien eu une conversation téléphonique qui a démarré à vingt heures onze et qui a duré un peu plus de douze minutes. C'est lui qui a appelé le numéro d'une certaine Alexandra, selon son répertoire. On peut donc en déduire qu'il s'agit d'une proche. Quelqu'un a-t-il entendu parler de cette Alexandra ?

On dirait que Madame Pervenche a une idée.

— Je crois que le docteur avait une sœur de ce nom.

— Le mieux c'est de la rappeler. Peut-être a-t-elle entendu quelque chose de suspect lorsqu'ils étaient en ligne…

Sans attendre, tu branches le haut-parleur et appuies sur la touche de rappel.

— Allô ? fait une voix féminine au bout de trois sonneries.

— Bonsoir, enchaînes-tu. Vous êtes Alexandra ?

— Oui ! Qui est à l'appareil ?

— Nous sommes des amis du docteur Lenoir et…

— Que se passe-t-il ? coupe-t-elle, un accent de panique dans la voix.

Tu n'avais pas pensé à cet aspect des choses. Il te faut improviser.

— Vous êtes sa sœur, n'est-ce pas ?

— Oui ! Mais dites-moi s'il lui est arrivé quelque chose, je vous en prie !

— Pendant que nous étions dans le jardin, votre frère a été agressé dans son bureau.

— Oh mon Dieu ! Et comment va-t-il ?

— … Nous attendons l'arrivée des secours…

Tu n'as pas le courage d'en dire plus.

— Nous essayons de comprendre ce qui s'est passé, reprends-tu, c'est pourquoi nous vous appelons. Avez-vous noté quelque chose d'étrange au cours de votre conversation ?

Alexandra laisse s'écouler un long silence avant de répondre.

Rends-toi au 6 pour en savoir plus.

Une fois dans le garage, tu exposes ton plan à Mademoiselle Rose et à Monsieur Moutarde :

— Watson a un flair incroyable. Si Madame Leblanc a quelque chose à se reprocher, il saura le découvrir.

Ils te regardent sans oser se prononcer.

— Faites-moi confiance, insistes-tu. Je suis certain que c'est elle qui a tué le docteur. Laissez-moi juste rassembler les preuves !

Comme ils acceptent, tu libères enfin Watson qui te fait une sacrée fête ; mais tu n'as pas beaucoup de temps à lui consacrer.

— Suivez-moi !

Tu ouvres une porte qui donne directement dans la villa et tu les conduis jusqu'au bureau. Là, tu laisses Watson faire son travail. Bien sûr, il s'affaire sur le corps du docteur, reniflant soigneusement toutes les odeurs qui l'imprègnent. Pendant ce temps, tu en profites pour montrer à Mademoiselle Rose et à Monsieur Moutarde la convocation du tribunal et le dossier de presse. Mine de rien, tu les sens basculer progressivement dans ton camp. On dirait qu'ils commencent à adhérer à ta théorie.

— Maintenant, retournons dans le parc ! proposes-tu. Et soyons attentifs aux réactions de Watson en présence des trois autres !

 Vous foncez au 11.

Ce n'est certainement pas la solution la plus rapide, mais c'est celle qui te semble la mieux : tu vas interroger les suspects un par un. Qui sait ? Un détail par-ci, un autre par-là… C'est peut-être en assemblant des morceaux de puzzle qu'on résout une enquête ?

Tu as envie de commencer par Mademoiselle Rose. Tu as déjà eu une petite conversation avec elle tout à l'heure, en début de soirée. Avant le drame. Le courant passe bien entre vous. Et puis elle est très jolie, ce qui ne gâte rien…

À la première occasion, tu t'arranges pour que vous vous écartiez un peu du reste du groupe.

— Je voudrais vous poser une question, Mademoiselle Rose. Lorsque vous êtes retournée dans la maison pour vous « refaire une beauté », selon votre propre expression, ce qui, entre nous, me semblait tout à fait superflu, auriez-vous croisé le docteur, par hasard ?

— Non ! répond-elle après avoir rougi à ton compliment. En revanche, je l'ai entendu parler lorsque je suis passée devant son bureau.

— Ah bon ?! t'étonnes-tu. Vous en êtes sûre ?

— Absolument ! Je ne dis pas que je l'ai vu,

puisque la porte était fermée, mais j'ai entendu sa voix.

— Et avec qui parlait-il ?

— Je n'en sais rien, avoue Mademoiselle Rose. Je n'ai entendu que sa voix.

— Il devait être au téléphone puisque, à part vous, nous étions tous dehors, en conclus-tu, songeur.

Cette information te paraît extrêmement intéressante, car elle innocente automatiquement Madame Pervenche et Monsieur Violet, revenus avant Mademoiselle Rose dans la maison. Tu peux aussi écarter cette dernière : quel intérêt aurait-elle à te révéler tout ça si elle était coupable alors que cette information pourra être facilement vérifiée ?

Tu veux en apprendre davantage.

— Avez-vous entendu ce qu'il disait au téléphone ?

— Non ! Je suis passé en coup de vent. J'ai juste reconnu sa voix.

— Bien sûr.

Tu remercies Mademoiselle Rose pour son précieux témoignage et braques ton regard dans la direction de Monsieur Moutarde qui se goinfre de petits-fours…

Rejoins ta prochaine cible au 20.

Cette fois-ci, tu veux te retrouver face à Madame Leblanc sans témoin. Tu penses avoir ainsi plus de chances de lui soutirer des aveux. Elle sera plus en confiance pour parler et moins sur la défensive que face à tous les autres.

Tu lui demandes discrètement de venir te rejoindre dans le salon. Elle acquiesce d'un hochement de tête.

Tu prends le chemin de la maison et t'installes confortablement dans un fauteuil. Tu ne risques pas qu'elle te file entre les doigts : il est impossible de quitter le parc sans repasser par la maison.

En attendant qu'elle te rejoigne, tu peaufines ta mise en scène, tu affûtes tes arguments, tu énumères les éléments troublants…

Les minutes passent et tu commences à t'impatienter. Tu te relèves et fais les cent pas dans le salon. Puis, n'y tenant plus, tu retournes dans le parc. Tu cherches Madame Leblanc du regard mais ne la vois pas. Inquiet, tu t'approches du groupe et demandes :

— Savez-vous où se trouve Madame Leblanc ?

— Elle m'a dit qu'elle allait vous retrouver au salon, te répond Mademoiselle Rose.

— Impossible ! J'en viens ! Ça fait dix minutes que je l'attends !

Tu as un très mauvais pressentiment.

 Va au 36.

Mademoiselle Rose et Madame Leblanc vous ont suivis jusqu'au salon sans demander d'explications. La soirée s'éternise et on dirait que tout le monde a hâte qu'elle se termine.

Tu leur racontes ta conversation téléphonique avec la sœur du docteur et développes ton raisonnement.

— Le coupable est donc l'une d'entre vous !

— Vous voulez rire ! s'exclame Madame Leblanc. Nous ne sommes pas chez Guignol, Monsieur Olive ! Laissez la police faire son travail.

— Moi, je sais que ce n'est pas moi, dit Mademoiselle Rose. Je vous laisse en déduire ce que vous voudrez.

— Avez-vous un alibi, Mademoiselle Rose ? demandes-tu.

— J'ai ma conscience, et ça me suffit.

— Et vous, Madame Leblanc ?

— Je vous ai dit ce que j'avais à dire.

Vous êtes manifestement dans une impasse. Vous vous isolez dans le couloir avec Madame Pervenche pour décider de la poursuite de votre enquête.

Si vous décidez de laisser Madame Leblanc et Mademoiselle Rose retourner dans le parc le temps de réfléchir à la situation, va au 24.

Si vous choisissez d'enfermer les suspects dans le salon pour continuer à enquêter sans risques, va au 57.

— **A**llons discrètement dans le hall d'entrée de la villa ! suggères-tu. Tout le monde y a laissé un sac ou une veste en arrivant. Qui sait ? Nous y découvrirons peut-être quelque chose.

— Ça n'est pas très légal, Monsieur Olive !

— À circonstances exceptionnelles, méthodes exceptionnelles ! Suivez-moi !

Vous quittez le parc sans rien dire. Le fait que vous soyez deux rassure sans doute les autres invités.

Le hall d'entrée est une petite pièce dans laquelle trône un canapé deux places entouré par deux portemanteaux. Tu reconnais ton gilet noir, ainsi que la veste de Monsieur Violet. Il y a également une sacoche en cuir brun, un blouson qui doit appartenir à Monsieur Moutarde, le sac de Mademoiselle Rose et un autre, probablement celui de ta coéquipière.

— Mettons-nous au travail ! ordonnes-tu.

Va au 84.

Non !

Pas question de laisser Madame Leblanc retourner seule dans la maison. Et ce n'est pas son allusion à ton charme qui te détournera de ta mission.

— Nous devons rester ensemble quoi qu'il arrive, argumentes-tu.

— Allons-y tous les trois ! suggère Madame Pervenche.

L'avocate se raidit légèrement. Elle n'apprécie guère votre manque de confiance. Néanmoins, elle vous accompagne.

Une fois dans le bureau du docteur, tu reprends le commandement des opérations. Le téléphone fixe t'informe que c'est lui qui a passé la dernière communication. Tu appuies sur la touche haut-parleur, puis sur « rappel » et la femme qui décroche t'explique qu'elle est sa sœur. Bien sûr, elle s'inquiète du fait que tu appelles depuis le poste de son frère.

— Il est arrivé quelque chose ?

— Le docteur a eu un léger malaise dans son bureau, mens-tu pour la rassurer, juste après vous avoir parlé. Nous attendons le docteur. Je voulais juste savoir si votre frère était sous traitement médical.

— Pas que je sache.

— Vous l'avez trouvé comment au téléphone ?

— Comme d'habitude. Bien… Mais pourquoi ne demandez-vous pas des détails à la femme qui est entrée dans son bureau pendant que nous bavardions ? Il a raccroché pour pouvoir s'entretenir avec elle… Elle en sait sûrement plus que moi.

Vous vous regardez tous les trois avec gravité. La voilà, l'info qui change tout ! L'un des invités du docteur s'est introduit dans le bureau avant le meurtre et ne s'en est pas vanté ! Et cet invité est une femme !

Tu abrèges la conversation avec la sœur du docteur.

— Je crois que nous sommes sur la bonne piste.

— Ça ne peut être que Mademoiselle Rose ! déclare Madame Leblanc.

Madame Pervenche hoche la tête.

L'idée que Mademoiselle Rose puisse être coupable te désole mais ça semble une évidence.

 Va au 64.

Tu estimes que tu es parvenu à un résultat respectable : il reste, selon ta théorie, deux suspects. Tu souhaites à présent exposer ces conclusions face au groupe tout entier. Les réactions des uns et des autres t'aideront peut-être à en éliminer un des deux.

Pour ce faire, tu rassembles sous le chêne les convives du docteur qui ont tendance à s'éparpiller un peu dans le parc. Tu te racles la gorge avant de te lancer :

— Certains sont déjà au courant mais je voudrais informer les autres que j'ai mené ma petite enquête et j'en suis arrivé à la conclusion suivante : les seules personnes ayant pu tuer le docteur sont Madame Leblanc et Monsieur Moutarde.

Tu expliques ton raisonnement et attends les réactions. Les suspects t'ayant déjà fait part de leurs réserves, tu te focalises sur les autres.

Madame Leblanc paraît choquée. Visiblement, elle ne s'attendait pas à ça. Mais elle ne dit rien. Mademoiselle Rose n'est pas surprise puisque tes conclusions découlent de son témoignage. Elle ne fait pas de commentaire non plus. Quant à Monsieur Violet, une drôle de grimace se dessine sur son visage.

— J'en étais sûr ! lâche-t-il enfin en fixant Monsieur Moutarde.

— Ah bon ? interroges-tu. Pour quelles raisons ?

— L'intuition ! J'ai senti ça dès le début.

— Mais on ne forge pas son opinion sur une simple intuition, objectes-tu. Si vous n'avez aucune preuve accusant Monsieur Moutarde, ou innocentant Madame Leblanc, votre avis ne nous sert à rien.

— Je sais ce que je dis, insiste-t-il. Vous verrez qui a raison…

À bien y réfléchir, tu comprends que sa position tient plus du souhait que de l'intuition. Monsieur Violet a toujours eu un faible pour Madame Leblanc. Sans doute ne peut-il ou ne veut-il pas la voir dans la peau d'une criminelle.

En tout cas, il y en a un qui est en train de perdre patience et dont les oreilles chauffent sacrément : Monsieur Moutarde change lentement mais sûrement de couleur.

— Y en a assez de ces insinuations ! explose-t-il tout d'un coup. Pour qui vous vous prenez, tous les deux ?

Il s'adresse bien sûr à Monsieur Violet et à toi-même.

— Oh, mais c'est qu'il nous ferait une colère, ironise Monsieur Violet.

— Arrêtez ou je vous refais le portrait !

Monsieur Moutarde est prêt à lui foncer dessus. Monsieur Violet le sent bien et ne se réjouit pas du tout d'une telle perspective mais il ne peut plus reculer. Il passerait pour un lâche.

— Vous êtes artiste ? raille-t-il encore.

Cette fois, la coupe est pleine. Devenu rouge écarlate, Monsieur Moutarde se lance tête baissée dans le combat.

 Va au 40.

Tu ne veux surtout pas faire d'esclandre. Tu préfères parler de ta découverte à Madame Leblanc en privé, mais à proximité du reste du groupe, au cas où les choses tourneraient mal.

Lorsque tu rejoins les convives du docteur dans le parc, ils sont tous debout près du chêne. Antoine se tient derrière la table où sont entreposés les plateaux et les boissons. Il a l'air totalement absent. Tu t'approches négligemment de la personne qui t'intéresse.

— Je n'arrive pas à rester en place, lui confies-tu, l'air de rien.

Madame Leblanc ne répond pas. Les autres ne sont pas très causants non plus. Il y a de la tension dans l'air.

— Vous voulez faire quelques pas avec moi ? Elle se tourne vers toi.

— Pourquoi pas ? finit-elle par répondre.

Vous vous éloignez lentement du reste du groupe en direction d'une haie de bouleaux. Tu attends d'avoir parcouru une vingtaine de mètres avant de parler :

— J'en ai appris de belles sur vous et le docteur, lances-tu de façon détachée.

— De quoi parlez-vous ? dit-elle en se crispant.

— Vous défendez cette crapule de Brilletaboule ?

— C'est ça, votre scoop ? Mon pauvre ami, c'est dans tous les journaux !

— Ce qui n'y est pas, c'est que le docteur devait témoigner contre votre client.

Elle blêmit une fraction de seconde.

— D'où tenez-vous ça ?

Tu notes qu'elle ne dément pas et c'est ce qui compte à tes yeux.

— Une convocation au tribunal trouvée dans son bureau.

— Une convocation ne donne pas la tendance et encore moins la couleur d'un témoignage ! Et d'abord, qui vous a autorisé à fouiller ?

Cette fois, sa colère est visible. Son regard noir traduit une furieuse envie de t'étrangler. Tu as bien fait de ne pas trop t'éloigner du reste du groupe : elle passerait peut-être à l'acte si vous étiez seuls…

Mais elle choisit une autre méthode que la violence physique. Elle est avocate, son métier consiste à convaincre par le verbe.

— Si vous cherchez à me faire dire que j'ai tué le docteur, vous vous y prenez très mal, siffle-t-elle.

— Je vous fais simplement part de mes découvertes. Vous avouerez qu'elles sont troublantes…

— Ce qui me trouble, moi, c'est votre désir profond de mettre un nom sur le coupable au plus vite. Comme si vous aviez quelque chose à vous reprocher… Et d'ailleurs, pourquoi m'avoir attirée à l'écart des autres pour me faire vos révélations ? Je suis certaine qu'elles les passionneront également. Venez donc leur en faire part !

À ces mots, elle se dirige d'un pas décidé vers le groupe. Tu es déstabilisé et n'as pas d'autre choix que de la suivre.

— Chers amis, Monsieur Olive a des choses à nous dire ! déclare-t-elle.

Si tu veux savoir où Madame Leblanc veut en venir, va au 92.

Tu abordes Madame Leblanc en lui tendant une coupe de champagne, qu'elle accepte.

— Vous êtes bien aimable, te remercie-t-elle.

— Dites, Madame Leblanc, vous qui êtes avocate, vous avez forcément votre petite idée sur ce qui s'est passé ce soir...

— Pas plus que n'importe qui, hélas ! C'est un mystère !

— Déformation professionnelle oblige, il y a peut-être des détails que vous seule avez remarqués ?

— Non. Mais puisque vous insistez, je peux quand même vous dire que j'ai une sorte de pressentiment... Le comportement de l'un de nous me paraît ambigu, voire suspect. Mais c'est plus une intuition féminine, comme on dit, qu'un jugement lié à mon métier...

— Aaah ! Vous voyez, je ne m'étais pas tout à fait trompé ! Et peut-on savoir de qui il s'agit ?

Elle te regarde dans le blanc des yeux.

— Mademoiselle Rose !

Les bras t'en tombent.

— Mademoiselle Rose ?

— Oui ! Ne me demandez pas pourquoi !

— Je ne le ferai pas.

Tu aperçois alors Madame Pervenche par-dessus l'épaule de ton interlocutrice, qui t'adresse des œillades soutenues. On dirait qu'elle a des choses à te dire…

 File au 73.

Vous êtes convaincus que le coupable se trouve dans le salon. Vous penchez plutôt vers Madame Leblanc mais Mademoiselle Rose ne vous a pas offert d'alibi valable.

Par mesure de prudence, tu décides de les enfermer toutes les deux en donnant un tour de clé à la porte du salon et vous retournez dans le parc.

— On ne les prévient pas ? te demande Madame Pervenche.

— À quoi bon ? Allons dehors réfléchir à la situation à tête reposée.

Vous n'avez pas fini de traverser la salle à manger qu'une détonation retentit dans la maison.

Vous vous arrêtez net et échangez un regard paniqué.

— Au secours ! hurle une voix en provenance du salon.

 Fonce au 34.

— D'un autre côté, Madame Leblanc est avocate, reprends-tu, elle plaide régulièrement aux Assises. Son expérience pourrait nous être utile.

— Acceptons sa proposition ! décrète ta partenaire.

Vous rattrapez Madame Leblanc et lui annoncez la bonne nouvelle.

— Merci de votre confiance, répond-elle.

Comme il fallait s'y attendre, elle se montre très dirigiste.

— Oublions pour le moment ces interrogatoires qui ont peu de chance de nous en apprendre beaucoup ! La priorité, c'est de fouiller dans les affaires du docteur. Nous y trouverons certainement une explication qui nous fournira un mobile, et ce mobile nous mènera à l'assassin !

Vous obtempérez en la suivant à l'intérieur de la villa.

— Monsieur Olive, fouillez la chambre ! ordonne-t-elle dans le couloir. Madame Pervenche, occupez-vous du salon ! Moi, je me charge du bureau.

Vous vous séparez.

Rends-toi à la chambre, en 75.

En vérité, c'est plutôt lui qui vous guide à l'extérieur de la maison, à travers la salle à manger. Il est sur une piste : son museau ne quitte pas le sol.

Une fois dehors, son travail se poursuit, il se dirige vers le groupe des invités sous le chêne. Vous le suivez. Les autres vous regardent revenir vers eux avec curiosité. Plutôt, ils observent Watson en se demandant à quoi il joue.

Parvenu jusqu'à eux, Watson n'en a que pour Madame Leblanc. Celle-ci prend peur et se met à crier. Dans un élan de panique, elle lâche son sac à main et détale vers le fond du jardin. Bizarrement, il ne la suit pas. C'est après son sac à main qu'il en a ! L'objet gît sur l'herbe et il plante son museau dedans comme pour l'ouvrir.

C'est à ce moment-là que tu commences à comprendre : il y a dans ce sac une odeur qui lui rappelle celle qu'il a reniflée sur le cadavre du docteur. Tu demandes à Madame Leblanc d'ouvrir son sac devant tout le monde, mais elle refuse.

— Pourquoi donc le ferais-je ? De quoi m'accusez-vous ?

— Je ne vous accuse de rien, réponds-tu. C'est Watson qui fait le lien entre le corps du docteur et ce qui se trouve à l'intérieur de votre sac. Donc je vous demande gentiment de l'ouvrir afin que nous comprenions ce qu'il est en train d'essayer de nous dire.

— Il n'en est pas question !

— Vous ne plaidez pas en votre faveur, intervient Madame Pervenche.

— Nous ne sommes pas au tribunal.

— Si vous n'avez rien à vous reprocher, pourquoi ne pas l'ouvrir ? s'étonne Mademoiselle Rose.

Même Monsieur Violet la pousse à faire ce qu'on lui demande.

— Je suis certain que vous êtes innocente, Madame Leblanc. La meilleure façon de le prouver à tous, c'est de montrer qu'il n'y a rien dans ce sac qui démontre le contraire.

L'avocate réfléchit un instant avant de répondre :

— Il y a un revolver dans ce sac. Mais ce n'est pas ce que vous croyez ! Je le porte en toute légalité pour me protéger, en raison de mon métier à hauts risques.

Alliant le geste à la parole, elle exhibe l'arme sous vos yeux.

Elle est très forte mais elle ne s'en tirera pas comme ça, te dis-tu.

— Mon interprétation est très différente, objectes-tu. Si Watson a fait le lien, c'est que cette arme a servi pour tuer le docteur : il a reniflé l'odeur de poudre qui se trouve à la fois sur ce pauvre docteur et sur votre arme.

— Pensez ce que vous voudrez, ça m'est bien égal ! réplique-t-elle.

Tu te souviens alors que c'est Madame Leblanc qui a appelé la police tout à l'heure. Et si elle s'était fichue de vous ?

 Pour le vérifier, va au 80.

En homme d'affaires avisé que tu es, tu sais compter, et l'emploi du temps d'un seul homme te paraît moins insurmontable à reconstituer que celui de cinq personnes.

Le problème, c'est que cet homme n'est plus là pour t'aider à le faire. Tu vas donc devoir te débrouiller tout seul.

Tu ressens le besoin de t'écarter du groupe pour aller fureter dans la maison. Alors que les cinq autres convives du docteur évoquent quelques souvenirs sous le chêne en se lamentant sur le sort de votre hôte, tu t'éclipses discrètement.

Tu commences par jeter un œil dans la chambre à coucher du propriétaire des lieux. Le lit est impeccablement fait. Rien ne dépasse et aucun objet incongru n'attire ton attention. Rien n'indique non plus que le docteur serait repassé par cette pièce avant de se rendre dans le bureau.

Tu prends ton courage à deux mains et retournes là où se trouve le cadavre du docteur. Comme il fallait s'y attendre, il n'a pas bougé d'un millimètre. Tu fais le tour de la pièce, en alerte, mais tu ne remarques rien qui soit susceptible de satisfaire tes attentes. Tu contournes le bureau en prenant soin de ne pas toucher, ni même considérer le docteur. Pourtant, tu aimerais bien soulever son buste pour vérifier qu'il ne dissimule rien. Mais tu te l'interdis.

En revanche, rien ne t'empêche d'ouvrir les tiroirs. Prudent, tu sors un mouchoir en papier de ta poche pour ne pas laisser d'empreintes. Tu découvres dans le premier une chemise sur laquelle est inscrit : « Courriers en instance ».

Tu parcours son contenu : des lettres de banque, des relevés de compte, des factures, des ordonnances de médecin… Jusqu'ici, rien d'alarmant. Soudain, une lettre provenant de la Cour d'assises attire ton attention. Il s'agit d'une convocation : le docteur Lenoir est appelé à témoigner dans une affaire crimi-nelle ! Ça alors !

 Va vite au 15.

l est plus facile de s'adresser à des vivants qu'à un mort. Aussi décides-tu de t'intéresser en premier lieu à l'emploi du temps des convives du docteur depuis le début de la soirée.

Là encore, un choix stratégique s'impose.

Si tu décides de mener un interrogatoire de groupe, va au 87.

Si tu préfères interroger les suspects individuellement, va au 49.

— Croyez ce que vous voulez, ça m'est bien égal, lance Madame Leblanc.

Elle esquisse quelques pas en arrière.

— Je vous préviens : le premier qui fait un geste pour m'empêcher de partir finira comme le docteur. Suis-je assez claire ?

Elle l'est !

Vous la regardez, pétrifiés, reculer jusqu'à la maison. Personne n'ose risquer sa vie et l'avocate vous quitte sans être inquiétée. Monsieur Violet est sans doute celui qui paraît le plus ébranlé.

Ça ne sert à rien de se lancer à sa poursuite : vous n'avez pas les moyens de l'intercepter. Lorsqu'elle a disparu, Monsieur Moutarde et Madame Pervenche te couvrent de reproches. Selon eux, tu es responsable de la fuite de Madame Leblanc. Si tu t'étais tenu tranquille, la police aurait fait son travail et l'aurait arrêtée. Évidemment, tu ne partages pas cette opinion :

— Elle n'avait certainement pas l'intention d'attendre jusque-là !

La suite va te donner raison. Tu apprendras comment en appelant toi-même la police... Bien sûr : vous pouviez attendre encore un moment l'arrivée des secours, Madame Leblanc n'avait pas appelé la police ; elle avait fait semblant, la fourbe !

Il est difficile d'argumenter avec une avocate. Si tu es convaincu de sa culpabilité, tu aurais plus de chances de la coincer en amassant de véritables preuves contre elle. Recommence !

La réaction de Madame Leblanc est plus que louche. Que Monsieur Moutarde ne te porte pas dans son cœur, soit ! Que Monsieur Violet voie en toi un coupable parfait, passe aussi ! Que Mademoiselle Rose soit déçue d'apprendre que tu es un criminel, c'est aussi sans conséquence pour ton enquête ! Mais que Madame Leblanc soupçonne Mademoiselle Rose, tu ne te l'expliques pas. Plus embêtant : tu y vois une tentative de manipulation.

Et si elle cherchait à détourner l'attention ? Si elle est elle-même coupable, ce serait un moyen judicieux de se faire oublier le temps de prendre la poudre d'escampette.

Tu dois te concentrer et repenser à tout ce qui s'est passé ce soir en partant de cette hypothèse.

 Rends-toi au 9.

— J'ai une idée ! poursuit l'avocate. Nous allons lui confisquer les clés de sa voiture pour qu'elle ne s'enfuie pas avant l'arrivée de la police.

— Comment comptez-vous vous y prendre ? demande Madame Pervenche.

— Son sac est dans le hall. Je m'en occupe. En attendant, retournez dans le parc et ne la perdez pas des yeux.

Vous hésitez.

— On peut inverser les rôles, si vous préférez, ajoute Madame Leblanc.

Vous avez témoigné à l'avocate un manque de confiance il y a quelques minutes, vous voulez vous racheter.

— Non, non, allez-y et rejoignez-nous vite dans le parc, conclus-tu.

Va au 42 pour surveiller Mademoiselle Rose.

Madame Leblanc est sur le seuil du salon.

— Nous vous laissons seuls avec Antoine. Messieurs Moutarde et Violet, ainsi que Mademoiselle Rose sont rentrés chez eux. Pour ma part, je vais passer au commissariat afin de leur expliquer la situation.

— Vous ne pouvez pas faire ça ! protestes-tu. Vous vous trompez !

— Nous sommes innocents, c'est un malentendu ! renchérit Madame Pervenche.

Mais Madame Leblanc n'a pas l'air prête à changer d'avis, ni même à vous écouter.

— Si vous avez besoin d'un avocat, pensez à moi !

La porte se referme et clôt du même coup votre enquête qui, il faut bien l'avouer, est un fiasco total !

FIN

On ne peut pas être fort dans toutes les disciplines. Mais on se doit de compenser ses faiblesses par des atouts décisifs.
À l'avenir, évite de te confronter physiquement à plus fort que toi ! Cela étant dit, tu as été courageux. Rien ne t'empêche de recommencer…

Vous voilà tous les six dans le salon. Ton idée est d'y tenir une sorte de procès. La situation est connue de chacun : Madame Leblanc apparaît comme la coupable la plus probable. Seul Monsieur Violet ne semble pas convaincu et tend à minimiser la logique de votre raisonnement.

Quant à l'intéressée, elle s'agite de plus en plus sur son siège. Elle ne cherche plus à se défendre, curieusement. Tout à coup, elle semble prise d'un malaise. Ses yeux se révulsent, son visage bascule en arrière et elle se met à râler.

Mademoiselle Rose se précipite.

— Madame Leblanc !

Elle la secoue mais l'avocate a, dirait-on, perdu connaissance.

— Il faut appeler l'hôpital ! Vite ! Je crois que Madame Leblanc est cardiaque.

Vous vous concertez tous du regard : que faire ?

— Dépêchez-vous ! insiste Mademoiselle Rose.

Vous n'avez pas le droit de pas appeler les secours. La vie de Madame Leblanc est peut-être en danger. Quelle que soit sa responsabilité dans le meurtre du docteur Lenoir, vous vous devez de lui porter assistance.

Monsieur Violet n'a pas attendu votre permission. Il compose déjà le numéro du SAMU.

Quelques minutes plus tard, une civière emporte Madame Leblanc, toujours inconsciente, avec son mystère.

Tu pourrais penser que tu as réussi, avec l'aide de Madame Pervenche, à trouver une réponse à l'essentiel des questions posées par l'énigme, à savoir l'identité du coupable et l'arme du crime.

Mais lorsque tu apprendras, ultérieurement, que Madame Leblanc a simulé ce malaise, qu'elle s'est échappée de l'hôpital moins d'une heure après y avoir été admise et qu'elle court à présent dans la nature, tu feras un peu moins le fier et admettras ton échec.

FIN

Sans doute que l'un de vous aurait dû accompagner Madame Leblanc à l'hôpital. Es-tu disposé à recommencer ton enquête en étant plus vigilant ?

Tu estimes que ce serait une erreur de révéler à Alexandra l'exacte vérité. Tu crains sa réaction. Par ailleurs, tu n'as aucune envie de le faire. Qui voudrait être le porteur de telles nouvelles ?

Tu décides donc de lui mentir.

— Allô, Alexandra ? Je suis un ami de votre frère...

— Que se passe-t-il ? te coupe-t-elle.

Tu saisis déjà un début de panique dans sa voix.

— Votre frère a disparu. Nous sommes réunis chez lui avec quelques amis et nous ne le trouvons pas. Nous savons juste qu'il a eu une conversation téléphonique avec vous avant de se volatiliser. Je me disais qu'il y avait peut-être un rapport... que ce coup de fil pourrait expliquer qu'il soit parti précipitamment...

Alexandra ne comprend pas grand-chose à ce que tu lui racontes. Elle consent néanmoins à te résumer leur échange.

— Mon frère m'appelle tous les jours pour prendre de mes nouvelles depuis que je suis souffrante. Mais ce soir, il m'a prévenue qu'il ne pouvait pas s'éterniser parce qu'il recevait des amis à dîner.

— Vous l'avez trouvé comment ?

— Normal. Je veux dire... comme d'habitude.

— Il ne vous a rien dit de particulier ? Sur les amis qu'il recevait par exemple ? Ou s'il avait des ennuis ?

— Non, réplique Alexandra. Mais je ne comprends toujours pas : il est parti sans rien dire à personne ?

— J'en ai bien peur. Vous vous souvenez de ses dernières paroles, ce soir ?

Alexandra réfléchit un court instant.

— Oui, finit-elle par répondre : quelqu'un est entré dans la pièce où il se trouvait et il l'a prié de s'asseoir.

Tu sursautes.

— Ah bon ? Vous êtes sûre ? Il l'a peut-être appelé par son nom ?

Elle hésite encore.

— Non, je crois qu'il a dit : « Asseyez-vous, ma chère », ou « ma chère amie », je ne sais plus...

Très intéressant ! penses-tu.

— Ensuite ?

— Il m'a saluée et il a raccroché.

 File au 97.

Madame Leblanc et Monsieur Violet ont accepté de te suivre jusqu'au salon. Vous vous y installez tous les trois et tu entres dans le vif du sujet en posant ton téléphone sur une table basse placée entre eux et toi. Le haut-parleur est branché, l'enregistrement défile...

Ils comprennent instantanément ce qui se trame. Madame Leblanc est la plus rapide : elle sort un revolver de son sac et vous menace tous les deux. Puis elle s'empare de ton téléphone et se lève.

— Je vous remercie, Monsieur Olive, vous m'offrez une occasion en or de me retirer. Monsieur Violet n'aura même pas besoin de me couvrir.

Impuissant, tu regardes Madame Leblanc quitter le salon. Il ne sert à rien de la suivre jusqu'au garage. Tu risquerais juste de recevoir une balle.

Tu jettes un œil à Monsieur Violet. Tu ne le portais pas dans ton cœur, à présent tu le détestes. Il a plus que jamais une tête à claques.

Quel dommage !
N'y avait-il pas une meilleure façon de
procéder ? Réfléchis et recommence !

Pas question de laisser Madame Leblanc te traîner dans la boue.

— C'est ma parole contre la sienne, argumentes-tu. Bien sûr, je n'ai pas l'habitude de plaider devant une cour, moi. Mais ce que j'ai de plus que Madame Leblanc, ce sont les preuves de ce que j'avance. Elles se trouvent dans le bureau du docteur… Et puis pourquoi l'aurais-je tué ? Quelqu'un peut-il me l'expliquer ?

— Ça suffit ! intervient Monsieur Violet. C'est vous qui avez commencé. Vous n'aviez aucun droit d'aller fouiller dans le bureau du docteur ! En présence de son cadavre, en plus ! Et le respect dû aux morts, cela ne vous dit rien ?

— Je propose de clore ce débat et d'attendre que la police arrive pour faire son travail, propose Monsieur Moutarde.

— Je suis bien d'accord avec vous, renchérit Madame Pervenche.

En réalité, personne ne s'oppose à Monsieur Moutarde. Le bon sens a parlé.

 File au 23.

Tu réfléchis brièvement avant de reprendre :

— J'essaie simplement de savoir qui a tué un de mes amis... Prenons un exemple : si je ne me trompe pas, Monsieur Moutarde est le dernier à être retourné dans la maison. Étant allé au garage porter de l'eau à mon chien juste avant lui, si j'avais croisé le docteur à ce moment-là, quatre d'entre nous auraient été automatiquement innocentés. Seuls Monsieur Moutarde et moi-même serions encore suspects.

— C'est bien ce que je vous disais, réplique Monsieur Violet. Celui qui aurait quelque chose à dire ne le fera pas parce que ça diminuera le nombre de suspects sans l'innocenter lui-même. Qui a envie d'aller en prison à la place d'un autre ? Dans ce genre de situation, on se fiche du voisin, on ne pense qu'à soi ! Et plus il y a de suspects, moins il y a de chances pour que le doigt accusateur de la justice s'arrête sur vous.

— Vous confondez tout ! lui répond Mademoiselle Rose. Ce n'est pas un jeu de hasard. La justice n'est pas une loterie !

— Vous, on ne vous a rien demandé ! rétorque Monsieur Violet. Gardez vos répliques de cinéma pour vous !

— Et moi, je n'ai toujours pas la réponse à ma question : en vertu de quoi Monsieur Olive se sent-il autorisé à enquêter ? renchérit Madame Leblanc.

— Ça suffit ! s'écrie Monsieur Moutarde, qui était resté discret jusque-là. Vous vous rendez compte du grotesque de la situation ? Le docteur aurait honte du comportement de ses soi-disant amis.

— Mais pour qui vous prenez-vous ? s'offusque Madame Pervenche. Qui êtes-vous pour vous permettre de nous juger ? Nous ne sommes pas sur un tatami et vous n'êtes pas l'arbitre de la soirée !

Cette fois, la coupe est pleine. Tu rends ton tablier. Tu as essayé d'élucider le meurtre du docteur mais tu as échoué. Et tu n'as désormais plus de crédibilité pour reprendre ton enquête. Tu dois t'avouer vaincu et laisser les professionnels faire leur travail.

Les confrontations de groupe sont souvent délicates à mener. Il y a d'autres manières de faire avancer ton enquête. Pourquoi ne pas les étudier ?

Ton métier, c'est la finance. Même si tu as cru un temps pouvoir te glisser dans la peau d'un détective.

Tu es arrivé à la conclusion que le coupable est soit Monsieur Moutarde, soit Madame Leblanc. Sauf si Mademoiselle Rose t'a menti, auquel cas il faudrait repartir de zéro.

Quoi qu'il en soit, tu penses que tu as fait le maximum et tu ne te sens pas capable d'aller plus loin dans ton enquête.

Tu rends ton tablier et t'avoues vaincu.

FIN

Ton échec manque un peu de panache mais personne ne t'en voudra. Maintenant, ton amour-propre doit réagir. Recommence l'enquête depuis le début !

Votre numéro est au point.
Vous vous lancez.

— Monsieur Olive, vos insinuations sont insupportables ! s'écrie brusquement Madame Pervenche. Je ne vous permets pas de me parler comme ça !

Les quatre autres se tournent vers vous.

— J'ai toujours eu des doutes sur vous, poursuit-elle. Et votre attitude à mon égard me conforte dans l'idée que c'est vous le coupable !

— Parfait ! réponds-tu, faussement vexé. C'est votre opinion. Nous verrons bien si la police vous donne raison. Je pense qu'il est préférable à présent d'éviter de s'adresser la parole.

Tu lui tournes le dos et t'éloignes dans le parc. Il y a un banc à une trentaine de mètres, près d'une mare. Tu décides d'aller t'y asseoir. Madame Pervenche aura ainsi tout le loisir de mettre en application la deuxième partie de votre plan.

Rends-toi au 44.

Vous vous arrangez pour avoir une conversation privée et elle te fait le récit de ses interrogatoires. Il en ressort un élément troublant.

— Mademoiselle Rose a entendu le docteur parler dans son bureau en allant faire un tour à la salle de bains tout à l'heure !

— Sans blague ? Mais ça change tout !

— On peut dire ça, oui !

— Si elle ne ment pas, vous êtes définitivement innocentée, ainsi que Monsieur Violet, qui est retourné dans la maison juste après vous et avant Mademoiselle Rose. Quant à celle-ci, elle peut très bien avoir tué le docteur après l'avoir entendu parler... Mais au fait, avec qui parlait-il ?

— Elle n'a pas entendu d'autre voix. Peut-être était-il au téléphone ?

— Oui, c'est probable.

— Qu'est-ce qu'on fait ?

— On va fouiller le téléphone du docteur pour nous assurer que Mademoiselle Rose vous a dit la vérité.

Si tu penses que le groupe entier doit y aller, va au 32.

Si tu penses au contraire que vous devez seulement y aller tous les deux, va au 45.

Tu as le sentiment que toute initiative personnelle sera mal interprétée. Par ailleurs, il serait sans doute risqué que l'un de vous affronte seul le coupable. Vous décidez donc de fonctionner en tandem.

Quelle est la priorité ?

Si tu crois qu'il est judicieux de commencer par fouiller les affaires des invités, va au 52.

Si tu préfères t'atteler à leur emploi du temps entre leur arrivée chez le docteur et le meurtre de ce dernier, va au 16.

Ta chambre n'a jamais été aussi bien rangée que celle du docteur. On se croirait dans un magasin d'ameublement ! Pas un grain de poussière, pas un vêtement ni le moindre objet qui traîne. Le lit est fait au carré.

Tu te mets au travail en ouvrant les tiroirs de la commode. Tu regardes dans le linge du propriétaire des lieux avec culpabilité. Inutile de préciser que tu ne t'éternises pas sur ce meuble.

La table de nuit contient quelques boîtes de médicaments : calmants, somnifères, pastilles pour la gorge, aspirine, rien de méchant. Tu mets également la main sur une paire de lunettes, deux ou trois romans policiers, un réveil électronique, un paquet de mouchoirs...

Une belle armoire ancienne fait face au lit. Tu l'ouvres. D'un côté pendent des dizaines de costumes et de manteaux. De l'autre : des rayonnages remplis de lainage et des piles de chemises parfaitement repassées.

De multiples paires de chaussures garnissent le bas de l'armoire. Puis tu remarques une boîte en carton dans le fond. Tu en retires le couvercle et découvres des liasses de lettres. Tu en prends une au hasard : il s'agit de la correspondance des parents du docteur. Une autre liasse contient des lettres de ses frères et sœurs. D'autres concernent des femmes. Probablement celles qui ont compté dans sa vie. Tout ce qui se trouve dans ce carton est poussiéreux : les courriers datent d'au minimum cinq ans. Ce n'est pas ce que tu cherches.

Tu refermes l'armoire et te tournes vers des étagères murales. Il y a là des rayonnages de livres, des bibelots, une collection de pierres rares : des cristaux, des roses des sables...

Tu ne trouveras rien dans cette chambre, tu en es convaincu. Tu refermes délicatement la porte.

 Rejoins tes complices au 91.

Tu optes pour la prudence et la patience. Cette convocation revêt peut-être une grande importance, mais il se pourrait qu'il reste quelque chose à découvrir dans ce bureau.

Tu ouvres d'autres tiroirs qui t'informent de l'immensité du patrimoine du docteur. Actions, immobilier, œuvres d'art… le docteur était à l'abri du besoin pour quelques générations ! À titre personnel, et surtout professionnel, ça te passionne, mais ça ne fait en rien avancer ton enquête. Tu continues tes recherches en feuilletant des albums photo, des récits de voyage, et documents du même genre, et tu finis par tomber sur un classeur contenant des coupures de presse. Tous les articles parlent d'une seule et unique affaire criminelle et les plus récents annoncent la tenue du procès aux Assises de l'accusé, un certain Brilletaboule… Tu fais aussitôt le lien avec la convocation du docteur. Tu vérifies les dates : ça colle !

Tu te félicites de cette seconde découverte. Tu es de plus en plus certain de tenir là une sacrée bonne piste. Tu poursuis ta lecture en diagonale des derniers rebondissements de l'affaire rapportés par les journaux et tu n'as plus aucun doute en apprenant que l'accusé sera défendu par… Maître Leblanc !

Les bras t'en tombent.

Une chose est sûre : le docteur et Madame Leblanc étaient tous deux impliqués dans cette affaire. Mais comment cette double implication aurait-elle pu aboutir au meurtre du docteur ?

Si Madame Leblanc en est l'auteur, cela signifie qu'il y avait une énorme divergence d'intérêts. L'avocate ayant pour mission de défendre l'accusé, le témoignage du docteur devait être accablant pour ce dernier. Au point d'éliminer le docteur, malgré l'amitié qui les liait ? C'est une piste à creuser.

En tout cas, tu en sais maintenant assez pour affronter Madame Leblanc.

Si tu décides de le faire devant témoins, va au 88.

Si tu préfères opérer discrètement, va au 55.

Tes protestations ne servent à rien. Monsieur Moutarde, expert en arts martiaux, te neutralise facilement, puis, aidé par Monsieur Violet et Antoine, il te traîne jusqu'au salon, sous l'œil approbateur de la gent féminine.

Te voilà séquestré dans le salon du docteur ! On ne t'a pas attaché au radiateur parce que c'est inutile : la porte et les volets sont verrouillés de l'extérieur.

Tu n'as plus qu'à attendre et te lamenter sur les sales draps dans lesquels tu t'es fourré.

Après une attente qui te paraît durer une éternité, rends-toi au 43.

Tu rejoins les suspects que tu as décidé de cuisiner : Monsieur Moutarde et Madame Leblanc.

La seconde étant en conversation avec Monsieur Violet, tu commences par le premier.

— Qu'est-ce que vous pensez de tout ça, vous ? lui demandes-tu.

— Que voulez-vous en penser ? Le monde est fou !

— Je voulais dire : vous avez une idée sur ce qui a pu se produire ?

— Non, et je ne tiens pas à en avoir une, ni même à connaître la vérité. Je veux juste oublier cette soirée cauchemardesque. Faire comme si elle n'avait jamais eu lieu.

— Vous savez bien que c'est impossible. On ne peut pas effacer la réalité sous prétexte qu'elle nous dérange.

— Je vais pourtant m'y employer dès que la police nous aura libérés.

Ton opinion est faite : tu ne tireras rien de Monsieur Moutarde, et ça t'étonnerait fort qu'il soit coupable.

— Juste une question, si vous le permettez : lorsque vous êtes allé récupérer votre téléphone dans la villa tout à l'heure, vous n'avez rien remarqué d'étrange ?

Il t'adresse un regard hostile.

— Non ! lâche-t-il sèchement avant de te tourner le dos.

Tu décides de passer à Madame Leblanc, que Monsieur Violet a délaissée pour s'entretenir avec Madame Pervenche.

Tu es fier de ta partenaire. Elle apprend vite !

 Pour approcher Madame Leblanc, va au 56.

— **R**egardez ! s'écrie ta coéquipière en pointant son in-
dex à l'intérieur du sac de Madame Leblanc.
Un revolver !

Bingo ! Tu as vu juste !

Madame Leblanc pâlit. Elle lève les yeux vers
toi : elle comprend que vous lui avez tendu un
piège. Mais, en femme d'expérience, elle se
ressaisit vite.

— Je l'ai toujours sur moi ! se défend-elle.
J'ai un permis de port d'arme.

— En quel honneur ? demande Monsieur
Moutarde.

— C'est nécessaire dans mon métier. On
côtoie les pires crapules aux Assises.

Elle n'a sans doute pas tort, ce revolver dans
son sac ne constitue pas une preuve en soi. Il
faudrait déjà trouver une balle responsable de la
mort du docteur et procéder à une analyse balis-
tique – ce qui n'est pas de ton ressort. Mais cette
découverte s'ajoute aux révélations de Mademoiselle Rose et l'ensemble forme, comme on dit au
tribunal, un faisceau de présomptions !

Les choses ont pris une tournure nouvelle.
Madame Leblanc semble de plus en plus isolée.

Tu penses être à deux doigts du dénouement. Pour toi, les choses sont claires : le coupable et l'arme du crime ne font plus de doute. Reste à déterminer le mobile de Madame Leblanc.

Si tu regroupes tout le monde dans le salon, va au 66.

Si tu préfères aller fouiller dans le bureau du docteur avec l'espoir d'y trouver quelque chose qui vous éclairerait sur le mobile de Madame Leblanc, va au 39.

Tu sors ton téléphone de ta poche et composes le numéro de la police.

Il ne te faut pas longtemps pour comprendre que le meurtre n'a jamais été signalé au commissariat. Sans quitter l'avocate des yeux, tu expliques les faits et raccroches.

— La police sera là dans moins de cinq minutes, annonces-tu. En passant : ils ne sont absolument pas surchargés de travail ce soir. Madame Leblanc, vous avez deux solutions. Soit vous nous dites pourquoi vous avez tué le docteur et peut-être gagnerez-vous notre compassion, soit vous nous tuez les uns après les autres et fuyez avant l'arrivée de la police.

Tu ne risques pas grand-chose ! Elle en a certainement déjà eu l'idée et si elle ne l'a pas fait, ce n'est pas ton rappel provocateur qui changera quoi que ce soit.

Elle te donne raison et éclate brusquement en sanglots, exprimant regrets et excuses.

Tu insistes pour connaître son mobile et elle finit par vous le donner :

— Le docteur devait témoigner contre mon client lors d'un procès. Je jouais extrêmement gros dans cette affaire : ma carrière était en jeu ! Je ne sais pas ce qui m'a pris, j'ai seulement voulu menacer le docteur de ne pas charger mon client... et le coup est parti. C'est un accident, je le jure.

Un silence de mort s'abat sur le parc.

Watson est allongé sur la pelouse. Il ne se doute pas qu'il est responsable de ces aveux inespérés. Il ne sait pas davantage que son action t'a aidé à trouver une réponse à chaque question posée par l'énigme. Tu pourras le remercier : c'est grâce à lui que tu as gagné. Bravo !

Le voilà justement qui se redresse sur ses pattes car il entend les sirènes de la police qui déboule dans le quartier...

FIN

Félicitations, il était moins une, mais tu as résolu le mystère du meurtre de ton ami. Sais-tu qu'il existe d'autres moyens de révéler la vérité ? Recommence pour les découvrir !

Tu passes à Madame Pervenche qui se tient à l'écart dans un fauteuil, le regard perdu dans un ciel de plus en plus sombre.

Tu lui fais un résumé de la situation et lui poses la même question qu'à Mademoiselle Rose.

— Je suis abasourdie par toute cette histoire, Monsieur Olive, répond-elle. Je ne sais plus quoi penser.

— Essayez de vous creuser la tête, je vous prie. Lequel des deux verriez-vous dans le rôle de l'assassin ?

— Aucun, naturellement !

— Avez-vous noté un comportement particulier chez eux ce soir ? Avant ou après le drame ?

— Non.

— Y en a-t-il un que vous connaissez mieux que l'autre ?

— J'ai croisé Madame Leblanc plus souvent que Monsieur Moutarde, ça, c'est certain. Pour la bonne raison que nous étions membres du même club de tir à une époque.

— De tir ? D'arme à feu, vous voulez dire ?

— Oui. D'ailleurs, ça ne m'a pas plu du tout,

j'ai vite arrêté. Mais elle, elle adorait ça. Elle est même très forte !

Tiens, tiens, voilà qui est intéressant ! Tu ne sais pas précisément comment le docteur a été tué mais l'arme à feu n'est pas à exclure, finalement c'est peut-être la solution la plus vraisemblable.

Même s'il n'y a sans doute pas besoin de prendre des cours pour abattre quelqu'un à bout portant, ou presque, le maniement de l'arme s'improvise sûrement moins facilement.

Tu te dis aussi que si Monsieur Moutarde était le coupable, il aurait probablement utilisé une technique de sport de combat qui n'aurait laissé aucune trace. C'est sa spécialité !

L'étau se resserre autour de Madame Leblanc. Cependant, il te reste encore une personne à interroger.

Rejoins Monsieur Violet au 22.

Tant pis pour ton cher Watson, il devra patienter encore un peu ! Tu t'en voudrais que Madame Leblanc se mette à enfler comme un ballon uniquement parce que ton chien lui a frôlé la jambe. Tu n'as pas besoin de ça ce soir ! Fais-toi tout petit, c'est dans ton intérêt.

L'attente reprend, toujours plus monotone… Tu ne peux pas faire un mouvement sans déclencher l'hostilité des autres. Tu es sous haute surveillance, inutile de le préciser.

Une autre heure s'est écoulée quand vous réalisez… que Madame Leblanc vous a faussé compagnie ! Plus personne ne faisait attention à elle : évidemment, puisqu'elle a réussi à convaincre tout le monde que c'était toi, l'homme à surveiller de près. Elle en a profité pour fuir…

— Ah, vous vous êtes bien fait avoir ! ricanes-tu. Elle vous a manipulés comme des enfants de maternelle !

— Oh, ça va ! riposte Monsieur Violet. On réagit comme on peut ! Quelle idée aussi d'aller fouiller tout seul dans les affaires du docteur ! Ce ne sont pas des choses qui se font,

Monsieur Olive. Et ça ne nous a pas incités à vous faire confiance.

Lorsque la police finira par arriver, tu auras la confirmation que ton raisonnement était le bon. Cependant, découvrir l'identité du coupable est une chose, pouvoir lui mettre la main dessus en est une autre.

Tu as perdu !

FIN

Quel gâchis ! Tu avais découvert l'essentiel : le coupable et son mobile. Il le reste un secteur dans lequel tu peux progresser : la finition de l'enquête ! Alors, tu relèves ce défi ?

Les invités du docteur te surveillent du coin de l'œil sans te faire aucune réflexion.

À la première occasion tu t'approches de Madame Leblanc.

— J'espère que vous n'avez pas mordu à l'hameçon tout à l'heure, lui glisses-tu à l'oreille.

Elle te répond d'un clin d'œil aussi discret que complice.

— J'ai ma petite idée sur ce qui s'est passé, poursuis-tu, toujours sur le ton de la confidence. Je miserais gros sur Mademoiselle Rose...

Ton intervention a l'air de lui plaire.

— Suivez-moi ! dit-elle.

Tu ne te fais pas prier. Vous vous éloignez en direction de la maison et personne ne trouve rien à y redire puisque Madame l'avocate t'accompagne.

Une fois à distance des autres, elle te confirme qu'elle aussi a une forte conviction : Mademoiselle Rose est la meurtrière selon vous ! Toutefois, elle ne t'en donne pas les raisons et ne te demande pas les tiennes.

— Où allons-nous ? demandes-tu.

— J'ai besoin de vérifier une petite chose et ça tombe très bien qu'on soit deux, dit-elle.

Vous pénétrez dans la maison et elle te guide jusqu'au hall d'entrée où les invités se sont débarrassés d'un vêtement ou d'un sac.

— Voici la veste de Mademoiselle Rose, lance-t-elle en fixant un vêtement en lin blanc. Vous voulez bien regarder ce qu'il y a dans ses poches ?

Tu hésites un peu avant d'obéir. Qu'est-ce que tu risques ?

En glissant ta main dans une poche, ta peau entre en contact avec un objet froid. Surpris, tu l'empoignes.

C'est un revolver !

— J'en étais sûre ! s'exclame Madame Leblanc.

 Va vite au 99.

Le portefeuille de Monsieur Violet ne contient rien de suspect. Un petit carnet est rempli de formules mathématiques. Pour toi, c'est du charabia : dans la finance et les affaires, il suffit de savoir additionner et soustraire !

Le sac de Mademoiselle Rose te rendrait presque jaloux. La jolie jeune femme est très courtisée. Des dizaines de cartes de visite masculines t'en disent long sur le nombre de ses prétendants. Toi qui aimerais beaucoup faire plus ample connaissance et, pourquoi pas, l'inviter à dîner un de ces soirs, tu te rends compte que tu ne dois pas être le seul à avoir cette envie. Son agenda te le confirme : elle sort beaucoup...

De son côté, Madame Pervenche a fait chou blanc avec le blouson de Monsieur Moutarde dont les poches sont vides, à l'exception d'un trousseau de clés et de sa carte d'identité.

Vous vous attaquez à la sacoche en cuir quand une voix s'élève derrière vous :

— On peut savoir ce que vous complotez, tous les deux ?

Découvre qui vous a surpris au 95.

Ça fait un quart d'heure que Madame Leblanc est partie dans le bureau du docteur. C'est beaucoup trop long !

— Allons voir ce qu'elle fabrique ! lâches-tu.

Vous vous hâtez vers le bureau, mais elle n'y est pas. Vous vous lancez à sa recherche dans toute la maison, sans succès. Tu as un très mauvais pressentiment... Tu penses au pire et tu fonces au garage : l'élégant coupé BMW dans lequel tu as vu Madame Leblanc arriver a disparu !

Watson aboie car il t'a repéré. Le pauvre animal s'ennuie. Tu lui ouvres la portière et il te saute dessus en jappant, tout excité. S'il pouvait parler, il te raconterait comment Madame Leblanc a fui il y a quelques minutes, mais il se contente de te lécher les mains et de te tourner autour.

Tu retrouves ta partenaire dans le bureau.

— Madame Leblanc nous a faussé compagnie ! annonces-tu.

— Et elle a effacé l'historique du téléphone du docteur, réplique-t-elle. Plus aucune trace des appels émis ou reçus... Elle a aussi détruit des documents : le bac de la déchiqueteuse de papier était vide tout à l'heure, j'en suis certaine.

Tu t'approches de la machine et observes à travers le plastique transparent. Il y a du papier journal parmi les bandelettes, ça ne fait pas de doute.

— La police se régalera avec tout ça ! commentes-tu.

— On peut dire qu'elle nous a bien eus.

— Tout ça, c'est de ma faute, je n'aurais jamais dû lui faire confiance.

— Inutile de vous torturer, Monsieur Olive, on a fait ce qu'on a pu. D'une certaine façon, on a découvert qui a tué le docteur. C'est bien ce qu'on cherchait, n'est-ce pas ?

Certes, c'est ce que vous vouliez apprendre en priorité. Mais mettre le coupable en fuite est loin de constituer un succès en matière d'enquête policière.

**Tu as perdu ! Méfiance, méfiance, méfiance.
Intègre ça et tu pourras recommencer !**

C'est toi qui mènes la marche.

Les autres suivent en troupeau silencieux. Madame Pervenche est censée veiller à ce qu'aucune brebis ne soit tentée de s'égarer.

Sur le seuil du bureau, Monsieur Violet, voulant se montrer galant, fait signe à ces dames de passer devant lui. S'ensuit une légère confusion qui ne dure que quelques secondes mais qui suffit à Madame Leblanc pour brusquement ressortir de la pièce, claquer la porte, et vous enfermer tous les cinq d'un tour de clé.

Vous n'avez rien vu arriver et vous vous regardez pour essayer de comprendre ce qui vient de se produire.

Les choses sont pourtant simples. Vous avez beau taper contre la porte et rappeler Madame Leblanc, elle est certainement déjà dans le garage et ce n'est pas Antoine qui prendra l'initiative de l'empêcher de quitter la propriété.

Tu n'es pas près de savoir pourquoi Madame Leblanc a agi ainsi. Tu peux juste penser que sa fuite est une sorte d'aveu. Il te faudra attendre le résultat de l'enquête officielle pour le savoir. Dans l'immédiat, tu dois admettre que la partie est terminée et que tu as perdu.

FIN

Prudence et méfiance sont deux traits de caractère très utiles chez un détective. Tu dois les développer pour pouvoir résoudre cette énigme. Tu es prêt à recommencer ?

En optant pour l'interrogatoire de groupe, tu te dis que tu as plus de chances qu'on te dise la vérité car tu auras des témoins, et il est plus difficile de leurrer cinq personnes qu'une seule.

Comment t'y prendre ?

Tu sais que tu risques de rencontrer l'hostilité de certains suspects pouvant voir d'un mauvais œil ton enquête à leur sujet. Tu penses qu'il vaut mieux la jouer décontracté, l'air de rien. Surtout pas de questions directes susceptibles de heurter les uns ou les autres !

Tu profites d'un moment de silence dans le groupe. On n'entend que le feuillage du chêne, légèrement balayé par la brise du soir.

— Il serait intéressant de savoir qui a vu le docteur en dernier, lances-tu. Peut-être que ça nous aiderait à comprendre ce qui s'est passé…

On ne peut pas dire que ton entrée en matière éveille beaucoup d'enthousiasme. Personne ne daigne te répondre.

Tu t'apprêtes à formuler les choses différemment quand Monsieur Violet se décide à parler.

— À quoi ça servirait ? Vous croyez que le coupable va avouer pour vous faire plaisir ?

— C'est plutôt le témoignage des autres qui peut nous intéresser ! S'ils sont cohérents et qu'ils se recoupent, peut-être nous aideront-ils à y voir plus clair ?

— Les autres ne se prononceront pas, intervient Madame Pervenche, de peur de dire quelque chose qui, sans le savoir, les compromettrait.

— Et puis de quel droit vous vous positionnez en tant qu'enquêteur ? siffle Madame Leblanc. Vous avez été mandaté par quelqu'un ?

Ça dérape.

Si tu veux recadrer les choses, fonce au 70.

Si tu penses que la réaction de Monsieur Violet cache quelque chose, rends-toi au 25.

Tu te méfies de Madame Leblanc et tu as bien raison. Si elle est la meurtrière, mieux vaut ne pas prendre de risques inutiles.

Tu retournes donc dans le parc et te mêles au groupe.

— Où étiez-vous ? te demande Monsieur Violet.

Tous les regards sont braqués sur toi. L'occasion est rêvée pour cracher le morceau.

— J'essaie de comprendre ce qui s'est passé ce soir, répliques-tu. Et je viens de faire une découverte qui semble répondre à ma curiosité.

Tu respires un grand coup avant de poursuivre :

— Notre ami le docteur devait témoigner la semaine prochaine aux Assises au cours du procès d'un certain Brilletaboule. Jusque-là, rien d'extraordinaire, me direz-vous. Ce qui est plus troublant, c'est que ce supposé criminel est défendu par… Madame Leblanc.

D'un même élan, tout le monde se tourne vers cette dernière.

— Vos insinuations sont grotesques ! se défend-elle. Pourquoi aurais-je tué le docteur ?

— Peut-être parce qu'il allait témoigner

contre votre client et que son témoignage aurait anéanti votre défense ?

— Monsieur Olive, vos propos sont calomnieux ! s'offusque-t-elle. Je ne vous permets pas de proférer des absurdités pareilles.

— Il faut davantage de preuves pour accuser quelqu'un, ajoute Monsieur Violet.

Mademoiselle Rose acquiesce, elle semble partager son avis. Madame Pervenche et Monsieur Moutarde, eux, ne se prononcent pas.

— Et puis je n'ai pas revu le docteur depuis qu'il s'est excusé ici même, précise Madame Leblanc. Je ne vois pas comment j'aurais pu le tuer…

— Très bien, coupes-tu. Alors qui a vu ou entendu le docteur en retournant dans la maison ?

— Moi ! répond aussitôt Mademoiselle Rose. En passant devant son bureau, je l'ai entendu parler. Il était sans doute au téléphone.

— Parfait ! enchaînes-tu. D'autres témoignages de ce genre ?

Tous les convives secouent la tête.

— Si ma mémoire est bonne, reprends-tu, vous êtes la troisième personne à être retournée dans la maison, Mademoiselle Rose. Juste derrière Madame Pervenche et Monsieur Violet, n'est-ce pas ?

— Oui, c'est possible.

— Par conséquent, et puisque, jusqu'à preuve du contraire, les morts ne parlent pas, si vous nous dites la vérité, il ne reste plus que trois suspects possibles : Monsieur Moutarde, Madame Leblanc et moi-même.

Personne ne te contredit.

— Je propose que nous retournions tous dans le bureau du docteur. S'il a réellement eu une conversation téléphonique, l'historique de ses appels devrait nous le confirmer.

Pas d'objection !

Va au 47.

Tu fais teinter une petite cuillère contre ta coupe vide pour attirer l'attention.

Une fois tout le groupe réuni autour de toi, tu livres le résultat de ton enquête.

Madame Leblanc, la première intéressée par tes déductions, éclate de rire.

— Monsieur Olive, ne soyez pas ridicule ! Vous confondez la Justice avec la Bourse ! La rumeur, les apparences, la spéculation n'ont pas cours dans une instruction. Votre thèse ne repose sur rien de solide. Tout est basé sur la parole d'un des suspects, à savoir Mademoiselle Rose, et n'a donc aucune valeur. Le reste de vos déductions n'est qu'un tissu de coïncidences. Heureusement que la justice de notre pays ne repose pas entre des mains telles que les vôtres !

Sa riposte est habile et te vexe un peu, mais tu es tellement convaincu de sa culpabilité que tu en remets une couche.

— Pourquoi continuer à nier ? À part Monsieur Violet, qui est aveuglé par son béguin pour vous, tout le monde ici vous croit coupable.

Madame Leblanc regarde tour à tour les convives. Personne ne proteste. Personne ne te soutient non plus au point d'abonder dans ton sens.

— Vous me croyez vraiment coupable ? demande l'avocate en pesant ses mots.

Les regards se baissent vers la pelouse.

— Je vais vous dire une chose, reprend-elle, j'en ai assez de tout ça !

À ces mots, elle ouvre son sac et en sort un revolver.

 Va au 62.

— Regardez discrètement Madame Leblanc ! murmures-tu à l'oreille de Madame Pervenche. Elle a déposé son sac sur une chaise. Je vais lui proposer de papoter. Si elle accepte, vous irez fouiller dedans pendant que je l'occupe. Avec un peu de chance, l'arme du crime s'y trouve...

Ta partenaire hésite.

— Vous croyez qu'on a le droit de faire ça ?

— Non ! Mais on n'a pas le droit de tuer les gens non plus ! Pour moi, c'est elle la coupable. Il ne nous manque plus qu'une véritable preuve.

Elle finit par se ranger à ton idée.

Tu t'avances négligemment vers l'avocate.

— Enterrons la hache de guerre, voulez-vous ?

— J'aime mieux vous voir abandonner ce rôle d'enquêteur qui vous va si mal, déclare-t-elle.

Ça ne pourrait pas mieux démarrer.

— Faisons quelques pas ! suggères-tu.

Elle ne s'y oppose pas.

— Je m'excuse si je vous ai importunée tout à l'heure. Cette histoire m'a tellement bouleversé que je ne pouvais pas rester les bras croisés en attendant la police.

— Ne vous excusez pas ! répond-elle. Nous sommes tous bouleversés.

Vous vous éloignez tous les deux de quelques pas en discutant. En parfait hypocrite, tu fais comme si tu regrettais ta conduite.

Soudain, la voix de Madame Pervenche s'élève dans votre dos :

— Venez vite voir !

 Précipite-toi au 79.

V ous vous retrouvez tous les trois dans le couloir pour confronter vos résultats. Malheureusement, aucun de vous n'a mis la main sur quelque chose de probant.

Qu'à cela ne tienne ! Madame Leblanc se rabat sur votre idée de départ.

— Je me charge de Monsieur Violet, occupez-vous des deux autres !

Vous retournez dans le parc.

 Va au 100.

Tu t'y es très mal pris avec Madame Leblanc mais tu ne vois pas comment faire marche arrière.

Elle poursuit sur sa lancée d'un ton très ironique :

— Monsieur Olive n'ose peut-être pas vous le répéter mais il a fouillé dans le bureau du docteur et aurait fait des découvertes extraordinaires... Entre autres, il aurait appris que le docteur devait témoigner au cours d'un procès dans lequel je suis impliquée. La belle affaire ! Du coup, notre grand détective insinue que j'ai éliminé le docteur, sans doute pour l'empêcher de parler…

Les regards des uns et des autres te lancent des éclairs. Tu te sens humilié. La manière dont elle présente les choses te ridiculise, c'est décidément une redoutable oratrice.

— Monsieur Olive a une imagination très fertile, poursuit-elle, et il s'imagine sans doute dans un mauvais polar. On ne peut pas lui en vouloir de cela, nous vivons une soirée très particulière. Ce qui est plus grave, c'est qu'à mon avis, il ne cherche à trouver un coupable que pour se disculper lui-même. C'est un réflexe assez courant chez les criminels, croyez-en mon expérience !

— Vous dites n'importe quoi ! réagis-tu. Ne l'écoutez pas ! Elle est folle !

Mais tu sens que tout ce que tu pourrais dire se retournerait contre toi.

En quelques secondes, tu es devenu le suspect numéro un des convives. C'est un sacré tour de force. Tu as voulu jouer au plus fin avec Madame Leblanc mais elle est beaucoup plus habile que toi à ce jeu-là. La preuve...

Si tu décides de faire profil bas en espérant que la suite des événements tourne à ton avantage avant l'arrivée de la police, va au 18.

Si tu préfères argumenter pour prouver ton innocence et faire accepter ta vision des choses, va au 69.

Tu te retournes vers Madame Leblanc en espérant que son attitude sera différente.

C'est le cas, puisque c'est même elle qui prend les devants.

— Je vous ai vu comploter en aparté avec Mademoiselle Rose et avec Monsieur Moutarde. Que cherchez-vous, Monsieur Olive ?

— Je veux découvrir la vérité. Voyez-vous, ça me met mal à l'aise de savoir qu'un assassin rôde parmi nous. Je joue souvent au poker, Madame Leblanc, et s'il y a un tricheur à une table, il vaut mieux le savoir en début de partie, vous ne croyez pas ? Je ne suis pas amateur de coups de poignard dans le dos…

Finalement, ça ne te déplaît pas que ce soit elle qui t'ait abordé.

— Comme je vous comprends ! réplique-t-elle. Mais les dés sont pipés, vous devriez le savoir. Même à un représentant de l'ordre, les gens rechignent à dire la vérité. Alors à un détective amateur…

— Qui ne tente rien n'a rien ! Et puis c'est l'intérêt des cinq innocents ici présents de régler cette affaire et de rentrer chez eux au plus vite. S'ils consentaient à dire ce qu'ils savent, ce qu'ils ont vu ou entendu, je suis certain que le meurtrier serait vite isolé…

— Vous vous faites une idée noble et romantique de la justice. Combien de condamnés ont péri en prison tout simplement parce que les apparences étaient trompeuses, au point de berner nos enquêteurs et nos juges !

Elle ne dira rien, elle non plus. Tu en es de plus en plus convaincu.

— Laissez cette tâche à ceux dont c'est le métier ! conclut-elle d'un ton sec et ferme.

Que faire à présent ? Tu as toujours deux suspects à ton tableau de chasse. Il y en a un de trop !

 Si tu décides de jeter l'éponge, va au 71.

Si tu choisis de confronter tous les convives du docteur à tes résultats, va au 54.

Si tu préfères consulter séparément les innocents au sujet des deux suspects restants, va au 14.

— **P**our être certains que les autres n'imagineront pas que nous faisons équipe, je propose que nous nous disputions publiquement, expliques-tu.

— Comment ? Là, tout de suite ?

— Oui. Vous allez élever la voix et m'accuser du meurtre. Ensuite, vous n'aurez plus qu'à recueillir leurs avis sur le fait que je sois, selon vous, le coupable. Vous avez votre portable sur vous ?

— Oui, il est dans mon sac. Pourquoi ?

— Pour plus de discrétion, vous me livrerez vos résultats par SMS ou bien laissez-moi un message vocal. Je m'éloignerai dans le parc pour l'écouter.

 Va au 72.

Vous faites volte-face.

Madame Leblanc se tient devant vous, les bras croisés, comme une institutrice attendant des explications après une grosse bêtise. Monsieur Violet est légèrement en retrait. Son regard n'est pas plus aimable.

— De quel droit vous osez fouiller dans nos affaires ? vous demande-t-il.

Naturellement, vous n'avez pas de réponse valable à fournir, d'autant que vous êtes pris la main dans le sac !

— Euh... ! bafouilles-tu. Nous... enfin je...

— Ne vous fatiguez pas ! enchaîne Madame Leblanc. On a compris votre petit manège !

Mademoiselle Rose et Monsieur Moutarde apparaissent à leur tour dans le hall, l'air indignés.

— Mais ça ne se passera pas comme ça ! poursuit Madame Leblanc. Vous cherchez à dissimuler des preuves, ou peut-être même que vous en déposez de fausses dans nos affaires pour vous disculper ?

— Attachons-les et livrons-les à la police ! renchérit Monsieur Violet.

— Vous êtes devenus fous ! t'insurges-tu. Nous étions précisément à la recherche des coupables.

— C'est ça ! rétorque Monsieur Violet. Vous me faites les poches pour prouver votre innocence. C'est d'une logique implacable ! Monsieur Moutarde, vous voulez bien m'aider à maîtriser cet homme ?

Docile, Monsieur Moutarde fait un pas en avant, comme un lutteur s'avance à l'appel de l'arbitre.

Madame Pervenche est blanche comme un linge. Elle t'adresse un regard apeuré dans lequel tu lis aussi une bonne dose de reproches. C'est vrai que c'est toi qui l'as entraînée dans cette galère, et tu n'es pas de taille à vous défendre. Ton orgueil en prend un coup et tu décides de ne pas céder.

 Va au 29

Tu te diriges vers Monsieur Violet et Madame Leblanc sans leur prêter attention. Après votre altercation, ils se sont installés devant une table où sont entreposées des carafes de boissons fraîches. Curieusement leur discussion cesse à ton approche.

Tu leur tournes le dos et te sers un grand verre de jus d'orange. Négligemment, tu sors ton portable et fais semblant de lire. En réalité, tu le mets en position d'enregistrement et le reposes sur la table.

Tu avales quelques gorgées puis, l'air de rien, verre en main, tu t'éloignes, en oubliant délibérément ton téléphone derrière toi.

La conversation reprend dans ton dos.

Que peuvent-ils bien se raconter de si secret ? te demandes-tu.

 Patiente au 10.

Tu laisses Alexandra après avoir promis de la rappeler dès que tu en saurais plus.

— Qu'est-ce que vous dites de ça ? demandes-tu à Madame Pervenche.

— J'en dis que la dernière personne qu'a vue le docteur est une femme. Et que si cette femme ne nous en a pas parlé, c'est qu'elle a des choses à se reprocher...

— En effet, nous n'avons plus que deux suspects possibles : Mademoiselle Rose et Madame Leblanc.

— Que proposez-vous ? t'interroge-t-elle.

— De les confronter simultanément à cette nouvelle donne !

— Comment voulez-vous procéder ?

— Je ne sais pas encore. Vous avez une idée ? Madame Pervenche réfléchit un instant.

— Et si on les convoquait toutes les deux dans le salon ?

— Bonne idée !

Rendez-vous au 51.

Cette fois, Madame Leblanc ne s'en tirera pas aussi facilement ! Sa réaction ne te paraît pas crédible. Tu sais que certaines personnes sont allergiques aux poils de chat ou, plus rarement, à d'autres animaux. Mais vous êtes à l'air libre... Tu penses qu'en l'occurrence, Madame Leblanc est surtout allergique à la vérité ! Car qui dit chien, dit flair, et elle a sans doute peur que tu utilises Watson pour le mettre à contribution. Tu n'as aucune idée de la façon dont elle a tué le docteur, mais un chien est capable de sentir des choses qu'on ne soupçonne même pas.

— Je le tiendrai en laisse et il ne vous approchera pas, lui assures-tu.

Les autres convives ne bronchent pas. Madame Leblanc ne fait pas d'autre commentaire non plus. Peut-être a-t-elle senti qu'elle en avait un peu trop fait.

— Mademoiselle Rose et Monsieur Moutarde, vous voulez bien m'accompagner jusqu'au garage ? Avec une escorte pareille, on ne me soupçonnera pas de vouloir m'évader...

Naturellement, tu n'as pas choisi ces deux personnes au hasard. Ce sont celles qui te paraissent le moins hostiles.

Ils se lèvent et te suivent sous le regard perplexe des trois autres.

 File au 48.

— Ça, alors ! fais-tu, extrêmement surpris.

Tu n'imaginais vraiment pas que Mademoiselle Rose puisse être l'assassin. Tu as fait croire le contraire pour savoir ce que Madame Leblanc avait sous le coude, mais maintenant que tu en as la preuve sous les yeux, tu as du mal à l'avaler. Mademoiselle Rose, si douce, si belle, si attirante...

— Allons chercher les autres ! ordonne Madame Leblanc.

Lorsque tout le monde est réuni dans l'entrée, l'avocate révèle votre découverte.

— Mais c'est impossible ! proteste Mademoiselle Rose. Il s'agit d'un coup monté !

— Si vous n'avez pas d'autres arguments face aux juges, vous n'irez pas loin ! réplique Madame Leblanc.

— Si ça se trouve, c'est vous qui avez mis cette arme dans ma veste !

— Ne dites pas n'importe quoi ! Monsieur Olive est témoin. Nous l'avons trouvée ensemble.

— Je vous dis que je suis innocente !

— C'est ce qu'ils disent tous. Vous vous expliquerez avec les inspecteurs chargés de l'enquête.

Madame Leblanc se tourne vers les autres, dont toi.

— Il est inutile que vous attendiez ici plus longtemps. Je vais rester avec elle jusqu'à ce que la police arrive. Vous pouvez rentrer chez vous.

Vous êtes tous ébranlés par la tournure des événements, et personne ne remet en cause les décisions de Madame Leblanc. Vous vous en remettez à son expérience professionnelle et à son autorité.

Du coup, ta mission tombe à l'eau et ton association avec Madame Pervenche n'a plus de raison d'être. On dirait que Madame Leblanc t'a coupé l'herbe sous le pied. Elle a été plus rapide et plus efficace que toi.

Tu apprendras dans quelques instants par la voix de l'inspecteur Lapipe que la vérité est tout autre et que les choses ne se sont pas terminées comme annoncé par Madame Leblanc : cette dernière a enfermé Mademoiselle Rose dans une pièce et elle s'est enfuie. C'est elle qui avait tué le docteur et avait dissimulé l'arme dans sa veste, plus tard dans la soirée, pour faire accuser Mademoiselle Rose.

Si tu veux vraiment résoudre cette enquête,
sois moins naïf.
Méfie-toi de tout le monde et prends les
confidences avec des pincettes !

Tu laisses galamment Madame Pervenche choisir son suspect.

— Je prends Monsieur Moutarde ! annonce-t-elle.

Il te reste donc Mademoiselle Rose, ce qui n'est pas pour te déplaire puisque tu apprécies sa compagnie et la trouves de plus en plus jolie.

Vous vous asseyez en tête à tête autour d'une petite table en tek.

— Sinistre soirée, n'est-ce pas ? lances-tu.

— Dire que le docteur nous avait réunis pour fêter l'arrivée des beaux jours ! Ça ne lui a pas porté chance...

— En effet, et je pense que la meilleure façon de lui rendre hommage, c'est de démasquer le coupable aussi vite que possible.

— Comment comptez-vous vous y prendre ?

En confrontant tout ce que nous savons, nous, les innocents de l'histoire. Il y a forcément un détail important qui n'aura pas échappé à l'un d'entre nous. Pourriez-vous me dire par exemple ce que vous avez fait précisément entre le moment où le docteur est rentré dans sa maison et le moment où nous l'avons retrouvé tous les deux, mort dans son bureau ? Essayez de ne rien oublier.

— Eh bien, j'ai bavardé un moment avec Monsieur Moutarde.

— Il vous a paru normal ?

— Oui, égal à lui-même, pas très bavard...

— Ensuite ?

— Ensuite j'ai fait un tour à la salle de bains pour me recoiffer...

— Vous y avez croisé quelqu'un ?

— Non.

— Même pas le docteur ?

— Non. Mais, en passant devant son bureau, j'ai entendu le son de sa voix.

— Ah bon ?

— Oui, je pense qu'il parlait au téléphone. En tout cas je n'ai entendu personne d'autre...

— Très intéressant, Mademoiselle Rose, très intéressant...

Tu dois absolument partager cette information avec tes partenaires aussi vite que possible.

 File au 21.

Vous êtes toujours tous les deux, à l'écart du groupe. Madame Pervenche attend tes directives.

— J'ai peur qu'on effraie le coupable en affrontant ensemble nos quatre suspects, dis-tu. Qui sait comment il réagirait si c'était le cas ? Il ne faut donc pas qu'on sache que nous faisons équipe. Commençons par agir séparément !

Elle t'écoute attentivement et semble d'accord avec ta stratégie.

À partir de là, deux nouvelles options s'offrent à toi : la série classique des interrogatoires individuels d'une part ; et une méthode un peu plus originale que tu viens d'imaginer.

Si tu te lances avec ton idée originale, va au 94.

Si tu préfères la jouer plus classique, va au 37.

DANS LES PREMIÈRES AVENTURES CLUEDO,
INCARNE MONSIEUR MOUTARDE
ET MADEMOISELLE ROSE
POUR TENTER DE RÉSOUDRE LE MEURTRE
DU DOCTEUR LENOIR

RETROUVE D'AUTRES AVENTURES SUR MESURE DANS LA BIBLIOTHÈQUE VERTE !

À la conquête du trésor

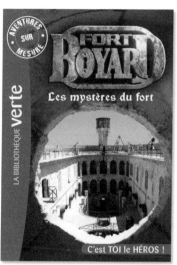

Les mystères du Fort

Tu as toujours rêvé de participer
à Fort Boyard ? N'attends plus !
Viens mesurer ta force et ton courage dans les célèbres
épreuves du Fort et tente de décrocher les clés qui
t'ouvriront la salle du Trésor.
Pour remporter les boyards, tu devras résoudre des énigmes...
et faire les bons choix. Tu es prêt ?

À toi de jouer !

La voie du Jedi

La bataille de Teth

Tu as toujours rêvé d'être un Jedi ?
C'est possible ! Vis des aventures extraordinaires
dans l'univers de Star Wars – The Clone Wars.

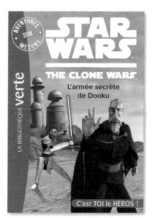

Mission spéciale

**L'armée secrète
de Dooku**

ET AUSSI...

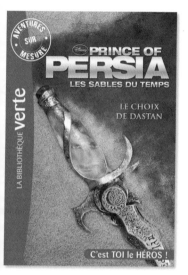

Le choix de Dastan

Une invasion se prépare.
Elle va changer le cours de
l'Histoire... et de ta vie.
Le destin du monde est
entre tes mains.
Choisiras-tu de le sauver
ou de le détruire ?

C'est à toi
de décider !

Le destin de Tamina

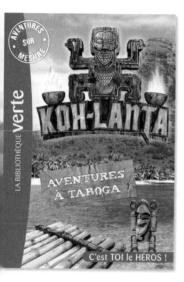

Pars à l'aventure avec Koh-Lanta !
Réussiras-tu à te dépasser
dans les épreuves ?
À former les bonnes alliances ?
Feras-tu les bons
choix pour parvenir jusqu'aux
poteaux ?
C'est à toi de jouer !

Tu es prêt ?
À toi de jouer !

PAPIER À BASE DE
FIBRES CERTIFIÉES

[] hachette s'engage pour
l'environnement en réduisant
l'empreinte carbone de ses livres.
Celle de cet exemplaire est de :
850 g éq. CO_2
Rendez-vous sur
www.hachette-durable.fr

Photogravure **Nord Compo** - Villeneuve d'Ascq

Imprimé en Roumanie par G. Canale & C. S.A.
Dépôt légal : mars 2013
Achevé d'imprimer : mars 2013
20.3096.3/01 – ISBN 978-2-01-203096 1
Loi n° 49956 du 16 juillet 1949
sur les publications destinées à la jeunesse

Verbum ✳ ENSAYO

LYDIA CABRERA: APROXIMACIONES MÍTICO-SIMBÓLICAS A SU CUENTÍSTICA

Para Marieluno
olvide mi hacico

firma

2 feb. K 85

Dedicatoría autógrafa de Lydia Cabrera de la foto de cubierta a la autora.

MARIELA A. GUTIÉRREZ

Lydia Cabrera:
aproximaciones mítico-simbólicas
a su cuentística

EDITORIAL  Verbum

© Mariela A. Gutiérrez, 1997
© Editorial Verbum, S.L. 1997
Eguilaz, 6-2º Dcha. 28010 Madrid
Apartado Postal 10.084. 28080 Madrid
Teléf.: 446 88 41 - Telefax: 594 45 59
I.S.B.N.: 84-7962-101-X
Depósito Legal: M-27.612-1997
Diseño de cubierta: Pérez Fabo
Fotocomposición: Origen Gráfico, S.L.
Printed in Spain / Impreso en España por
Talleres Gráficos Peñalara (Fuenlabrada)

PQ
7389
.C22
Z678
1997

RECONOCIMIENTOS

Doy gracias a Beatriz Varela, una de nuestras altas figuras de los estudios etno-lingüísticos cubanos, miembro de número de la Academia Norteamericana de la Lengua Española, correspondiente de la Real Academia Española y autora reputada de libros y artículos eruditos sobre las diferentes contribuciones étnicas al lenguaje de Cuba, como lo son *Lo chino en el habla cubana* y *El español cubano-americano*, quien, con la sencillez que caracteriza a los grandes, me honra al prologar este libro.

Le agradezco a Lydia Cabrera, en paz descanse, el regalo de su foto que engalana la portada, aquel 22 de febrero de 1985, en su apartamento de Coral Gables, la cual lleva al dorso una singular y siempre pícara dedicatoria (hay que mirar bien la foto para comprenderla) de su puño y letra que lee así: "Para que Mariela no olvide mi hocico, Lydia".

Tampoco puedo olvidar a mi profesora, la admirable clasicista y filósofa Isaura Guardiola, por haberme enseñado a descubrir lo trascendente y a transitar con emoción y paciencia indagadora por los tantos caminos de la mítica universal.

Quisiera expresar mi agradecimiento a mi compatriota la Sra. Carmita Palmieri de la sección de libros hispanos y al personal del departamento de microfilms de la Biblioteca Pública del Centro, en Miami, Florida, por su generosa cooperación en la verificación de la paginación y fechas de todos los artículos periodísticos sobre Lydia Cabrera que se encuentran en la bibliografía de este volumen. En cuanto a ésta, no puedo dejar de agradecerle a mi esposo, Wilhelm Julio, toda su dedicación y tantas horas de ayuda en la preparación de una tan completa bibliografía.

Por último doy mis más sinceras gracias al SSHRC (Small Grants Program) de la University of Waterloo por apoyar esta publicación.

ÍNDICE

9

A MANERA DE EPÍLOGO

BIBLIOGRAFÍA

A mi esposo Julio
A mi padres
A mi abuela Adolfina,
a quien se lo debo todo

Elegguá obara alayiki alaroyé
Elekún usokún alaroyé usokún
seyé akibeyo osukaká oyá gadá
olufana kolona iré fumi onilu kamarikán,
araye kamarikán, Eshú kamarí ikán,
afóyu oná kamarí ikano kikíayé kueité
tutu ke ona tutu Elegguá olulamá

Prólogo

Prologar el libro *Lydia Cabrera: Aproximaciones mítico-simbólicas a su cuentística* de Mariela A. Gutiérrez es para mí un gran honor por varias razones. Las dos más importantes son el tema: los cuentos de Lydia Cabrera y la segunda: la autora del texto. A Lydia Cabrera me unen no sólo la admiración y el respeto que siente la cultura universal por la obra creadora de esta ilustre antropóloga y etnóloga de Cuba, sino también el haber tenido el privilegio de conocerla desde Cuba. Su padre, el conocido abogado Raimundo Cabrera había sido un gran amigo de mi abuelo, el doctor José Varela Zequeira. A Lydia nunca se le olvidó esta amistad, y con esa picardía que la caracterizaba, estando de visita una tarde en su apartamento de Coral Gables en Miami, me anunció que el libro que acababa de publicar, *Cuentos para adultos niños y retrasados mentales* (1983), se lo iba a dedicar a mi abuelo en nombre de su padre. Añadió con pillería que ella había aprendido a imitar la firma de su padre cuando se veía escasa de dinero en París. Y así es que este libro se convirtió en uno de mis más preciados tesoros por el contenido y por la afectuosa dedicatoria que con letra de su padre le dirigió Lydia Cabrera a mi abuelo.

Cuando José María Chacón y Calvo, mi antiguo y querido profesor de literatura en la Universidad Católica de Santo Tomás de Villanueva, era director del Ateneo de La Habana, organizó un ciclo de conferencias sobre las revistas que se publicaban en Cuba. Como me consideraba una buena discípula, me invitó a participar en el ciclo con un estudio sobre *El curioso americano* cuya colección completa la poseía Lydia Cabrera. Con temor y mucha vergüenza, llamé a la conocida investigadora. Sin vacilar, me abrió las puertas de su hermosísima quinta de Marianao, me prestó los números de *El curioso americano* que necesitaba para mi estudio y me ofreció sabios consejos para la elaboración de la conferencia. Lo único que me censuró, una vez terminada la redacción, fue el adjetivo "ilustre" que le aplicaba a ella. No accedí al ruego de suprimirlo, producto de su modestia, porque sabía que aún el adjetivo "ilustre" se quedaba corto ante la grandeza de esta escritora.

A Mariela Gutiérrez, la autora de este magnífico libro, la conocí en un congreso de la American Association of Teachers of Spanish and Portuguese en 1994. Su trabajo sobre los *orishas* en Cuba gustó mucho, y a mí me maravillaron su entusiasmo por lo afrocubano y su profundo conocimiento de la materia. Desde entonces Mariela y yo nos hemos mantenido en contacto por otros congresos, por correspondencia y sobre todo por la lectura de nuestras respectivas publicaciones. Ha surgido, pues, entre las dos una identificación lingüístico-intelectual, que según expone ella con mucha gracia, ha llevado a los *orishas* a escogerme para escribir el prólogo de su libro. Espero que estos dioses yorubas no se hayan equivocado en su selección, pues este libro de Mariela Gutiérrez tiene un valor extraordinario dentro de los confines de los estudios afrohispanos; la elaboración de complicados objetivos, con el fin de sacar a la luz la infraestructura o psiquis de los relatos cabrerianos y sus bases míticas, la lleva fructuosamente a cabo Mariela Gutiérrez, analizando en una primera parte –dividida en cuatro estudios o capítulos– los mitos y los símbolos que subyacen en la cuentística de Lydia Cabrera, los cuales aunque provienen esencialmente de una fuente africana, gozan de una base mucho mas compleja, más universal. La segunda parte del libro comprende un detallado análisis estructuralista-simbólico de los personajes en veintiseis relatos míticos de Lydia Cabrera. Hay asimismo un epílogo en el que se estudia la importancia mítica del *aché* yoruba, o sea la gracia, la virtud, el poder espiritual, que según expresa Mariela Gutiérrez, constituye para los adeptos "el más alto grado de armonía espiritual y de dirección de todas las fuerzas del universo" (210) con el cual se ha logrado el "poderoso arraigo de la cultura y la mítica afrocubana" (210). El epílogo va seguido de una acabada bibliografía de la obra y sobre la obra de Lydia Cabrera.

Antes de comenzar el estudio de las aproximaciones mítico-simbólicas en los cuentos de Lydia Cabrera, Mariela Gutiérrez nos presenta un cuadro estupendo de la cosmogonía afrocubana, destacando siempre el sincretismo con la religión católica y la importancia del Monte, que para el africano trasplantado es el equivalente particular de la tierra como madre universal y fuente de vida, morada de los dioses buenos y malos.

Como cubana, compatriota a mucha honra de Lydia Cabrera y de Mariela Gutiérrez, conocía a los dioses afrocubanos así como su identificación con los santos católicos. Sin embargo, la explicación que se ofrece en este texto, está escrita con tanta claridad y precisión que no queda ninguna duda sobre la composición jerárquica de la cosmogonía yoruba. Al estudiar el idioma simbólico de las aguas en la cuentística de Cabrera, la autora trae a colación numerosos cuentos que tratan de Jicotea, la tortuguita de agua dulce que se caracteriza por ser astuta, por ser amiga de burlas y tretas, por tener un lado mágico y por su falta de escrúpulos. *Jicotea* es nombre indígena al igual que el *aura*, el *caimán*, la *jutía*, el *majá*, todos en la fauna cubana, como la *ceiba* y la *güira* en la flora, los cuales con frecuencia son protagonistas o antagonistas en los relatos cabrerianos. Hay asimismo modismos cubanos que conservan estas voces. Aunque algo fuera del tema de este prólogo, como lingüista se me perdonará el recordar el *paso de jicotea*, forma de huelga que consistía en trabajar con lentitud. Se me ha de disculpar también el mencionar los numerosos cuentos folklóricos de Luisiana, estado en el que resido, recogidos y editados por Alcée Fortier (Londres, 1895, y una segunda edición, New York, 1969), en los cuales se narran cuentos de origen africano, cuyos temas tienen mucho en común con los relatos de *Ayapá: Cuentos de Jicotea* de Lydia Cabrera. Están escritos en el dialecto francés llamado *Créole* en Luisiana, para diferenciarlo del francés acadiano. Uno de sus protagonistas, *Compair* (escrito así y no *compère* como se escribe en el francés estándar) *Lapin*, o sea el Compadre Conejo reúne las mismas características humanas de Jicotea porque es astuto y malicioso, aunque carece de los poderes mágicos de la tortuguita cubana. Son muchos los temas en común pero creo que el de mayor interés –para subrayar la importancia de las aguas como personaje mítico-simbólico, a las que Gutiérrez dedica un vasto y revelador capítulo– es aquél en el que Dios, como castigo a esos que lo han desobedecido, ordena una sequía.

En varios cuentos de Cabrera, al igual que en este de Luisiana, la pérdida del paraíso terrenal se manifiesta cuando la tierra se seca por la falta de agua, y la fealdad y todas las desgracias vienen al mundo. Comenta Mariela Gutiérrez que mientras la penitencia en la Biblia es un diluvio, en la mitología africana es la tierra baldía. Subraya con acierto nuestra autora que el "mito de la tierra baldía pesa sobre los hombros de la humanidad, y los paraísos, cristianos o paganos, son necesarios oasis de esperanza" (100) para lograr el retorno a la majestuosa paz del seno paradisíaco. Leemos también como "Lydia Cabrera usa flechas, calabazas, auras tiñosas, para crear un puente que devuelva el espíritu de la humanidad a un estado de bienestar cósmico" (101). No obstante, Gutiérrez elabora en particular un cuento de *Ayapá* que lleva por título "En el río enamorado" revelando en el análisis la importancia que da Cabrera a la naturaleza mítica de Jicotea y su intrínseca relación con las aguas; en el relato la tierra de nuevo sufre sed como castigo, esta vez porque los hombres y los animales han ultrajado a Jicotea, burlándose de su pequeño y extraño cuerpo de tortuga, y él, a su vez, les hace pagar por ello con sus poderes mágicos, escondiendo las aguas de la comarca dentro de una calabaza. Lydia Cabrera ha dedicado uno de sus libros a las diosas yorubas que gobiernan las aguas titulándolo con el nombre de las diosas, *Yemayá y Ochún*. Al final de su segundo capítulo Gutiérrez elabora la relación que existe entre las aguas y las dos diosas; ella también nos recuerda que al comienzo del libro de Cabrera se destaca el que sin agua los animales, los hombres y las plantas morirían, porque sin agua no hay vida. El agua, la salada y la dulce, es, pues, la diosa. Y esta conclusión se aplica a todas las culturas, ya que desde los orígenes de la humanidad, toda vida ha podido germinar, crecer y sustentarse desde que el agua riega la tierra.

En relación a la naturaleza innovadora del libro, no cabe duda que la sección que lleva por título "El mito del chivo expiatorio" se lleva la palma; nunca antes se ha aplicado la intrarelación mitológica a través del rito a la obra de Cabrera. La autora en su estudio aplica el *modelo mimético* de acción ritual, creado por el gran investigador francés René Girard, al relato de Cabrera titulado "Las mujeres se encomiendan al árbol Dagame" para comprobar la naturaleza del sacrificio y la violencia miméticas presentes en el mismo, ya que, como Gutiérrez señala, éste, como la mayoría de los cuentos negros de Lydia Cabrera, "aunque es literatura, es ante todo narrativa mítica (...) Su ficción contiene la elaboración mítica y mágica de una latente realidad maravillosa escondida, la afrocubana, que convive en medio de un mundo blanco y cristiano" (124).

Acto seguido, Mariela Gutiérrez nos informa, en su capítulo titulado "De *babalawos* y conjuros", que en cuestiones de *bilongos*, Lydia Cabrera afirma –en *El Monte*– que "lo que no logra el sapientísimo médico *mundele* u *oyibó* (blanco), porque no sabe ver lo que se oculta detrás de una vana apariencia ... lo logra un Santo o un espíritu a través de su intermediario: el santero *lucumí*" (125-126). El *bilongo* es un maleficio, una enfermedad provocada, que en Luisiana se conoce con el nombre de *gris-gris* y se combate al igual que en Cuba con amuletos o con la ayuda de un sacerdote, en este caso *voodoo*, quien ejerce funciones parecidas a las del *babalawo* o *mayombero* yoruba. Parte del milagro de la curación por los brujos buenos o curanderos, expone Mariela Gutiérrez, recae en la actitud interna de un paciente y su fe en los *orishas* y en las fuerzas espirituales de su curandero.

La detallada cura del *bilongo* de Erubú, en "Esa raya en el lomo de la jutía", la analiza a consciencia la autora en su libro, deteniéndose a explicar cada paso de la curación: la música, la bebida de los santos *lucumíes* y de los fieles, la puya o forma en que se expresan los *orishas*, el trance del santo, la mezcla de los santos católicos y los africanos. Gracias a esta penetración crítica en el ritual, el lector se siente trasladado al *bembé* o fiesta de los *orishas*, caracterizada por sus tambores y sus bailes, en la cual todos los santos "bajan" a bailar con sus adeptos, convirtiéndose en partícipe de la fascinación que ofrece este "submundo impresionante y peligroso que mora entre tres esferas aparentemente diferentes, que colindan en el universo afrocubano: la magia, la medicina y las creencias" (144).

Cuando, en la cuarta parte del libro, se estudian a fondo las funciones estructuralistas y simbólicas de los personajes de Lydia Cabrera en veintiseis de sus cuentos, aparece de nuevo la tortuguita de agua dulce, de naturaleza andrógina o bisexual, de protagonista en unos relatos y en otros de antagonista, pero siempre, según señala Mariela Gutiérrez, como la *dramatis persona* de más envergadura. La autora enfatiza el hecho de que en la mayoría de los cuentos se sabe el género de Jicotea por el uso del artículo "la" o del artículo "el" y nada más. En algunos ni siquiera se escriben los artículos que pudieran definir el sexo de Jicotea. Por su parte, el análisis de las funciones empleado por Gutiérrez se inspira en los estudios del crítico estructuralista francés Claude Bremond sobre los *motivemas* (funciones) y los *alomotivos* (personajes) que unen las bases míticas culturales mundiales a través de la historia y la leyenda.

Por ejemplo, en el cuarto cuento analizado, cuyo nombre es "Vida o muerte", el *motivema* o función principal es la carrera entre Jicotea y el perro para ver quien llega primero a ver a Dios. El perro le pedirá la vida para todos, y Jicotea, la muerte. El perro se siente seguro de que verá a

Dios antes de que Jicotea lo haga, pues él es más veloz y menos pesado que ella. No obstante, la astuta de Jicotea coloca a sus hermanas jicoteas en posiciones de relevo a lo largo del camino, y con esta fórmula tan efectiva, Jicotea llega primero ante la presencia de Dios y le pide la muerte para todos. El perro, extenuado de tanto correr, cae muerto a los pies de Dios. Este *motivema* se repite en muchas culturas, mientras que los *alomotivos*, es decir, los personajes, cambian según las tradiciones de las mismas. Sin embargo, la presencia del perro, símbolo de la fidelidad, de la nobleza, resulta sumamente original, ya que la carrera se ha llevado a cabo a través de los siglos por conejos, liebres, zorros, lobos, todos animales más veloces que la tortuga, pero nunca, que yo sepa, por un perro.

Otro interesante ejemplo es "El ladrón del boniatal", en el que se pone de manifiesto la alevosa maldad de Jicotea. El *motivema* en cuestión es frecuente en numerosas culturas. En *Kuenta di Nanzi*, escrito en papiamentu, se narra esta misma historia con una araña como protagonista, y en los Estados Unidos, en los conocidos relatos de Uncle Remus, es Brer Rabbit el personaje principal. No obstante, conviene repetir que aunque estos animales –la araña y el conejo– se asemejan a Jicotea en lo de la astucia y la maldad, ninguno de ellos posee los poderes mágicos de Jicotea, ni tampoco su naturaleza bisexual, todo lo cual Gutiérrez analiza en detalle a través de numerosos y elocuentes ejemplos.

El presente prólogo ha expuesto sólo algunos aspectos del espléndido libro de Mariela A. Gutiérrez en el que –por primera vez en los estudios críticos sobre Lydia Cabrera– se expone la naturaleza psico-espiritual de los relatos de la gran etnóloga cubana, así como su ligazón a la fuente mitológica tradicional, además de la africana, que se destaca en la cuentística cabreriana por medio de la lengua simbólica universal. Ojalá que el mismo sirva como aperitivo estimulante para los lectores de esta obra maestra de crítica afrohispánica.

BEATRIZ VARELA
Professor of Spanish
University of New Orleans
Académica de Número
Academia Norteamericana
de la Lengua Española

Introducción[1]

Mucho se ha escrito sobre la persona de Lydia Cabrera y sobre la africanía de su obra; durante los últimos 60 años, en Cuba, en el continente americano, norte y sur, y en la misma Europa, se han publicado un sinnúmero de obras críticas sobre la producción etnográfica y el estudio de las creencias religiosas y la medicina de raíces africanas en la isla de Cuba que son frutos de la investigación y la recopilación de esta brillante escritora y etnóloga cubana.

No obstante, siempre ha existido un vacío en las investigaciones sobre la naturaleza psico-espiritual de su obra, o sea, los estudios sobre el fondo mítico-simbólico de su producción literaria siempre han brillado por su ausencia. Sin embargo, no nos cabe la menor duda de que Lydia Cabrera, antes de penetrar en el universo ancestral africano de los negros[2] de Cuba, tuvo como primera vocación, además de la pintura, el estudio de las civilizaciones y religiones orientales, para lo que fue a París, en donde residió de 1927 a 1938, después de una anterior estadía en 1925:

> "Pasaba las primaveras en Italia. Estudié las culturas y religiones
> orientales; me interesé profundamente en estos estudios, ellos, más tar-

---

[1] Al comienzo del libro aparece una salutación a Elegguá en yoruba; este párrafo es el único en el libro escrito *en lengua* que no se ha traducido respetando el ritual de la regla.

[2] A través de este libro, cuando utilizamos el término "negro", lo hacemos con el mismo respeto e intención que se emplea en la narrativa de Lydia Cabrera, quien comenta al respecto: "Hago constar que por principio, no escribo ni empleo el nombre de negro en el sentido peyorativo que pretende darle una corriente demagógica e interesada, empeñada en borrarlo del lenguaje y de la estadística como una humillación para los hombres de color" (*El Monte* 10).

de, me llevarían a 'lo nuestro' ... Cuando regresé [a Cuba] por dos meses
en 1928, sentía ya una gran inquietud por acercarme a 'lo negro'; había
descubierto a Cuba a orillas del Sena".[3]

Hace años, exactamente cuando escribía mi tesis de doctorado sobre Lydia Cabrera, me di cuenta de la necesidad de que un estudio mítico-simbólico sobre su obra un día fuera escrito; catorce años más tarde,
esta íntima convicción se ha hecho realidad en este libro, el cual comprende la minuciosa tarea de profundizar en ciertos aspectos míticos y
simbólicos de importancia que permean la cuentística de Cabrera[4], los
que hasta la fecha han permanecido como una experiencia inédita.

En la cuentística de Lydia Cabrera pululan entre los humanos, sin
envidiar un ápice al Olimpo griego, todos los dioses de la mitología africana, como también otros entes sobrenaturales y un sin fin de plantas
medicinales, los cuales toman como residencia principal el Monte, lugar sagrado para los afrocubanos, en el que moran sus dioses, los espíritus de sus antepasados, entes diabólicos, seres sobrenaturales y espíritus
de animales ya muertos. Por lo tanto no es una falacia decir que la narrativa mítica de Cabrera está saturada de lo sobrenatural de aparentes
raíces africanas. Sin embargo, el cosmos mítico de la autora tiene, en realidad, una base mucho más compleja, más universal, que la mera fuente africana. Por supuesto, lo africano ancestral es la piedra angular de su
cuentística, pero, sin lugar a dudas, detrás de la africanía de sus cuentos
hay una ligazón primordial con "la verdad objetiva y universal simbólica" (Cirlot 12), lo cual hace que los relatos de Cabrera tengan una consecuencia inmediata dentro del dominio de la mítica tradicional universal. Esto es factible porque el dominio del espíritu es esencial y conti-

---

[3] Véase Rosario Hiriart, *Lydia Cabrera: Vida hecha arte*, pp. 22-23.
[4] Conocí a Lydia Cabrera en 1980, año en que comenzaban mis estudios de doctorado; un amigo mutuo, quien sabía que yo deseaba escribir mi tesis sobre los cuentos
de la autora, nos presentó. Desde aquel bendito día Lydia siempre tuvo tiempo para
mí, principalmente durante los años de la tesis, tanto en nuestras entrevistas en su apartamento de Coral Gables, como hablándome y escuchándome generosa en mis llamadas telefónicas desde el Canadá, durante las cuales, ya casi completamente ciega, trataba de leerme un párrafo u otro que yo necesitaba, cuando la casualidad hacía que su
fiel amiga y colaboradora de toda una vida, María Teresa de Rojas, no estuviese allí a su
lado para evitarle el esfuerzo. Por eso es un honor y un placer para mí escribir sobre esta singular mujer, compatriota mía, sobre quien trabajo desde hace diecisiete años.

nuo, regido por leyes de intensidad y asociación, las que a través del tiempo y el espacio modifican y rememoran "lo trascendente". Erich Fromm lo explica claramente al decir que: "a pesar de las diferencias existentes, los mitos babilónicos, hindúes, egipcios, africanos, hebreos, turcos, griegos, latinos, ashantis, están escritos en una misma lengua: *la lengua simbólica*" (12).

Por su parte, Walter Andrae en su *Die ionische Saüle, Bauform oder Symbol?* reafirma lo estipulado por Fromm cuando afirma que: "El que se asombre de que un símbolo formal pueda no solo permanecer vivo durante milenios, sino también retornar a la vida después de una interrupción de miles de años, debería recordar que el poder del mundo espiritual, del que forma parte el símbolo, es eterno" (13). De esta manera, podemos establecer de entrada que el símbolo está intrínsecamente ligado al mito, como habitante de un reino intermedio entre el de los conceptos y el de los cuerpos físicos. Entonces, si deseamos explorar la materia simbólica y rendirla factible, nos es imprescindible penetrar en las fuentes míticas en las que los diversos símbolos se basan. En el caso de Lydia Cabrera, para facilitar nuestra presentación del material simbólico dentro de su cuentística, hemos dividido nuestro trabajo en dos partes: la primera presenta cuatro estudios sobre "Simbolismo y mitología de bases africanas" en relación a la africanía de la obra de Cabrera, y la segunda ofrece un vasto análisis sobre las "Funciones estructuralistas y simbólicas" de los personajes en la cuentística de Cabrera, el cual liga la mítica tradicional y la afrocubana a través de la temática simbólica presente en veintiséis cuentos de la autora.

La Parte I comienza con un estudio titulado "El pasado africano y sus dioses" el cual nos lleva desde el pasado continental africano, con sus instituciones, reglas y jerarquías, hasta la introducción de los esclavos en América, apoteosis que comienza en 1501 y que no cesa hasta los albores del siglo XX. La situación histórica de esos africanos transplantados trae consigo la venida al Nuevo Mundo de sus tradiciones y creencias que forman parte de un universo espiritual que se resume en el llamado "Monte". La creencia del africano en la espiritualidad del Monte persiste al llegar a tierras americanas, y es en el Monte –bosque o selva– que descubrimos el complejo anímico de toda una cultura, sus puntos de contacto y oposición con las culturas tradicionales. En nuestro trabajo presentamos a cada uno de los dioses yorubas, los que han sido transplantados junto con sus adeptos, investidos de sus nuevas características novomundistas, lo que apunta al necesitado sincretismo que fue logrado entre las divinidades ancestrales africanas y sus homólogos católicos para que la creencia continuara en tierras americanas, sin que las autoridades de la Iglesia y de la Corona de España pudieran darse cuenta.

Acto seguido, en "El idioma simbólico de las aguas" analizamos una gran variedad de relatos de Cabrera en los que las aguas participan como un personaje más, a través de un lenguaje simbólico implícito, el cual es utilizado como expresión del propio fluir de las aguas. Este estudio presenta diferentes avatares de esa "vía acuática", tan presente en los cuentos de la autora, como transcurso irreversible –lo que equivale al morir– para sí como para otros personajes; su recorrido es un retorno a lo preformal, con su doble sentido de muerte y disolución *versus* el renacimiento y la circulación. Analizamos también, en algunos de los relatos, la correlación que existe entre el agua y la sexualidad africana, lo cual forma parte de la temática de Cabrera, y finalizamos con un estudio del mito de la tierra baldía, el que se encuentra en varios relatos de la autora y el cual parece compaginarse estrechamente con la filosofía, creencias y mitos africanos y por ende con los afrocubanos.

En relación a "El mito del chivo expiatorio", el tercer estudio de la Parte I, cabe aquí recordar que la obra cuentística de Lydia Cabrera se sustenta primordialmente del mito y la antropología africanos, los cuales llevados a América, engendran una nueva aplicación de la realidad africana. Conforme a nuestros propósitos, hemos escogido un relato que es esencialmente mítico, "Las mujeres se encomiendan al árbol Dagame", del libro *¿Por qué...?*, al cual aplicamos el *modelo mimético* girardiano[5], estableciendo así, por medio del cuento en cuestión, la posición girardiana sobre la naturaleza del sacrificio y la violencia en relación con el *conflicto mimético* que ocurre en relatos de este tipo, aproximación que comprueba la universalidad que cobra la mítica afrocubana por medio de la narrativa de esta escritora cubana.

Por último, en "De *babalawos* y conjuros", estudiamos la sabiduría

---

[5] René Girard a lo largo de su carrera como investigador literario ha creado un modelo estratégico que estudia las interrelaciones que se efectúan entre sistemas significantes y la fuerza inevitable de la agresividad humana en la acción ritual. Girard aplica sus hallazgos al mito y a la literatura y ofrece un *modelo mimético* para el estudio de la interacción humana.

ancestral de los *babalawos* (sacerdotes) y *mayomberos* (brujos) afrocubanos al analizar un relato de Cabrera titulado "Esa raya en el lomo de la
jutía", también en ¿*Por qué*...?. En nuestro trabajo presentamos de manera científica el ritual de curación del *bilongo* (maleficio) que se lleva a cabo en el cuento, con sus cantos rituales, sus abluciones religiosas y el uso
de plantas medicinales, todo lo cual se apoya en la fe ciega que llena el
alma del brujo y la de sus adeptos, los que con sus ruegos, ritos, cantos y
mejunjes pueden lograr la cura del enfermo, o mejor dicho, del embrujado. Hemos establecido también una comparación entre los procedimientos aparentemente primitivos de los *babalawos* y *mayomberos* y los de
la medicina tradicional, exponiendo al hacerlo principios esenciales
que coinciden entre ambos. Indudablemente, ha sido un verdadero reto trabajar en detalle este relato, el cual podemos considerar como una
verdadera joya de la mítica afrocubana.

Al llegar a la segunda parte del libro, ésta la dedicamos por entero
a la aplicación de un extenso análisis estructuralista formal basándonos
en la morfología de los cuentos de Lydia Cabrera[6]. A los mismos los consideramos, intencionalmente, como fábulas mito-africanas, o de esencia
africana con un fondo mítico, en las que existe una interdependencia
social y espiritual entre el universo visible y el invisible. Para nuestro
análisis nos basamos en los estudios hechos por Vladimir Propp, A. N.
Veselovski, Claude Bremond, y A. J. Greimas, con el fin de presentar la
estructura mítico-simbólica que se encuentra en la base de los veintiseis
relatos míticos de Cabrera que aquí estudiamos, los cuales son produc-
tos de las investigaciones científicas de la autora que han concluido en
el cuento y la leyenda.

Por último, después de un breve "A manera de epílogo" dedicado
a la apoteosis mitológica del *aché* africano, fuerza cósmica en constante
fluir, la cual goza de omnipresencia en toda la obra de Cabrera, se encuentra una muy completa bibliografía, en la cual aparece la obra ínte-
gra de Lydia Cabrera, seguida de todos los libros, ensayos eruditos y artículos periodísticos sobre la autora, publicados hasta la fecha.

Este, mi tercer libro sobre la obra de tan reconocida figura de las

---

[6] Lo que comenzó siendo parte de un capítulo de sólo treinta y cuatro páginas en
mi libro *Los cuentos negros de Lydia Cabrera*, germinó a través de varios años de labor convirtiéndose en un manuscrito de considerable envergadura, el cual toma hoy por completo la segunda parte de este libro.

letras cubanas, es testimonio de mi humilde homenaje *in memoriam* a Lydia Cabrera, incontestable pionera de los estudios afrocubanos. El camino que abre a comienzos de este siglo su propio cuñado, el eminente antropólogo cubano Fernando Ortiz, en lo relacionado al estudio científico de lo afrocubano [7], lo continúa y lo sobrepasa Lydia Cabrera durante más de medio siglo de incesante labor, período en el que publicó, como nadie más lo ha logrado hasta la fecha, más de un centenar de obras –entre tratados de antropología y religión, ensayos científicos y literarios, colecciones de cuentos y artículos eruditos, sobre lo afrocubano– las cuales la han consagrado como la más alta autoridad en la materia.

Con cada página de mi libro quiero honrar el recuerdo de esta ilustre cubana y la espiritualidad universal de su obra y de su vida [8], ella, "sencillísima trabajadora en el silencio" como bien la llamó su amigo Gastón Baquero.

---

[7] Fernando Ortiz (1881-1969) inicia la interpretación científica de la raza negra cubana publicando en Madrid, en 1906, su libro *Los negros brujos*, al que siguen otros estudios de importancia en 1910, 1916, 1921 y 1934.

[8] Para una mejor comprensión de la vida de Lydia Cabrera, véase *Lydia Cabrera: Vida hecha arte*, de Rosario Hiriart y el prólogo de *Páginas sueltas*, de Lydia Cabrera, editado *in memoriam* por Isabel Castellanos.

Parte I

SIMBOLISMO Y MITOLOGÍA DE BASES AFRICANAS

1
TODOS LOS CAMINOS NOS LLEVAN AL MONTE

EL PASADO AFRICANO Y SUS DIOSES[9]

Si damos una vista rápida a la situación de Africa alrededor de 1700, quizá esto nos pueda servir de punto de partida para establecer los lazos entre el Africa misma y su pueblo, al que le toca sufrir la trasplantación a América en contra de su voluntad.

Los más importantes centros del mercado esclavo en Africa de este período se encuentran en Bonny, Brass, Okrika, y en el Viejo y el Nuevo Calabar, al sureste de Nigeria. Estos centros de esclavos, de unos diez mil habitantes cada uno, están gobernados por jefes africanos o reyes, los cuales son muy poderosos. Ellos ejercen su influencia principalmente a través de grandes embarcaciones equipadas con cañones y mosquetes llamadas casas-canoas; dichas casas-canoas navegan por ríos y regiones costaneras haciendo incursiones y asaltando pueblos, capturando hombres, mujeres y niños para venderlos más tarde en el mercado de esclavos.

El Efik (rey) de Nigeria del Sur dirige una de las más eficientes casas-canoas de la región. Por su parte, los encargados del tráfico de esclavos son extremadamente hábiles para conseguir la mercancia humana necesaria para la compra y venta en los mercados europeos y americanos. Estos últimos proveen un soporte logístico a los jefes Efik, a menudo otorgando títulos de nobleza a cambio de la adquisición de esclavos. Sin embargo, antes del siglo XVIII a los Efiks no se les conoce como cazadores de esclavos, por el contrario, en esos tiempos, ellos únicamente se dedican a la pesca. Desde el siglo XVIII, no obstante, se convierten en los monopolizadores del mercado de esclavos en Africa, impidiendo a otras tribus el poder comerciar libre y directamente con los barcos europeos.

---

[9] Una forma preliminar más escueta de este estudio se publicó en 1989 con el título de "El Monte: Cielo e Infierno del hombre afroamericano", en la revista *Pasos*; esta versión revisada tiene el *addendum* de párrafos, citas y un esquema que son por entero nuevos.

Curiosamente el patronímico "Efik" se deriva de una raíz verbal *ibibio-efik* que significa "oprimir". (Simmons: 2)

En el Viejo Calabar las casas-canoas pertenecen a la Sociedad Secreta Ekpe. Cabe aquí señalar que las sociedades secretas desempeñan un papel sumamente importante en la vida de las comunidades africanas, lo que continúa ocurriendo más tarde en las comunidades que se forman en América. Estas organizaciones secretas, llamadas "cabildos" en América, aparentemente tienen un fin religioso, pero en realidad su influencia engolfa todos los aspectos de la vida y de la sociedad que dominan. En el caso de la Sociedad Secreta Ekpe, ésta controla la economía de la población en general y monopoliza todas las instituciones culturales y legales de Calabar, abarcando así todo el poder, tanto político, como judicial, religioso, administrativo y económico (Sosa Rodríguez: 28).

No obstante, debemos advertir que las metas originales de la Sociedad Secreta Ekpe, como las de otras sociedades secretas del momento, no son las de fomentar la esclavitud; de hecho, otras sociedades parecidas a la Ekpe existen en otras partes de África, como hemos mencionado anteriormente. Dichas sociedades se dedican principalmente a la adoración de las serpientes y del agua; a su vez, el ritual que acompaña estas creencias tiene que ver con la prosperidad, la vida y la muerte, con las montañas y el agua, y sirve como fuerza cohesiva en la vida espiritual y social del grupo. Los que son iniciados como sacerdotes adquieren el poder de comunicarse con los muertos, y a través de este contacto sobrenatural con los antepasados y los dioses ayudan a mantener el equilibrio y la prosperidad dentro de cada familia, asegurándose así la sobrevivencia de las sociedades secretas.

Es indudable que la Sociedad Ekpe disfruta de todos estos privilegios, jugando un papel importante y único dentro de la vida de la sociedad Efik, convirtiéndose en el vehículo principal del control político. Precisemos que solamente los ricos pueden participar en este control; a éstos se les otorga diferentes rangos, según el nivel de su fortuna. Por supuesto, los reyes más ricos tienen un mejor acceso a los más profundos secretos y misterios de la sociedad; conocimiento que les da una mayor autoridad y soberanía y que a su vez les permite trascender los problemas temporales para penetrar de lleno en el reino de lo espiritual y lo sobrenatural. A estos gobernantes se les atribuyen poderes esotéricos y de adivinación, clarividencia y metamórfosis.

La introducción de esclavos en las Antillas comienza en los años tempranos de la conquista. En Santo Domingo, hoy la República Dominicana, el gobernador Nicolás de Ovando, alrededor de 1501, ordena la importación de esclavos hacia las islas del Mar Caribe. En 1517, Carlos I rey de España, Carlos V del Imperio, autoriza el mercado directo entre Africa y las colonias. Los esclavos son traídos en los llamados barcos negreros, auspiciados principalmente por contratistas ingleses y portugueses, y hasta cierto punto por contratistas españoles. Todos sabemos muy bien hoy en día que los españoles no han sido los únicos culpables de la trata y comercio de esclavos, pero de ello hoy no vamos a discutir por no entrar en nuestro tema. No obstante, es importante dar testimonio de quiénes son estos hombres y mujeres; los fondos culturales de estos seres subyugados, arrancados por la fuerza de su medio ambiente, son diversos, hablan diferentes lenguas, sus creencias poseen variaciones, unos son reyes, otros son nobles, otros plebeyos; tantos seres de diferentes tribus aunados únicamente en el dolor y en el éxodo forzado. Sin embargo, para los cazadores de esclavos nada de esto tiene importancia, ni sus diferentes creencias, ni el que sean seres humanos y mucho menos de qué cultura provienen.

He aquí la situación histórica en que se encuentran los que sin quererlo deben "emigrar" a tierras americanas. Junto con el trasplante traen consigo sus tradiciones y sus creencias, todas fuertes, poderosas, porque el universo del africano late al unísono; y es por esta razón, ante todo, que el hombre blanco no ha podido ni destruirlo ni empañarlo. En el prólogo a mi libro *Los cuentos negros de Lydia Cabrera* (9-10) cito al escritor yoruba Adeboye Adesanya, quien describe la armonía cósmica del universo africano de la siguiente forma: "No hay ahí únicamente una relación de hechos y religión, de religión y razón, de razón y hechos casuales, sino una relación o unificabilidad recíproca de todas las disciplinas. Cuando una teoría médica contradice, por ejemplo, a una conclusión teológica, se desecha ésta o se desecha aquélla. La exigencia de una unificabilidad recíproca de todas las disciplinas elevada a sistema es el arma principal del pensamiento yoruba. En el pensamiento griego es posible poner entre paréntesis a dios sin que sufra daño alguno la arquitectura lógica del pensamiento griego. Esto no puede hacerse en el yoruba. El pensamiento medieval podría, si así se quisiera, renunciar a la ciencia natural. En el pensamiento yoruba esto sería imposible. En el moderno pensamiento científico-natural, Dios no tiene cabida. Esto no podría suceder en el pensamiento yoruba, pues desde Olodumare se erigió un edificio de conocimientos en el que el dedo divino se manifiesta todavía en los elementos más rudimentarios. La filosofía, la teología, la política, la ciencia social, el derecho agrario, la medicina, la psicología, el nacimiento y la muerte se encuentran abarcados en un sistema lógico tan cerrado que la estructura se paralizaría si se extrajera de él una sola parte." (Adesanya: 39)

De esta manera, después de exponer brevemente lo que ha sido el comercio de esclavos y lo que son las bases de la filosofía africana, podemos ahora penetrar con un poco más de lucidez en el contexto religioso de la vida del africano que llega como esclavo a la América hispana, el cual se sabe "hijo" del Monte, o bosque. El Monte, por su parte, es el equivalente particular en la tradición africana de la tierra como madre universal y fuente de vida, morada de los dioses y centro de peregrinación y sacrificios.

En la psiquis africana persiste la creencia en la espiritualidad del Monte, donde toda vida tiene allí su comienzo. Es en el Monte donde descubrimos el complejo anímico del africano trasplantado a lugares como Cuba y Brasil y sus puntos de contacto y oposición con otras culturas; por ejemplo, el universo africano tiene como característica principal el proceso de la germinación perenne de la realidad inmediata, sin la nostalgia del Paraíso Terrenal. Aunque en la tradición africana existe, al igual que en otras culturas, el mito del Paraíso Terrenal lo que diferencia la concepción africana de la occidental es que la primera no trata de destruir el orbe en una búsqueda futil del paraíso perdido. O sea, el mito del eterno retorno no funciona tradicionalmente en las creencias africanas; para el africano el Monte es una constante germinación, sin destrucción. Cabe aquí también decir que para el africano, la fusión del Monte y el hombre es un paradigma elemental; ambos son considerados componentes de una misma realidad cósmica.

Tampoco podemos olvidar que en la concepción africana del Monte nada se destruye, todo se renueva incesantemente. Tal como dice Mercedes Cros Sandoval: "El Monte es el Alfa y Omega de la existencia religiosa del negro". (Cros Sandoval. 00)

El Monte, además, representa para los africanos el cielo y el infierno en sí mismo. No obstante, sabemos que el dios creador, Olofí, también llamado Olodumare, desengañado con su creación, la abandona y jamás regresa, desligándose con su huida del destino de los hombres. Esa falta del creador lleva al creyente a la veneración de la naturaleza, porque allí en el Monte habitan dioses buenos y malos, porque el Monte es el cielo y el infierno en unísono.

Digamos entonces que el universo mágico del africano y su íntima concepción del mundo que le rodea se resume en el Monte. La muerte siempre acecha al hombre; el hombre debe siempre luchar contra diablos y dioses malos, ayudado por la protección de los *orishas* (dioses) buenos y sus *babalawos* (sacerdotes). Además, el hombre debe protegerse aún de otros hombres y es allí, en el Monte, donde encuentra protección y en última instancia su salvación.

Hay un hermoso cuento afrocubano recogido por la antropóloga cubana Mercedes Cros Sandoval en su libro *La religión afrocubana* el cual sintetiza la conducta del africano ante la inminencia, primero, y la realidad, después, del trasplante de su pueblo a América, y en este caso específico a Cuba. El cuento dice que Ochún, la diosa del amor, de la miel, del río y de todas las cosas dulces, se entera de que muchos de sus hijos están siendo enviados a Cuba, y que allí solitarios y tristes la echan mucho de menos. Ochún decide irse a Cuba a consolarlos; quiere bailar y regocijarse con ellos. Sin embargo, Ochún está preocupada porque tiene miedo al viaje. Impulsada por sus temores se va a ver a su hermana Yemanyá, la dueña del mar, y le dice: "Yemanyá, tengo que cruzar el mar, tengo que ir a reunirme con mis hijos que están en Cuba, pero le tengo miedo al largo viaje". "No tengas miedo, Ochún", contesta Yemanyá. "Te cuidaré bien. Te llevaré al fondo del mar y lo cruzaremos sin grandes peligros. Sin ningún problema llegaremos a Cuba". Ochún le dice: "Me has devuelto la calma, Yemanyá, gracias. Pero dime, tú que has estado en Cuba, tú que llegas a todas sus orillas, a sus playas, ¿Cómo es Cuba, cómo son los cubanos?" "Cuba –responde Yemanyá– se parece mucho al Africa, Ochún. Nunca hace frío, hay muchas palmeras y cocoteros, los ríos son mansos, las noches son largas. Sin embargo, no todos los cubanos son negros como las gentes de aquí, los hay también blancos y mulatos". Ochún con voz apasionada responde a Yemanyá: "Yemanyá, lo que me has dicho de los cubanos me preocupa pues es algo nuevo para mí, por eso quisiera me concedieras dos dones. Suavízame y alísame un poquito el pelo con las aguas de tu océano, y aclárame un poco la piel. Así cuando lleguemos a Cuba no seré ni negra ni blanca y seré querida y adorada por todos los cubanos: negros, mulatos, blancos, todos serán mis hijos". Yemanyá con majestuoso y maternal gesto le concede a Ochún los dones, "siendo los cubanos agraciados con una patrona, una madre que físicamente encarna las características de todos sus hijos... La Virgen de la Caridad... Ochún..." (Cros Sandoval:11-12).

En este cuento, que a primera vista aparece como un precioso relato mitológico, se encierra todo el sincretismo que forja en Cuba la unión de las creencias africanas con las del catolicismo ya establecidas a la llegada de los esclavos. Ochún, no puede seguir siendo Ochún la diosa africana del amor y de los ríos, el hombre blanco no lo aceptaría, no lo permitiría; Ochún, entonces, hace osmosis con la Virgen de la Caridad, patrona de Cuba, y es venerada en ésta su nueva forma por los afrocubanos para que el blanco no se lo impida. De esta manera, las creencias africanas sobreviven en algunas áreas de América Latina gracias a la doble personalidad que toman los dioses, los que desde ese momento presentan características blanquinegras.

¿Dónde habitan, entonces, los *orishas* (dioses) africanos? Es en el bosque, monte, selva, o maleza donde conviven las divinidades ancestrales del africano y por ende del afrocubano. Donde quiera que se encuentre el bosque, en él cohabitan los mismos espíritus poderosos, quienes, justicieros o caprichosos, benévolos o malignos, siguen siendo el centro de temor y veneración de unos hombres cuyas acciones, éxitos y fracasos dependen de la buena voluntad de los mismos. El bosque o Monte, como le llaman los afrocubanos, es sagrado, es vivienda de los dioses, de los espíritus de los antepasados, de entes diabólicos, y de espíritus de animales ya muertos. Tal y como el hombre blanco va a la iglesia a rezar, así van los creyentes al bosque, con respeto y veneración.

Es conveniente también indicar que el bosque posee todo lo que el africano necesita para la celebración de sus rituales sagrados y para la preparación de todo lo pertinente a su salud y bienestar. O sea, como lo es la arboleda africana, las selvas y bosques de la América son lugares religiosos, místicos, dotados de alma y conocimiento para el hombre trasplantado. Este, aún en tierra americana, se siente "hijo" del bosque, recinto sagrado, lleno de efluvios y fuerzas telúricas que lo llenan de atavismos hacia su pasado africano. Para él, los árboles y las *ewes* (yerbas) del Monte son santos, están llenos de virtudes, están vinculados a los dioses, son vehículo de las influencias de las divinidades sobre el mundo y por lo tanto sobre cada ser humano.

Por otra parte, es imposible hablar de todos los dioses de la mitología africana sin llenar páginas enteras; los hay yoruba, congos, bantús, entre otros. Sin embargo, entre las religiones africanas hay un hermoso panteón que se traslada a la isla de Cuba, el yoruba, del cual aquí mencionamos algunos de sus más importantes *orishas*, para que el lector se familiarice con ellos, ya que los mismos van a encontrarse en muchas de las páginas que forman este libro.

Regresando por un momento a la historia, se debe enfatizar que la mayor parte de los barcos negreros recoge su carga en Benín, por lo que no es de extrañar que la aportación yoruba haya sido tan grande, no sólo en número sino en la valía de la cultura aportada a diversas zonas del continente americano, como son el Caribe, Brasil y específicamente la isla de Cuba. Vale decir que uno de los motivos que permiten a la cultura yoruba afianzarse en América Latina es el hecho de que un gran número de los esclavos traídos proceden de clases sociales altas, lo que ayuda al florecimiento de clases sacerdotales yorubas en territorio americano. Ya, como hemos mencionado anteriormente, desde Africa existen sociedades religiosas secretas, las que poseen un gran poder e influencia políticos.

El párrafo anterior es de suma importancia ya que los yorubas han sido siempre religiosos, toda su vida gira alrededor de la religión. Para ellos, el creador y los otros dioses son los responsables de todo lo que sucede en la tierra, tanto de lo bueno como de lo malo. El africano consulta el *oráculo de los caracoles* y a través de él sabe lo que los dioses le tienen deparado. Es preciso, sin embargo, decir que en la religión yoruba hay jerarquías, las cuales forman un triángulo: en el apex de todo se encuentra el ser supremo, el creador; de un costado están los dioses de la naturaleza y del otro los antepasados divinizados; en la base del triángulo se encuentran los poderes mágicos, los amuletos, talismanes, etc.

Dada la extensión de la matería, en nuestro trabajo sólo presentamos, de manera escueta, a los dioses de más importancia en las dos primeras categorías, dentro del contexto afrocubano, sin hacer la comparación con los originales africanos, ya que existen variaciones en sus atributos religiosos y culturales a causa del mismo trasplante; o sea, presentamos a los *orishas* en su forma afrocubana, ya investidos de las transformaciones sociales y religiosas que se han llevado a cabo durante el proceso de transculturación.

Hablemos primero del dios supremo, el creador del universo, cuyo nombre es Olodumare u Olofí, conocido también por Olorún, Olofín, Obá, Ogá-Ogó, entre otros. No hay comunicación directa entre los hombres y él, más bien ésta se establece a través de divinidades secundarias solamente porque Olodumare creó el Universo y luego desapareció de éste, y desde entonces vive apartado y separado de todo. El creador se muestra completamente indiferente a todo, nada le interesa, ni le preocupa; sin embargo, todo el universo le obedece, y nada se mueve sino es por su voluntad. Olodumare no tiene ningún culto especial, y no está representado por ningún fetiche.

Hagamos un paréntesis aquí para decir que aunque a los *orishas*, o santos, se les dan equivalentes femeninos y masculinos en su versión católica, en la creencia yoruba el sexo de un *orisha* no tiene nada que ver con sus manifestaciones femeninas o masculinas, ya que la mayoría de ellos son andróginos. Por ende, su equivalencia con los santos católicos existe sólo en relación con las características espirituales compartidas y no con las sexuales.

El dios Obatalá es el primero y más grande de los seres creados, hijo único de Olodumare, como hemos dicho de antemano; Obatalá es además el creador del género humano. Sabemos que Olodumare manda a su hijo Obatalá al mundo para que éste lo continúe –ya que él lo ha abandonado– y para que todas las criaturas le veneren. Por lo tanto, él es dios de dioses, su nombre significa "rey" y en el lugar de su padre gobierna sobre todos los *orishas* y todos los seres de la tierra. A Obatalá se le considera el dueño de todo lo blanco, de la pureza y de las cabezas. Se dice que él es el creador del cuerpo humano, principalmente del cerebro, y los albinos son sus hijos legítimos. Por último diremos que Obatalá es andrógino, por eso puede procrear sin la ayuda de otro *orisha*; también se cuenta que un Obatalá macho y uno hembra, Yemú, han venido a la tierra para imponer orden y respeto entre los humanos. Este *orisha*, por su carácter bisexual, representa las energías reproductoras de la naturaleza, separándose así de la potencia creadora de su padre Olodumare. Su equivalente católico es Jesucristo, o también la Virgen de las Mercedes.

El segundo gran *orisha* es Chango, o Shangó, dios del trueno y de la guerra; también es llamado Isasi. Hay dos versiones controversiales sobre su origen: en la primera es hijo de Obatalá, y nace emanando de su cabeza; en la segunda es hijo de Yemayá y de Aggayú –*orishas* menores–.

Como en esta última versión él es producto del pecado de Yemayá, ésta lo abandona y el gran Obatalá lo recoge, convirtiéndose en su madre adoptiva (no olvidemos que el dios es andrógino, pudiendo ser madre o padre según convenga a la situación). Obatalá lo mima, lo cría, le regala un collar de cuentas blancas y rojas y le asegura que con su palabra tendrá, desde su nacimiento, el don de la clarividencia. Gracias a ese don, Changó es el primer adivino entre todos los *orishas*.

Este *orisha* es, sin duda alguna, el Don Juan de los dioses africanos. De su vida sexual sabemos que tiene dos esposas, Obbá y Oyá; Obbá, dueña de las lagunas y los lagos, es su mujer principal, pero Changó se separa de ella ya que la misma, celosa y deseándolo sólo para sí, le hace comer una oreja, la suya propia, que por sí sola se ha cortado. Oyá, su segunda esposa, es la diosa de la centella, del remolino y de las tormentas; su equivalente católico es Nuestra Señora de la Candelaria. Por otro lado, según algunos *appatakis* (leyendas), Changó comete adulterio con su tía Ochún, quien se enamora de él, y es sabido que según unos comete y según otros casi comete adulterio con su madre Yemayá[10]. No cabe

---

[10] En el mito donde aparece Yemayá como la madre adoptiva de Changó se nos dice que ella era una buena madre, pero cuando Changó creció se anamoró de él: "Changó creció y se convirtió en un poderoso guerrero, un próspero adivino y un excelente tamborero. Yemayá lo cuidaba con ternura junto a su cuerpo con amor maternal. Un día, durante la siesta, Yemayá se despertó llena de deseo sexual que la impulsó a insinuarse al confiado Changó. Este disgustado, la rechazó diciendo: '*Y ya mi* (mamá), estoy avergonzado de ti', y salió de la casa corriendo, tratando de escapar los requerimientos de su madre. Yemayá no podía resignarse a perder el placer que tal amante le proporcionaría, por tanto, lo persiguió hasta que Changó se refugió en una palma, gritando: 'Déjame quieto, tú eres la vergüenza de las mujeres'. Yemayá continuaba acosándolo, y abrazando el tronco de la palma, sugirió el acto sexual. '*Obini*, yo te voy a dar el mayor placer de tu vida'. Changó descendió de la palma furioso pero intrigado y la abrazó. Sus cuerpos rodaron sobre las hierbas frescas, se mecieron en lentas y deliberadas mociones y Yemanyá fue de Changó en contra de la naturaleza" (Cros Sandoval 219). Sobre el pretendido incesto entre Changó y su madre la misma Lydia Cabrera nos da a conocer en *El Monte* una versión que cuenta que "hay misterios en la religión [yoruba] de los que no debe hablarse. Yemayá quiere tanto a su hijo que ella misma lo inició en la vida. Fue su amante. Lo enseñó a bailar y no quería que bailase con ninguna otra mujer" (236). Cabrera prosigue diciendo: "Changó y Yemayá se abrazan en el mar (...) De un tema tan escabroso, como éste del incesto entre los *orishas*, no les gusta hablar a mis viejos [informantes], y casi todos lo evaden" (237).

duda que Changó es mujeriego, pero sus problemas con el sexo femenino son producto de su hermosura sin par, nadie se le resiste. También Changó es arrogante, de carácter explosivo y pendenciero, lo que le va muy bien por ser el dios del fuego y de la guerra y sólo su madre adoptiva, Obatalá, puede aplacar su cólera.

Algunos viejos adeptos cuentan otra versión la cual dice que Changó existió una vez y fue un personaje histórico. Ellos dicen que Changó era un rey africano, reputado como hombre malo, el cual, un día, y nadie sabe ni por qué ni cómo, se convierte en *orisha* y se hunde en la tierra con Oyá, su esposa, y con una hermana de leche, Obbá. El equivalente católico de Changó es Santa Bárbara.

El último de los tres grandes *orishas* es Ifá, quien es el gran revelador de lo oculto, el gran adivino; también él es el patrón de las relaciones sexuales y del parto; otro de sus nombres es Banga, sin embargo, no se le conoce un santo equivalente en el catolicismo. En su honor, al sistema que utilizan los sacerdotes o *babalawos* en el ritual de la adivinación se le llama "Ifá".

Por su parte, los *orishas* mayores son verdaderamente numerosos, por lo que nos contentamos en hablar un poco de los más conocidos. Yemayá, o Yemanyá, de la cual ya hemos hecho mención, es un *orisha* nacido de Obatalá. En Cuba se le adora como diosa del mar, y entre los primeros *lucumís* en la isla también como madre de los arroyos y de las fuentes y su fetiche es cualquier piedra que provenga de cualquiera de ellos. Su equivalente católico es la Virgen de Regla, patrona de los marineros, a la cual siempre se le representa sobre las aguas del mar de la bahía de La Habana.

Un *orisha* que nació únicamente de Yemayá es Oggún, por lo tanto esto también lo hace hermano de Changó, hecho que lo consagra como el dios Marte de los yoruba. Por consiguiente, Oggún es el segundo dios de la guerra y de las contiendas, lo que facilita el que se le confunda a veces con Eshú o Elegguá, divinidad con tendencias malévolas; además, existe la semejanza fonética. Sin embargo, Oggún es una divinidad benévola, la cual posee un carácter bélico; siempre se le representa con fetiches de hierro y su equivalente católico es San Pedro.

La diosa del río que lleva su nombre se llama Ochún, o Oshún, y es una de las mujeres que Changó ama, a pesar de ser su tía. Ella es considerada entre los afrocubanos como la diosa del amor, la Venus negra, además de ser la dueña de los ríos, del cobre, del oro y de los corales. Hombres y dioses viven perdidamente enamorados de la sin par Ochún; en los *appatakis* que tratan de esta diosa ella tiene amores con muchos de ellos. En Cuba se le identifica con la patrona de la isla, la Virgen de la Caridad del Cobre.

Babalú-Ayé, a quien también se le llama Tata Fumbe, parece ser una divinidad médica de los yoruba; su equivalente católico es San Lázaro, el de las llagas.

Un *orisha* muy interesante es Elegguá, quien patentiza el dualismo religioso de los afrocubanos; en Cuba y Brasil se le llama también Eshú, Ichú, Alegguá. Este es un dios en gran parte malévolo, a tal punto que muchos *babalawos* lo identifican con el Lucifer o Satán del catolicismo. Debemos aquí mencionar que se le deben hacer sacrificios a Elegguá para aplacar sus malas intenciones y sus fetiches consisten en trozos de hierro, cuchillos, cadenas y llaves; sin embargo, es importante recordar el no confundir a Eshú con el bueno de Oggún, al cual, como sabemos, también se le representa con fetiches de hierro.

Los sacrificios destinados a Elegguá se efectúan en el bosque, o bien detrás de una puerta –probablemente porque la madera simboliza la esencia de los árboles de la selva, o para conservar lo oculto del ritual–. Vale decir que Elegguá es el dios de la venganza y con sólo poner el nombre de una persona escrito sobre el fetiche el maleficio deseado se le transmitirá; también, se le tiene como dueño de los caminos, de las encrucijadas y de las puertas.

Inexplicablemente, los equivalentes católicos de este *orisha* son el Niño Jesús de Atocha o las ánimas benditas del purgatorio, o también el ánima sola. Las ánimas benditas del purgatorio son divinidades secundarias del catolicismo a las que se les reza invocando su ayuda al mismo tiempo que se reza por ellas para que expíen prontamente sus pecados; y así, al alcanzar su expiación, éstas pueden conceder al devoto el favor pedido. Por su parte, el ánima sola es la singularización, en una imagen o estatuilla, de la devoción a las almas del purgatorio.

A Obbara, que no es un *orisha* en sí, se le considera como una de las manifestaciones de Obatalá; no obstante, algunos iniciados dicen que es una de las manifestaciones de Changó. Por estas razones Obbara es considerado un *oddú* (letra o signo) de Ifá, que puede hablar a través del oráculo de los caracoles y a través del *okwelé*, la cadena con que adivina el *babalawo* y que sólo él puede descifrar.

Por último, nos encontramos ante los *ibeye*, estos son *orishas* de gran poder para los sacerdotes yorubas. En Cuba, los *ibeye* son casi siempre considerados como hijos de Ochún y Changó y se les representa con dos muñecos de madera, labrados de idéntica manera; sus nombres son Taewo o Aina y Kainde, aunque también se les llama mellizos o jimaguas. Ellos acompañan siempre a su padre, el turbulento Changó y tienen mucho ascendiente sobre Obatalá, el creador del género humano. Los adeptos, por su parte, creen que los *ibeye* tienen poder para retrasar la muerte de sus protegidos y, al igual que en otras mitologías, se considera menor al hermano que nace primero, en este caso Taewo.

Entre los afrocubanos, cuando dos niños nacen mellizos es un gran motivo de alegría para todos pues son bienvenidos como una gracia del cielo, atribuyéndoseles dones sobrehumanos. Esta alegría no está siempre exenta de temor, ya que los dioses pueden desear llevarse a uno de los dos hermanitos. Por ejemplo, es sabido que Yewa, la diosa de la muerte, quien no ama a los niños, desea poder tenerlos en sus brazos. Lo interesante es que los hermanos gemelos suelen ser delicados de salud, por eso se recomienda no castigar a los hijos mellizos, a los que se debe cuidar más que a los hijos que nacen solos. Además, el trato dado a ambos debe ser el mismo, siempre, sin distinción alguna; una de las razones es que si se les hace daño ellos pueden entristecerse y marcharse de este mundo. Por ejemplo, si uno de los dos muere, los padres deben recurrir a un *babalawo* para hacer los ruegos necesarios para que el alma del muerto no vuelva a llevarse a su hermanito.

A los *ibeye* no se les ha cristianizado, por lo tanto no hay imágenes católicas que los representen. Sin embargo, por lo general, para la adoración de los *ibeye* se conservan aún hoy día sus representaciones africanas, aunque en Cuba se les ha identificado, al pasar del tiempo, con los santos hermanos Cosme y Damián.

Por consiguiente, como ya hemos podido observar, esta necesidad de identificación entre los dioses africanos y los católicos lleva a los yoruba a crear, en tierras americanas, nuevas creencias que se aclimatan más fácilmente al nuevo orden, como es la Santería o Regla de Ocha en Cuba y en Brasil, la cual difiere del *voudou* haitiano y de los movimientos mesiánicos, como los Black Muslims, entre otros.

Teniendo en cuenta todo lo anterior podemos comprender más fácilmente que sólo creando el sincretismo entre el *orisha* africano y el santo católico puede el esclavo adorar a sus divinidades. Los supuestos parecidos entre deidades que emanan del sincretismo han sido siempre superficiales; lo importante es la necesidad de dar un nuevo cuerpo a la divinidad para poder seguir adorándola en tierra hostil. De esta manera, el bosque africano se transplanta por completo a América, trayendo consigo sus dioses buenos y malos, su cielo y su infierno. No cabe duda de que junto con el traslado del hombre africano la concepción del Monte tiene que sufrir la adaptación, el cambio, la reinterpretación de la misma mitología, del dogma ancestral y de las prácticas rituales, que se van amoldando con el tiempo al nuevo ambiente.

Por último, debemos afirmar, sin lugar a dudas, que el proceso de sincretización religiosa que ha tenido lugar durante más de cuatrocientos años en partes del continente americano ha hecho posible la conservación de las costumbres, los valores, la música, la tradición y las lenguas africanas, junto con el completo arraigo del Monte divino, con todos sus dioses y espíritus.

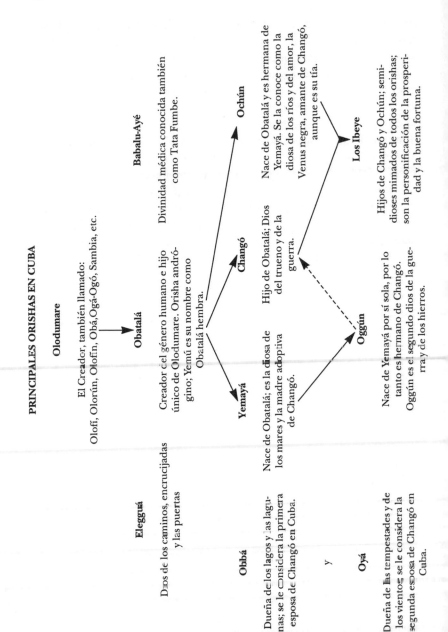

PRINCIPALES ORISHAS EN CUBA

Olodumare

El Creador, también llamado:
Olofi, Olorún, Olofin, Obá, Ogá-Ogó, Sambia, etc.

Obatalá

Creador del género humano e hijo único de Olodumare. Orisha andrógino; Yemú es su nombre como Obatalá hembra.

Babalu-Ayé

Divinidad médica conocida también como Tata Fumbe.

Elegguá

Dios de los caminos, encrucijadas y las puertas

Yemayá

Nace de Obatalá; es la diosa de los mares y la madre adoptiva de Changó.

Changó

Hijo de Obatalá; Dios del trueno y de la guerra.

Ochún

Nace de Obatalá y es hermana de Yemayá. Se la conoce como la diosa de los ríos y del amor, la Venus negra, amante de Changó, aunque es su tía.

Oggún

Nace de Yemayá por sí sola, por lo tanto es hermano de Changó. Oggún es el segundo dios de la guerra y los hierros.

Los Ibeye

Hijos de Changó y Ochún; semidioses mimados de todos los orishas; son la personificación de la prosperidad y la buena fortuna.

Obbá

Dueña de los lagos y las lagunas; se le considera la primera esposa de Changó en Cuba.

y

Oyá

Dueña de las tempestades y de los vientos; se le considera la segunda esposa de Changó en Cuba.

2
LA TEMÁTICA DE LAS AGUAS

EL IDIOMA SIMBÓLICO DE LAS AGUAS
EN LA CUENTÍSTICA DE LYDIA CABRERA

Tal y como enfatiza el mismo Pierre Verger en su libro *Dieux d'Afrique*, las aguas saladas y dulces en la obra de Lydia Cabrera, siempre bajo la potestad de las divinidades lucumíes Yemayá y Ochún, nos abren las puertas a un mundo encantado, el de las aguas primordiales. En la cuentística de Lydia Cabrera aparece a menudo el camino o transcurso simbólico de las aguas. Nuestro propósito es el de adentrarnos, mediante el análisis de algunos cuentos *tipos*, en el "camino acuático" de los cuentos de la autora, los cuales tienen cabida dentro de una de las temáticas prototípicas de Cabrera, la de las aguas, la cual funciona como *Weltanschauung* en su narrativa, y que se encuentra dividida en tres constantes: 1) cuentos de Jicotea, la tortuguita *cuasi* divina, y su ligazón con el agua dulce, su elemento vital, 2) cuentos de dioses, hombres y animales y su relación con las aguas, 3) el agua como elemento primordial versus la sequía universal a través del mito de *la tierra baldía*.

Siguiendo el camino preparado por las constantes antes mencionadas, en la primera parte de nuestro estudio ahondaremos en el mundo de Jicotea y el porqué de su relación con las aguas dulces, y a veces aún con las saladas, a través de cuentos como: "La venganza de Jicotea", "La tesorera del diablo", "En el río enamorado", "El juicio de Jicotea", "Ncharriri", "Irú Ayé", "La Jicotea endemoniada", "Jicotea y el árbol de güira que nadie sembró", "La excelente Doña Jicotea Concha" e "Ilú Kékeré", todos en *Ayapá: Cuentos de Jicotea*.

En una segunda parte discutimos la relación que a veces se establece entre dioses, hombres, y animales con las aguas, en los relatos siguientes: "El limo del Almendares", "Tatabisaco", "Suandende", "El sapo guardiero", en *Cuentos negros de Cuba*; "El chivo hiede" y "Las mujeres no podían parangonarse con las ranas", ambos en *¿Por qué...?*; "La mujer de agua", "Amor funesto" y "Se va por el río", en *Cuentos para adultos niños y retrasados mentales*. También en conexión con el simbolismo de las aguas en los relatos que forman esta segunda parte ahondamos, donde es menester, en la correlación que existe en algunos de ellos entre el agua y la sexualidad, tomando no sólo la posición simbólica sino la junguiana y la freudiana, al estudiar ciertos personajes, quienes viven en relatos donde su relación con las aguas los lleva del encanto hasta la muerte: el río, la laguna y el mar como *ailus flumen* (flujo acuático) entre la vida y la muerte.

Finalmente, tocamos el universal tema mítico de *la tierra baldía*, el cual parece compaginar tan bien con la filosofía, creencias y mitos africanos, y por lo tanto afrocubanos. Los cuentos que se han escogido para el análisis son: "Jicotea era un buen hijo" y "En el río enamorado", en *Ayapá: Cuentos de Jicotea*, y "Kanákaná, el aura tiñosa, es sagrada e Iroko, la ceiba, es divina" y "La tierra le presta al hombre y éste, tarde o temprano, le paga lo que le debe", ambos en *¿Por qué...?*

En los veintitrés cuentos antes mencionados el encanto de las aguas aparece como un lenguaje simbólico que acompaña el mismo transcurrir del relato en sí; pero estas aguas, siempre míticas en su fondo, no llevan consigo un simbolismo estricto, sino una suerte de idioma expresivo utilizado por el mismo elemento –las aguas– en los avatares de su propio fluir, como mediador, elemento disolvente, agente transitivo, y fuente y final de vida.

CUENTOS DE JICOTEA Y SU RELACIÓN CON LAS AGUAS

Lydia Cabrera, en el prefacio a su libro *Ayapá: Cuentos de Jicotea* el cual está dedicado enteramente a esta sin par tortuguita de agua dulce, explica la singular relación que Jicotea (en *lucumí*[11] *Ayapá*) tiene con las aguas, sobre todo las dulces, de las cuales hace su morada por excelencia: "Las jicoteas nacen cuando truena (...) el trueno se encarga de abrir los huevos de Jicotea (...) su naturaleza, su esencia, es fuego; así se expli-

---

[11] *Lucumí* es otro de los nombres dados a los yoruba porque provienen de la zona Akú, en Africa. Cabrera en su libro *El Monte* explica que "les viene de decir akumí, akumí. Cuando ellos se saludaban decían akumí, [para decir] que eran de [la región] Akú. A la lengua [en Cuba] le gustó más decir *lucumí* que akumí" (230).

ca que more en las aguas dulces y no pueda, aunque viva y trafique en la tierra, prescindir del agua. ¡Ardería y perecería consumida por su propio fuego!" (16-17)

Sin embargo, antes de ponderar sobre la relación íntima que existe entre Jicotea y las aguas pasemos a recordar quién es Jicotea dentro del marco de los cuentos de Lydia Cabrera.

En el pensamiento africano, la astucia es una virtud; el africano durante la esclavitud se sirve de la misma para una y otra vez salvar obstáculos o salirse de apuros, a veces de vida o muerte. En los cuentos negros de Lydia Cabrera podemos apreciar el valor que esta "cualidad" tiene para el africano a través de la *dramatis persona* de más popularidad en los cuentos de la autora, Jicotea, la tortuguita de agua dulce que en sí encarna la astucia misma, y que representa para el afrocubano el símbolo de llegar a lo que se desea, tome el tiempo que tome el lograrlo. Lo importante es ser astuto y vencer contra los que supuestamente pueden más que uno.

Por otra parte, como bien se explica en la nota 106 de este trabajo, el personaje de Jicotea es andrógino; o sea, Jicotea, indiscriminadamente, puede tener roles femeninos o masculinos a través de los diferentes relatos, por lo que cualquier conocedor de la obra cuentística de Cabrera, al hablar de Jicotea, inconscientemente pasa del "la" al "lo" como por encanto. No cabe duda, el hecho de que Jicotea sea "ella" o "él" no cambia en nada los atributos del personaje; son las circunstancias y los diferentes escenarios los que lo/la convierten en cada cuento en "él" o "ella", siempre dotándosele de una variedad de virtudes o, por el contrario, de defectos.

Jicotea, en sus diferentes roles en los cuentos de Lydia Cabrera, se encuentra agraciada de un sin fin de atributos, buenos y malos. En los relatos donde su lado maligno no sale a relucir, las características principales de Jicotea son la astucia, la magia y el ser amigo(a) de burlas y tretas sin llegar a caer en la maldad; a veces nos hace reír, otras nos impacienta, pero siempre se le celebra su astucia sin par, la que lo(a) salva de situaciones increíbles una y otra vez.

Por desgracia, Jicotea tiene un lado maligno, demoníaco, que destruye por momentos todos los recuerdos buenos que se tienen de ella o él; sus atributos malos son estremecedores. En cuentos como "La venganza de Jicotea" (*Ayapá*), en el cual tiene un rol femenino, su conducta es amoral, es perversa, mentirosa, y sobre todo su astucia es malvada. En

"El ladrón del boniatal" (*Ayapá*) su maldad raya en lo inhumano; aquí Jicotea, en un rol masculino, es criminal, malvado, amoral y falto de caridad para con su prójimo. Otro ejemplo es "Jicotea y el árbol de Güira que nadie sembró" (*Ayapá*); en este relato Jicotea, es ante todo cruel, física y mentalmente, sin razón ni motivo, sólo por celos.

No obstante, en bien y en mal, para bien o para mal, Jicotea es sin lugar a dudas un gran personaje en la obra de Lydia Cabrera. Como podemos ver en la mayoría de sus cuentos, la avaricia y el ingenio son facultades vitales en Jicotea; pero además de la astucia y el ingenio, Jicotea tiene otras "virtudes" ya que ella es capaz de manejar la magia como ninguno, como se aprecia en la lectura del relato "Ncharriri" (*Ayapá*); Jicotea siempre está alerta, alegre, y ama por sobre todo la música. Sus cualidades le dan un aire amoral frente a los otros animales que por tradición parecen ser superiores a su persona; como ejemplo de ellos tenemos al tigre, al buey, al toro, entre otros, pero todos terminan vencidos ante la astucia de Jicotea.

Lo antes dicho tiene razón de ser porque la jicotea, o tortuga de agua dulce, tiene un gran valor religioso para los afrocubanos por ser vehículo y alimento de Changó, dios yoruba del trueno, del fuego, y de los tambores; vale aquí decir que Jicotea, por tanto, es bruja, una bruja consumada, como bien lo demuestran cuentos como "Vida o muerte", "La herencia de Jicotea" y "La rama en el muro", todos en *Ayapá: Cuentos de Jicotea*, entre muchos otros. Los afrocubanos la consideran como un mago o duende, mediador entre los hombres y los dioses, ya que es capaz de manejar las fuerzas de la naturaleza casi como los mismos dioses. Los *babalawos* también dicen que Jicotea suele servirle también de vehículo a Yemayá, instalándose en ella y que, como avandana de los dioses africanos, siempre la vemos custodiando un río o una laguna. Estos agregan además que las aguas en que vive Jicotea "desbaratan daños" y matan las brujerías y maleficios; por lo tanto éstas se usan como inmunizador contra las hechicerías y conjuros.

Por otra parte, Jicotea tiene muchas características de Changó, y tal como el dios, no posee una conducta digna de elogio. Jicotea aparte de complacerse en hacer fechorías también es experta en hacer brujería, cabe además decir que cualquier parte del cuerpo de la Jicotea, sea su carapacho, su carne, su sangre, puede ser utilizada para curaciones, tanto como en operaciones de magia blanca y negra.

Hay también una relación de paralelos sociales entre los africanos traídos a Cuba como esclavos durante la colonia y esta pequeña tortuguita de agua dulce, nativa de la isla. El africano llega esclavo a Cuba, como una bestia encadenada, lo que lo coloca en lo más bajo de la escala social. Esto lo liga a la Jicotea que entre los animales se encuentra en una posición marginal. Entonces, el esclavo encuentra en Jicotea un modelo; imitando su astucia y sus tretas puede el hombre negro de vez en cuando embaucar a su amo blanco. Las fechorías, las traiciones ingeniosas, las mentiras, lo salvan en ocasiones del dolor cotidiano de vivir, y esto le hace ver en Jicotea el símbolo de lo que ellos son en ese momento histórico: criaturas débiles, desposeídas, impotentes ante la fuerza y el poder, del hombre blanco para los africanos, y del tigre, león, elefante, etc. para la tortuguita de agua dulce.

Aunque es cierto que la astucia ha salvado muchas veces al afrocubano y a Jicotea, ambos también han guardado cicatrices; el primero las lleva en su cuerpo y su alma y Jicotea las lleva en la superficie cuarteada de su carapacho. Sin embargo, Jicotea tiene el poder de resucitar, porque posee una naturaleza bruja, algo que al hombre le es vedado por los dioses.

Penetremos, entonces, en su secreto, comenzando por visitar su *habitat*, las aguas dulces, principalmente el río, desde el cual vigila la entrada a la morada de los dioses yorubas. [12] Existen doce escenarios acuáticos relacionados con Jicotea entre los setenta relatos que constituyen los tres volúmenes de la autora dedicados a la cuentística negra, diez de los cuales se hallan en *Ayapá: Cuentos de Jicotea*, como es de esperarse, ya que este volumen está dedicado por entero a Jicotea y sus andanzas, y dos más, uno en *Cuentos negros de Cuba* y el otro en *¿Por qué...?* [13] No obstante, en esta primera parte de nuestro estudio sobre el simbolismo de las aguas, en el cual se enfoca la relación de Jicotea con las mismas, nos concentramos en *Ayapá: Cuentos de Jicotea* por las obvias razones dichas previamente.

---

[12] Recordemos aquí la etimología griega de la palabra tortuga: *tartarucha*, i.e. de *Tartarus* (Tártaro), región infernal de la mitología clásica, descrita como un abismo insondable y tenebroso del *Hades* helénico, al cual no llega ni un rayo de sol, en el que los condenados sufren el castigo impuesto por los dioses.

[13] Los dos cuentos que mencionamos son "Taita Hicotea y Taita Tigre" en *Cuentos negros de Cuba* y "Por qué ... el carapacho a heridas de Jicotea" en *¿Por qué...?*

En *Ayapá*, siguiendo el orden cronológico del índice, un primer *habitat* acuático aparece en el relato "La venganza de Jicotea". En el mismo se nos dice ya de entrada, en el segundo párrafo del cuento, que el elefante tiene por costumbre ir a beber "a un manantial que Jicotea había escogido para sumergirse en las horas de mayor calor" (33). En este relato no parece dársele mucha atención al manantial de Jicotea con relación a la trama; sin embargo, la autora no escatima en enfatizar las preferencias de Jicotea al escoger ésta su morada.

Luego, en el cuento "Ncharriri", el río se hace parte vital de la trama ya que obedece a la magia de Jicotea. Al comienzo del relato leemos que Jicotea vive en el río, en "un lugar donde Jicotea tenía hecho belleza en torno suyo" (51).

El monstruo Ncharriri que ha bajado, como lo hace cada siete años, a robarse una doncella, esta vez se encuentra ante una, la más bella, pero de la cual lo separa el agua: "entre Ncharriri y la bella corría un hilo de agua" (52). La doncella no es nada menos que Jicotea, sólo que el monstruo –por obra de la magia de la tortuga– ve a una hermosísima mujer.

Es por encima de las aguas –las que Jicotea ha convertido en cerco de fuego– que, poco a poco, el monstruo debe desprenderse de todo lo que es; sus cuernos, sus dientes, su cola, su nariz, sus pies, sus ojos, sus manos, su corazón, se los lanza a la preciosa doncella "por encima del cerco infranqueable de falsas llamas" (52), para ganarse su amor.

Por fin, Ncharriri "[cae] muerto a la orilla del río" (53), del cual Jicotea una vez más ha hecho su paradero.

En el siguiente relato, "Irú Ayé", Jicotea juega el papel del brujo Ayá, quien tiene tres esclavas tan preciosas que para que nadie se las codicie las convierte en tres semillas "blancas como tres perlas del mar" (57) y así siempre las lleva con él en una bolsa, bien guardadas.

Lo extraordinario en este cuento, de tan sutil que es su mención, es la aparente precencia de "otro" Jicotea, en el segundo párrafo del relato, cuando se nos dice que Ayá coge miedo y se va a esconder al bosque con sus semillas porque escuchó una "cierta risita burlona (...) en el arroyo donde tomaba el agua y se bañaba" (57). ¿Y quién otro que Jicotea se ríe burlonamente, refrescándose entre las aguas? Ayá, el brujo Jicotea, no parece muy tranquilo con otro de su índole alrededor y se marcha "lejos del arroyo claro y traidor" (57).

Sin embargo, el destino hace que Ayá pierda sus tres semillas, el pájaro Burubú se las traga al verlas rodar por tierra de la mano del pobre Ayá, quien se ha quedado dormido. Un rey cazador mata a Burubú y se lo lleva a su mujer, quien es estéril. Esta le devuelve la vida con un deseo imperceptible entre sus labios, mientras que del pico del ave brotan las tres semillas de Ayá.

Al presenciar tal hecho, como Burubú parece ser un pájaro mágico, la reina le pide que le dé "tres hijas como estas semillas, las tres iguales, sin un defecto" (58). Y al plantarlas "junto a un pozo (...) un árbol en flor [crece] ante sus ojos. La reina [oye] cantar su sangre" (59) en las venas del árbol.

Mientras tanto, Ayá las busca por todas partes, recorre el orbe, mas ni en el país de los muertos las encuentra; Ayá, lleno de pesadumbre, entonces regresa al mundo de los vivos. Un día, al pasar junto al pozo del rey Latikuá Achikuá, siente un aroma "que sus manos [cierran] con ternura (...) Centinelas invisibles custodian aquel pozo noche y día; de su agua nadie puede beber (...) convirtiendo en piedra al osado que se aproximase" (59).

No obstante, Oyá es el brujo Jicotea, y los guardianes lo saben, por lo que no lo atacan cuando éste le arranca tres hojas a una rama del árbol. Luego, Ayá baja al fondo del pozo. Mientras tanto, la reina Omoloyú, después de sufrir una pesadilla abominable, le pide a su talismán que la esclaresca; éste le asegura que "alguien vendrá, callado y sin ser visto, a llevarse el bien que no te pertenece" (60). Omoloyú, acto seguido, esconde a sus tres hijas en una cueva.

Por culpa de la decisión que toma la reina, "en las tierras de Latikuá Achikuá se [agotan] las aguas" (61) como un castigo. Sin razón de ser, el rey envejece prematuramente, y sintiéndose morir pide que le traigan a sus hijas. Y así, contradiciendo su corazón, Omoloyú las saca de nuevo a la luz, pero "las tres doncellas idénticas, se habían vuelto blancas, como perlas del mar" (61). Las tres jóvenes, al verse en el precario estado que su cautiverio las ha puesto, niegan a su madre, la escupen, la pisotean; Omoloyú enloquece. Nadie la protege, el rey también la maldice. Un poco después, por orden de Latikuá Achikuá, las mujeres del pueblo desfilan para injuriarla, escupirla y matarla a cuchillazos.

Acto seguido, mientras el cuerpo de Omoloyú es quemado en una pira, un pájaro de humo mágicamente aparece entre las llamas y con el roce de su cola ciega al rey para luego desvanecerse en el cielo. En ese mismo instante comienza a llover y junto con las aguas el rey recobra la vista, sus tres hijas recobran su color de ébano y su juventud porque "la lluvia [ha fecundado] la tierra" (62).

Sin embargo, al amanecer del nuevo día las tres hermanas van al pozo y nunca retornan de él. Para colmos, el rey, como antes la reina, se vuelve loco de dolor buscándolas. ¿Quién de entre ellos puede imaginarse que es el brujo Jicotea quien ha venido a recoger lo que es suyo? Él es quien las aguarda en el fondo del pozo, en las aguas, su residencia natural.

Ayá recobra sus tres bienes perdidos, pero la historia cuenta que el triste rey loco las sigue esperando, "inclinado sobre el brocal (...) contempla el agua honda que lo fascina y que, en secreta fragancia, por un misterio de verde resplandor y tiniebla, llega hasta él lenta y fría y con tres largas manos de lirio diluyen en olvido su memoria..." (63).

El *habitat* de Jicotea en el cuento "La Jicotea endemoniada" no aparece hasta a mediados de la trama y va a resultar serle de naturaleza transitoria. Durante las siete primeras páginas toma lugar un festín endemoniado en el que todos los animales del lugar participan, en el cual presiden "el aguardiente de caña" y "el diablo" (111) Chacumbé, y al que acuden algunos santos, ánimas del purgatorio, fantasmas, diablos de Mayombe y hasta "viejas chochas vestidas de novia" (114). La fiesta se acaba cuando lo dicta Chacumbé; entonces; "la chusma revuelta y desatada del otro mundo [vuela] a esconderse en las cazuelas, las tinajas y los calderos de los brujos (...) las almas [encuentran] el camino de sus cuerpos. Los muertos [tornan] a morir (...) todo [vuelve] a su lugar" (116).

En una hermosa mañana que sigue a la infernal noche de *walpurgis*[14] el diablo "[huye] a Kunanfinda" (117) y allí se esconde en una flor de ambarina. Jicotea, que pasa por allí la huele y la halla sin olor; ¡ay, pero al olerla, el diablo se le cuela en el cuerpo por la nariz!

Jicotea, endemoniada, mata al cachorro de una tigresa y se bebe su sangre. Cuando ésta llega desaparece Jicotea –como tantas veces– y el amigo Conejo que la acompaña carga con la culpa y casi muere, escapándose herido de entre las zarpas de la adolorida madre. Entonces, algo milagroso ocurre. "En los ojos de la madre tigre el fuego intenso se

---

[14] Noche de brujas.

[vuelve] agua. [Brotan] los manantiales (...) su llanto, al fin, [forma] una hermosa laguna" (113). Sin darse a tardar, la sinvergüenza de Jicotea se acerca nadando a darle el pésame a la tigresa, como si nada hubiese pasado. La laguna, de tan hermosa, se llena de aves y otros animales, y por supuesto Jicotea. La malévola tortuga, que no puede contenerse, siembra la cizaña entre los habitantes de la laguna, y a gritos culpabiliza al Conejo por la muerte del tigrecito. La madre escucha las palabras de venganza que profiere Jicotea, va al monte, acecha al Conejo y casi lo atrapa. Sin embargo, el Conejo una vez más logra evadir la muerte y esta vez huye a un sitio muy lejano "en el camino de Sambi, en la Vía Láctea" (121); por su parte la tigresa, en su dolor, pierde la razón y muere de angustia lejos de la laguna que con sus propias lágrimas ella misma creó.

Así, con aires de gran dueña, sin remordimiento alguno, Jicotea se posesiona de la laguna –que sin la tigresa está sin dueño–. No obstante, esta vez el diablo Chacumbé se las hace pasar a Jicotea –quizá por querer ser el más diablo de los dos– haciendo que Jicotea pierda su *habitat*: "andando el tiempo (...) la [abandonan] de improviso garzas, yaguasas, flamencos, corúas (...) [desaparecen] los peces y las plantas, y los güijes, los ligeros duendes de agua dulce, filtrándose por una grieta (...) buscando por venas subterráneas el nacer de algún río" (121).

El relato termina "sin agua"; la laguna va secándose lentamente "hasta ser una gota de rocío a punto de desprenderse del corazón sin perfume de una flor de ambarina" (122), aquella que Jicotea huele en una mañana límpida que sigue a la noche del gran festín de Chacumbé.

Llegamos al relato titulado "Jicotea y el árbol de güira que nadie sembró", en el que el río va a servirle a Jicotea de refugio y guarida después de que ella ha literalmente torturado, física y mentalmente, desde su nacimiento, a un pobre árbol de güira que tranquilamente crece en un camino de la isla, hasta que un día –ante los atónitos ojos de la tortuga– éste luce "regio en mitad de camino, elevándose a las nubes, el árbol, de una belleza inaudita (...) ¡Inmensa güira! Agitábase en el fondo azul (...) ostentoso y amenazador" (126).

El árbol que por tanto tiempo ha soportado los embates de Jicotea hoy se las va a hacer pagar por todas, y a güirazos arremete contra Jicotea que "corre" –lo mejor que puede hacerlo una tortuga– "instintivamente en dirección del río, su país de infancia" (127); Lydia Cabrera utiliza palabras que, una vez más vaticinan la importancia de las aguas dulces en la vida de Jicotea.

La cólera de la güira es tal que también se desata contra toda una multitud de jicoteas, compañeras de paraje de nuestra protagonista; todas corren en dirección del agua "buscando amparo en el río, que relum[bra] y [huye] también a lo lejos" (127).

Tan maltrecha está Jicotea que clama por la "madre de su infancia", "el Agua" (127). A ella le dice "¡Omí! ¡Omí tutu! ¡Omí dúdu!" (127)[15] implorando su ayuda, porque los golpes de la herculánea güira le han descalabrado el carapacho y la han dejado ciega. Sin embargo, en un momento tan crucial, Cabrera como siempre –un poco Jicotea ella misma– pone una nota de humor entre las vicisitudes quelonias de la "pobre" Jicotea y sus amigas y así leemos que al oír "el clamor de su pueblo (...) la Reina Jicotea, que [vive] en el río –imponente tortuga antiquísima–, hija de las aguas primordiales, [muestra] en la orilla su esférica majestad" (128).

Para nada sirve su realeza ni sus órdenes, la irreverente güira no solo no cesa de golpear a "sus hijas" (128) sino que arremete contra la misma reina cantando "¡Igbá! ¡Igbanlá!" (128)[16]. Lo paradójico de esta acción es su significado en este relato, ya que la güira, al gritar su canto de ofrenda, en vez de presentar una jícara[17] llena de agua en homenaje, lo que hace es utilizar uno de sus frutos como tentáculo vengador de su ira acumulada. Muchas tortugas mueren llamando a la Madre Agua, otras se tiran al río "heridas, tullidas, maltrechas" (128) y allí, en contacto con las aguas, se salvan; por su parte la reina, quien ha recibido un buen golpe "en plena sagrada panza" (128), prefiere "rehundirse mayestáticamente en el agua" (128).

Todo vuelve a la calma, la güira ha sido vengada. Su fruto, el güiro, también encuentra una verdadera razón de existir, convirtiéndose en "dos espléndidas jícaras destinadas al baño de una linda señora" (129), gracias a la destreza del que lo recogió y lo decoró para regalárselo a la dama.

No obstante, el escenario fluvial en "La tesorera del diablo" es de

---

[15] En yoruba: ¡Agua! ¡Agua fresca! ¡Agua prodigiosa!

[16] En yoruba: ¡Con permiso! ¡Te lo ofrecco! (en relación con el permiso que se le pide a un *orisha* antes de iniciar una ceremonia).

[17] Con los frutos del árbol de güira (los güiros), se confeccionan en Cuba las jícaras, que lo mismo se usan como vasijas ceremoniales o para el aseo diario.

una índole muy diferente a la de los cuentos que hemos presentado hasta el momento. Para empezar, sólo con leer el título nos damos cuenta que Jicotea juega el papel de mandadera del diablo; luego, como a manera de introducción, se nos describe el *habitat* de Jicotea, el cual, en este relato específico ha asimilado las características satánicas que ostenta en el mismo el personaje de Jicotea; de esta forma, el *entourage* se hace uno con la antagonista del relato, haciendo acto de presencia lo oculto, lo dañino, lo diabólico, todo lo cual, como en tantos otros ejemplos de la cuentística universal relacionados con los peligros de "hacer pacto con el diablo", pronostica desde los albores del cuento el catastrófico final que acaece a los protagonistas, una pobre familia de negros orros, quienes "hacen pacto" con Jicotea, primero, porque quieren ser blancos, luego ricos, después poderosos, para por último caer de nuevo en la miseria, por su insolencia casi paradisíaca de pedirle a la mágica tortuga que los hiciera superiores a Dios.

Por su parte, Jicotea, en su rol de "tesorera del tesoro del diablo Aupa y Derrumba" (148) pacientemente les proporciona a los tres negros, Francisco, Francisca y Francisquillo, todo lo que le piden, satisfaciendo hasta el más mínimo de sus caprichos, con la íntima convicción de que la avaricia los llevará al abismo. Ella sólo tiene que esperar, hundida en las aguas de su río, el cual, esta vez merodea un paraje "desolado y estéril. A un costado del bohío (...) cinta de agua muerta y cenagosa. Misteriosamente inagotable en la sequía, el año entero fluía lenta aquella agua muda, negra e indeseable bajo una niebla de mosquitos zancudos que rayaban con sus vuelos la suciedad de la superficie (...) [se] veía cada atardecer flotar un vapor gris y denso al pie de la palma y formarse dos perrazos negros que luego saltaban y corrían persiguiéndose hasta despedazarse por la tierra o por los aires (...) con frecuencia, en la zanja turbia y pestilente asomaban piernas o brazos, manos descomunales (...) las noches de luna jibosa un enano negro, cornudo, ventrudo y patizambo, de enorme falo, bailaba saltando de una orilla a otra" (145-146).

Y así, día tras día, muchas cosas extrañas se ven y pasan alrededor de ese río endemoniado, "la sapagina de la brujería incesante asomando por todos los rincones del día y de la noche" (146-147). Los esposos con su hijo viven en su bohío en medio de este paraje infernal, justo al lado del río, ellos también embotados por las emanaciones enfermizas del mismo, en "el vacío de los días interminables" (147), sofocados de

calor, cegados por la luz inclemente de la sabana estéril, "indiferencia-
dos" (147), sobre-viviendo hasta aquel aciago día en que la negra no
puede más, y maldice; "ese día llamó al diablo en su auxilio" (147).
　　Y el diablo viene, o más bien, pone en manos de Jicotea la perdición de toda la familia. De las aguas de la lodoza zanja saca Francisquillo
"aquel objeto raro, de luz viva, escurridizo y duro" (147). Jicotea se le
presenta diciéndole "Yo soy la Jicotea de Oro, tesorera del tesoro del
Diablo Aupa y Derrumba. Pídeme y te daré" (148). El muchacho se lleva
a Jicotea al bohío; allí la tortuga vuelve a hablar: "Soy la Jicotea de Oro,
tesorera del tesoro del Diablo Aupa y Derrumba. Pide, te daré y devuél-
veme a mi casa y a mi señor" (148). Desde ese instante la avaricia ciega a
la pobre familia, y piden, piden, piden, mientras Jicotea da, y da, y da. Se
hacen ricos, se vuelven blancos, se llenan de poder, se posesionan "de la
isla" (165), siempre volviendo "al paraje siniestro de la palma y el bohío
[llamando] por el agua negra a la Jicotea de Oro" (153) cada vez que
ambicionan algo más.
　　Siempre que regresa Francisquillo al infernal paisaje donde mora
la Jicotea de Oro, la narración se vuelve lúgubre, y se hace incapié en la
descripción de las aguas y su derredor: "sucio arroyo olvidado (...) agua
obscura y corrompida" (159) "en mitad de un llano árido, castigado por
un sol inclemente, era de nuevo el bohío miserable, confusamente re-
cordado, la palma retorcida" (169).
　　Llega por fin el día en que Jicotea tiene la última palabra.
Francisquillo, al verla salir de entre el fango de la zanja, le dice que su
madre quiere, que su madre "exige (...) que [su] padre sea Dios. Ella
quiere ser la Virgen María y (...) que yo sea el Niño Jesús" (169). Tanto
va el cántaro a la fuente, hasta que se rompe, y hoy llega a su fin la
paciencia de Jicotea. La tortuga desaparece, luego "un largo rumor de
risas [pasa] sobre la superficie de aquella vieja agua corrompida" (169);
entonces, los blancos y señoriles esposos vuelven a ser viejos negros ara-
pientos; Francisquillo, el Capitán de Dragones que hace suspirar a tanta
niña *bien*, vuelve a ser negro y pobre también.
　　La desesperación se apodera de ellos. Gritan, llaman a Jicotea. Se
oye entonces en el cenagoso río un "coro de risas ahogadas" (169). El
cuento finaliza con una frase que de nuevo alude al lóbrego *habitat* de la
tortuga de oro: "el turbio enjambre de risas (...) se apagó en el agua
muerta" (169).

"Ilú Kekeré"[18], en la misma vena que "La tesorera del diablo", es un cuento fantasmagórico, que llena de profunda tristeza al lector, el cual se siente impotente ante la maldad –en este relato más que en ningún otro– de la pequeña tortuga de agua dulce. Las aguas, en esta ocasión la lluvia, son una vez más instrumento de la desgracia: "Llovía torrencialmente y el agua encrespada descendía la cuesta hacia la cañada (...) En su camino Agua-Culebra envolvió a Timbioro, el niño que una madre imprudente había obligado a salir de casa bajo el diluvio (...) Timbioro corría con el agua, y el agua se lo llevó a la cueva de la vieja Jicotea (...) [Esta] lo midió e inmediatamente se puso a fabricar un tambor un poco más grande que Timbioro (...) Anochecido, por todo el pueblo, esbozada en la lluvia, la madre de Timbioro llamaba llorando a Timbioro. La lluvia repiqueteaba incansable; Jicotea trabajaba, y Timbioro, en un charco, dormía amortecido" (173).

La noche termina, con ella se va la lluvia, y el embrujo de Jicotea queda consumado. Una vez que el trabajo hechicero de Jicotea está terminado nace el nuevo día, "el sol [bebe] aprisa las aguas, [seca] la tierra con su aliento" (173) y es entonces que la Ñaña[19] Jicotea mete a Timbioro dentro del tambor que ha hecho.

La lluvia se nos presenta haciendo metáforas de sí misma; términos como "agua encrespada", "agua-culebra", se entremezclan con verbos como "descendía" [la cuesta], [el niño] "corría con el agua", "y el agua se lo llevó" [a la cueva]; luego, la lluvia "repiqueteaba", mientras que Jicotea hacía el tambor, y el niño [dormía] "en un charco" [amortecido].

Como un río, como una serpiente, sinuosa, es la lluvia de este relato; es activa, lleva, corre, repiquetea –como los cascabeles–, y sólo se hace un charco para recibir en sí misma el cuerpo del medio-muerto Timbioro. Es una lluvia mala, dañina, endiablada, compañera y cómplice de las fechorías de Jicotea, que en este cuento es Ñaña, vieja y bruja.

Jicotea quiere mostrar al mundo que su tambor suena sin que nadie lo toque. De esta manera, de pueblo en pueblo lleva su tambor, le razca el cuero, y todos se ponen a bailar incitados por la voz del tambor la cual siempre repite un mismo canto: *"Timbioro oluo akuá mi lere oni fenunsile oninkó eche aniadó yo eme misoke moderu awó fefe Kufé"* (174); Cabrera en ningún momento explica o nos da una idea del significado

---

[18] En yoruba: pueblo chico.
[19] En yoruba: madre.

del canto del tambor el cual repite su tonada de pueblo en pueblo, a través del relato. Por mi parte, tratando de descifrar lo que creo crucial en cuanto a su relación con la trama del relato empecé a traducir el canto, pero al llegar a la página 312 del diccionario yoruba escrito por la misma Lydia Cabrera con el título de *Anagó: Vocabulario lucumí* encuentro sorprendida una larga oración de un parecido casi total a la canción del tambor que aparece en "Ilú Kekeré"; la frase lee así: *Tún tún tún soro i Kimbó Timbioro olúo okuá mi le ré oní fenán sile oninko eché aguadó yó emení soké modéru awó Kinirín féfé Kufé* y la traducción dada por Cabrera es la siguiente: "Ayá, la jicotea, embrujó a la hija chica de una mujer que la mandó a buscar agua al río y la metió dentro de un tambor. Ella decía que la estaba matando, que le daba de comer frijoles y maíz. Jicotea iba andando y cobrándole a la gente por oír su voz conversando dentro del tambor. Un *babalao* descubrió el engaño".

En el caso de Timbioro, el relato nos dice que su mamá "imprudente [le] había obligado a salir de casa bajo el diluvio" (173). El cuento, sin embargo, no nos dice a qué sale Timbioro bajo una lluvia torrencial. En el caso del relato oral, es una niña y no un niño quien va al río a buscar agua, pero no está lloviendo. Sin embargo, ambos terminan muertos dentro del tambor, él cantando para que la gente baile, ella conversando para que la gente escuche. En ambos casos sólo un *babalawo* puede descubrir el llamado "engaño" (*Anagó*: 312).

No obstante, sólo el engaño de un hechizo brujo puede quizás hacer que la voz de un muerto se le transmita a un tambor. Lo cierto es que el embrujo de Jicotea en una noche de lluvia torrencial ha dejado a una madre sin hijo, y al pobre Timbioro muerto, encerrado en un tambor con "los ojos secos de tanto llorar; la boca, desmesuradamente abierta de tanto cantar" (176).

Sin embargo, como para hacernos volver a una realidad más terrena, el relato "La excelente Doña Jicotea Concha" se nos presenta como un guión de telenovela, realista, lleno de intriga, engaño y falsedad, pero que a su vez puede considerarse como una de las aventuras de Jicotea en la que casi nos sentimos culpables por saborear de sus fechorías mientras admiramos en acción su astucia y su ingenio sin par. Son dignos de mención los hermosos pasajes descriptivos de este relato y lo fabuloso de la trama, en la que los personajes animales están personificados y conviven en armoniosa relación con los personajes humanos.

El *leit-motiv* del agua hace acto de presencia únicamente cuando se nos explica donde vive Doña Jicotea Concha, "la imponderable" (188), amiga ejemplar de la difunta mamá de la Gallina Grifa, la protagonista del relato; Doña Jicotea Concha aún cuando goza de una reputación de oro gracias a su buen juicio, discreción, inteligencia y sabiduría, se convierte en la antagonista por excelencia porque ella sí se acuerda de que una vez, veinte años atrás, la misma Gallina Grifa que ahora busca su ayuda le había negado seis míseras arrobas de arroz de su inmenso arrozal. Por esa mala acción y por la desmesurada avaricia de la gallina, Doña Jicotea Concha decide hacerle el mal. La historia termina con el suicidio de la Señá Gallina Grifa, quien, por obra y gracia de su "comadre", lo pierde todo, su dinero, su hacienda, sus bienes, su herencia y, para mayor de los colmos, su hasta entonces fiel criada Dominguilla.[20]

En este cuento, como de costumbre, las aguas son el *habitat* de Jicotea y es de importancia notar como en breves palabras se nos hace saber que a Doña Jicotea Concha se le puede encontrar en el Riachuelo de la Culebra (191). Por ende, el que una y otra vez sea el río la residencia de Jicotea –aún en relatos como éste en los que si se omite este detalle nada se pierde en cuanto al argumento– nos indica la consciencia omnipresente de la autora en lo que concierne a la relación íntima que existe entre cualquiera de las personificaciones de Jicotea y las aguas, y su dependencia de ellas.

No obstante, sólo al contemplar el título, "En el río enamorado", nos damos cuenta del lugar de honor que las aguas tienen en este relato, no sólo como *habitat* del protagonista, Jicotea, sino que también, personificado y con vida propia, "el río [se desliza] sin prestar atención a los canturreos y habladurías de las lavanderas [y se detiene] al rozar la imagen de tres jovencitas que en aquel paraje nunca habían pisado su orilla. Sus brazos oscuros bai[lan] graciosamente a la luz y al agua. El río, encantado, reman[sa] como una fuente" (219). Indiscutiblemente, el río se enamora de ellas.

Entonces, sin darnos tiempo a respirar, el segundo párrafo dice: "Jicotea, que se ca[lienta] al sol aparentando ser un guijarro, avan[za] discretamente la cabeza" (219), estableciendo de una vez por todas la

---

[20] Para un análisis más detallado de este relato, véase *El cosmos de Lydia Cabrera: Dioses, animales y hombres*, pp. 68-71.

eterna relación aguas-Jicotea, a la que ya debemos estar acostumbrándonos. Jicotea, que todo lo observa, se da cuenta de que el río se ha enamorado. Por su parte, las lavanderas se preguntan quiénes son esas doncellas que se separan de las demás mujeres para lavar. El enfadado río, en represalia, castiga las maledicencias de las lavanderas haciendo que se les pierda uno que otro lienzo en el agua. En cambio, para las tres jóvenes el río corre limpio, y les ofrece sus aguas puras; y Jicotea, desde su escondite, las contempla jugar.

Un día, el pueblo descubre que las tres jóvenes son las hijas del gran guerrero Fendindé Bomba, el dueño de la famosa flecha *Yilo*[21], a la cual se le considera "más terrible que las armas de fuego de los blancos" (221). Por dos años enteros, los habitantes de la comarca han creído que Fendindé está muerto; sin embargo, Fendindé vive, pero lleva una vida solitaria y anónima, manteniendo su identidad y las de sus hijas en secreto. Leemos que "Fendindé [ha] recorrido distancias enormes (...) vadeando un río interminable" (227) con el afán de encontrar un lugar apacible y seguro para criar a sus hijas.

Pero, como los secretos son difíciles de guardar, un buen día, el mismo hijo del rey, quien quiere casarse con una de las tres hijas del guerrero, descubre el secreto de Fendindé Bomba. El guerrero, sin embargo, se niega a darle en matrimonio una de sus hijas, y se ve obligado a contarle la razón cuando éste, enfurecido ante tal insubordinación, le amenaza de muerte. Fendindé, en ese momento, le cuenta de su promesa a su amigo predilecto Obasa: "Mis hijos casarán con tus hijos. Nuestras sangres serán una sola sangre" (224). No obstante, Obasa muere sin dejar desendencia, ya que su único hijo muere también de tristeza, de tanto llorar por la muerte de su padre. Lo que no debemos olvidar, ni por un instante, es que Obasa muere en el río, "el río guar[da] su cadáver" (224).

Estas tres hijas de Fendindé Bomba son las últimas de una larga fila de hijas; el pobre guerrero parece no poder tener hijos varones y todas las hijas que tiene con sus diferentes mujeres mueren antes de ser núbiles, excepto estas tres últimas, hijas de la hermosa Oyú, esclava favorita del guerrero. Por miedo a perderlas, Fendindé nunca se separa de

---

[21] En yoruba: rayo, centella.

ellas y les oculta sus nombres, hasta ese inolvidable día que se los hace saber, después de muchos años, cuando ya parece que la muerte se ha olvidado de ellas.

Indudablemente, por culpa del río enamorado, este secreto de la familia Bomba tampoco está a salvo, porque "allá en el río, cada mañana [siguen] las mujeres comentado, y el agua chismosa recogiendo y llevándose las últimas noticias (...) [mientras) las [tres] muchachas [vuelven] a entregársele a la hora más ardiente; y durante la delicia del baño, sin recelos, libres y felices, en la alegría pura del agua, ahora con una emoción que les [es] desconocida, se lla[man] por sus nombres" (223). De esta manera, Jicotea, se entera de ellos, allí en su río, "lugar verde y recoleto (...) y como una piedra más entre las piedras, las escu[cha] insospechado, a ras del agua" (223).

Mientras tanto "atraídos por el renombre de Fendindé Bomba y la belleza de sus hijas" (227), el pueblo se llena de hombres, pobres y ricos, plebeyos y nobles, los que vienen a pedir en matrimonio a las hijas del guerrero. No obstante, Fendindé, quien no desea separarse de sus hijas, urde un plan, con el fin –casi imposible– de entregar sus hijas sólo al hombre que adivine el nombre de las tres, y los proclame en público.

Tal y como lo anhela Fendindé, nadie logra adivinarlos. Sin embargo, no podemos olvidar que Jicotea sí los sabe, y abriéndose paso entre la multitud, entre "las risas, las burlas e insultos que provo[ca] su aparición" (230), hace oír su voz: "¡A mí los tres tambores y te diré el nombre de tus hijas!" (230). Jicotea, uno a uno, "adivina" los nombres de las jóvenes, los tamborcillos los repiten al viento para confirmar que el adivinante ha acertado y, contrario a lo que todos pudieran esperar, Fendindé "humi[lla] su frente pavorosa" (231) y acepta sombríamente que Jicotea se case con sus hijas: "Es verdad, Koké, Kindi y Akoita se llaman mis hijas. Le pertenecen a Jicotea" (231).

La batahola que sigue no es de extrañarse, los pretendientes, los vecinos, todos protestan contra la decisión de Fendindé. ¡Cómo aceptar que un ser tan feo, tan "burdo, tosco, perniabierto y zancajoso, aplastado por una corcova de piedra, [con] una cabeza arrugada y triangular, con unos ojos mínimos, una nariz totalmente frustrada y una boca hendida de avechucho de rapiña" (232-233) fuera a casarse con tan hermosas mujeres!

Justo y fiel a la palabra dada, el guerrero lanza al aire su flecha *Yilo* y el pueblo sobrecogido vuelve a la calma. Por su parte las tres jóvenes no comprenden porque todos rechazan a Jicotea, ellas en él sólo ven a un hermoso galán. Jicotea, al verse rodeado de tanta protesta e improperios, se escapa "en un destello de agua" (233), entre el llanto de sus tres futuras esposas.

El castigo es de esperarse, y el río es el instrumento de la venganza de Jicotea. Este se seca para todos, excepto para Fendindé y su familia, quienes en su tinaja siempre encuentran agua. El pánico se apodera de la población, "¿qué pasó en el río durante la belleza de su noche? (...) Porque al amanecer, el largo y generoso río que bañaba aquella comarca, se había agotado" (233). Los que se aventuran a buscar otros ríos, otras aguas, en tierras vecinas, ven con sobresalto que éstos se secan en cuanto sienten la cercanía de estos proscritos.

Hasta que un día el éxodo termina cuando en un paraje lleno de verdor "ceñido por los brazos de dos ríos (...) allí [ven], en un manantial, a Jicotea. El agua viva [surge] a chorros deslumbradora y bai[la] y can[ta] derramándose sobre Jicotea" (234). Al verla, disfrutando del elemento vital que a ellos se les ha negado, todos corren a beber del manantial, pero la fuente deja de brotar. Primero, todos le imploran a Jicotea que les dé agua, sin tener éxito; luego, el león intenta atacarlo y beberle la sangre[22], pero Jicotea le advierte que ésta se evaporaría si lo intenta. Todos entonces le piden perdón a Jicotea; el poderoso elefante se humilla ante ella y lo siguen los demás hombres y animales.

Con el perdón, corren de nuevo las aguas, gracias a Fendindé Bomba quien, obedeciendo una orden de Jicotea, dispara la mágica flecha *Yilo* y agujerea una calabaza en la cual se esconde el precioso líquido: "ma[na] de la calabaza agujereada un agua de viva limpidez, y las bocas resecas [sienten] un alivio de frescura" (235). Todos sacian su sed, hasta la pobre tierra agrietada.[23]

Sin lugar a dudas, esta vez la comarca va a perder para siempre a su

---

[22] La sangre, como el agua, simbólicamente es líquido de vida y el beberla revitalizaría a los que Jicotea desea castigar. La sangre de Jicotea es también vínculo sagrado entre este animal y el dios Changó, por servir de ofrenda propiciatoria para aplacar sus iras y obtener sus favores.

[23] El tema de las aguas en este relato también está intrínsecamente ligado al tema de *la tierra baldía*, el cual analizamos a profundidad en la tercera parte de este estudio sobre el simbolismo de las aguas.

venerado líder, Fendindé Bomba; éste se da cuenta de lo que está aconteciendo, subliminalmente, cuando reconoce en la voz de Jicotea la voz de su fiel amigo Obasa: "¡Fendindé Bomba! (...) el corazón del viejo se estreme[ce] al reconocer aquella voz" (235). El guerrero ahora acepta su último destino, y aunque el relato no lo dice, un lector perpicaz puede leer entre las líneas que los amigos, Fendindé y Obasa, se reunirán allá en el fondo de las aguas; y así, siguiendo a Jicotea, en ellas "desapare[cen] Fendindé, su mujer Oyó y sus tres hijas bellísimas" (235).

Por fin pasamos al último cuento que está relacionado con la temática de las aguas en *Ayapá: Cuentos de Jicotea*, titulado "El juicio de Jicotea"; sin embargo, entramos en este relato trayendo reminiscencias de lo que le pasó a Jicotea en "Taita Jicotea y Taita Tigre", en *Cuentos negros de Cuba*, en el cual Jicotea, habiéndole jugado una bien mala pasada al tigre, debe de aceptar su merecido castigo, ser encerrado para siempre en un baúl. Por supuesto, Jicotea hace y deshace con tal de que lo lleven al río, donde se recobra de su larga y árida prisión, sin menospreciar que también recupera su antigua libertad al lograr convencer a los tres hijos del tigre, –con una suprema mentira con aires de Génesis– que una piedra del río es él: "escogió una piedra de su mismo tamaño, la envolvió con fango, le dio su forma, y los signos que en su concha nadie ha podido descifrar los grabó con una uña. Enturbiando el agua, la impulsó suavemente hacia la orilla" (65-66); de esta manera, los tigrecitos regresan a su casa, de contentos, cargando con el supuesto Jicotea, para que su padre el tigre un buen día haga sopa con su carne.

No obstante, no cabe dudas de que este primer cuento es de estructura embrionaria cuando se le sitúa en paralelo con la técnica superior y la universalidad que permean la temática acuática de diez de los veinte relatos que forman el volumen *Ayapá: Cuentos de Jicotea*, el cual, como hemos dicho anteriormente, está dedicado por entero a las andanzas de la caprichosa y singular tortuguita de las aguas dulces de Cuba. También, cabe aquí notar el impresionante *Weltanschauung* del tema de las aguas en *Ayapá*, el cual abarca exactamente la mitad, diez de los veinte cuentos que forman el libro, todos los cuales analizamos en nuestro trabajo.

"El juicio de Jicotea" aparece como presagio de que el final –tanto de Jicotea como del libro mismo– se acerca y, a su vez, es el penúltimo cuento en *Ayapá*. Por su parte, el último relato, titulado "La herencia de

Jicotea", como *coup de grace*, cuenta la muerte "de puro viejo" (259) de
un ya anciano Jicotea, marido de Mamá Ayé [24], en el popular barrio ha-
banero de Jesús María. Cuántas páginas se pueden escribir sobre este
comienzo, pero esto sería descarrilarnos de nuestro objetivo.[25]
Indudablemente, es porque existe un relato en donde una Jicotea
muere que cobra importancia el que a Jicotea se le trate de matar una y
mil veces en tantos de los cuentos de la autora, incluyendo este penúltimo relato de *Ayapá* que aquí analizamos; porque Jicotea, hasta el último
capítulo, siempre sale sano y salvo de las experiencias vividas, a veces
maltrecho, otras literalmente resucitado [26], pero siempre "vivito y cole-
ando" ya que sólo una muerte sagaz y casi milenaria puede ser la única
capaz de llevarse el alma del acorazado cuerpo de Jicotea. Además, cien-
tíficamente está probado que pocos animales pueden alardear de la longevidad que posee una tortuga; de otra parte, este reptil quelonio, en el
simbolismo tradicional, representa la longevidad misma. No obstante,
Cabrera hace que el viejo Jicotea muera, quizá para asegurarnos de lo fi-
nito de la vida; sin embargo, esto solo sucede cuando él decide permitir-
le finalmente a *Ikú*, la muerte, que por fin se lo lleve.

De vuelta a "El juicio de Jicotea", llama la atención que el relato comience diciendo "¡Caballeros, la tierra se muere de sed!" (251); ¡cuántas veces no hemos oído ese clamor a través de las páginas de este trabajo! Sin embargo, esta vez no parece ser verdad, sólo que Jicotea está tra-
mando una de sus irreverentes tretas. Acto seguido, Jicotea empieza a
gritar "¡Fuego! ¡el mundo se está acabando!" (251), todo para que el señor Elefante deje su comida desatendida y se largue a correr, preocupa-
do por su tienda de abarrotes que cree en peligro. Mientras tanto,
Jicotea se come todos los manjares de su cena.

Con toda su razón, el elefante enfurecido grita "¡Me han robado!"
(252); la guardia civil, enterada de todo gracias al reporte de la vigilante
Civil Mosca, sin demoras, prende a Jicotea –por golosa–. "Adulones o
compinches" (252) del rico elefante, todos los animales de la región se

---

[24] En yoruba: bruja(o), engañador(a), hechicera(o). También puede significar:
diablo, espíritu, "alguien del otro mundo". Es de importancia relacionar a Mamá Ayé con
el significado yoruba de su nombre para entender mejor su personaje en este relato.

[25] Para más detalles sobre "La herencia de Jicotea" véase la Parte II: Funciones estructuralistas y simbólicas del elenco cabreriano.

[26] Véanse "Osaín de un Pie" y "Arere Marekén", ambos en *Cuentos negros de Cuba*.

reunen a deliberar, y por fin llegan al acuerdo de que la más certera manera de matar a Jicotea es tirarlo al agua... ¡pobres ignorantes criaturas! El licenciado Loro que todo lo sabe, que todo lo habla, y que cree conocerlo todo sobre Jicotea, pronuncia la sentencia final: "¡Pena de agua caudalosa!" (254). Jicotea a todas estas, no pronuncia palabra.

En ese momento, con voces enfurecidas, semejantes a las que pidieron muerte en el juicio de Jesús, todos los amigotes y seguidores del elefante gritan "¡echémoslo al mar! ¡al mar sin fondo!" (254). Pero, por fin, Jicotea protesta diciendo "¡Ay, Diosito! ¡Así yo va murí!" (254); y oyendo tales gerimiqueos el licenciado y sabiendo Loro no duda de la sinceridad de Jicotea y con sus cualidades de "orador incomparable" (255) logra que todos aprueben su inspirada sentencia con aplausos ensordecedores. "Y a morir a la mar insondable lle[van] sentenciado a Jicotea" (255).

Podemos imaginarnos la recóndita alegría de Jicotea, quien posiblemente ya siente cerca su liberación, si todo sale como previsto. El séquito avanza, pero el mar está muy lejos, "y ninguno de ellos se [ha] acercado al mar sino de oídas" (255). Por eso, porque no lo han visto, le temen, e instintivamente buscan una salida menos riesgosa; para entonces, como si los dioses la hubiesen puesto en el camino, los vengadores se encuentran ante "una laguna de agua verde y alegre, sin monstruos ondulantes y espumosos" (255) que para ellos parece ser igual al mar y para Jicotea no es nada más ni nada menos que su perfecto *habitat*.

La ejecución toma lugar sin pérdida de tiempo; el elefante agraviado lanza lejos al agua, con un tiro de su fuerte trompa, a la sentenciada. Jicotea, como es de esperarse, se hunde estrepitosamente entre las serenas aguas para reaparecer feliz, bailando y cantando, gozando de esa agua bendita que una y otra vez la salva y la revitaliza.

Cerremos ahora esta sección de nuestro estudio recordando que desde su nacimiento Jicotea se encuentra ligada a las aguas, el trueno abre sus huevos, y desde ese sagrado momento su naturaleza candente necesita el casi continuo frescor de las aguas; nada más normal que muchas de sus historias, andanzas y actividades se lleven a cabo en el remanso que éstas le ofrecen. No obstante, tengamos también en cuenta que si Jicotea es aliada y servidora de Changó-Obakoso[27], ¿no es natural

---

[27] Changó, el rey de Koso, se molesta con facilidad y hace cualquier trastada (*Anagó*, 89).

que las aguas frescas regidas por Ochún-Sekesé-Efígueremo [28], amante
predilecta del dios de la guerra y del trueno, le ofrezcan vivienda y constante amparo?

Wáya wáya naná[29] *kó ibéro.*
Naná kó ibéro.

EL PRIVILEGIO DE INTIMAR CON LAS AGUAS

Sin lugar a dudas, como muchas otras disposiciones subconscien-
tes en la obra de la autora, el quiénes se relacionan con las aguas en los
relatos de Lydia Cabrera tiene una profunda razón de ser, enraizada en
el subconsciente mítico universal, como presenciamos en los relatos
que han sido favorecidos por Cabrera para conllevar tal honor, y que
analizamos en esta segunda parte de nuestro estudio sobre las aguas.

Empezamos por decir que en alquimia las aguas son elemento primordial entre los cuatro elementos que forman la sustancia intrínseca
de nuestro universo –agua, fuego, tierra y aire–. Según la tradición her-
mética, del dios Nou, a quien se le considera sustancia protoacuática,
surgieron todos los dioses de la primera enéada; por su parte, para los
chinos, todo lo viviente procede de las aguas; para los Vedas, antes de las
aguas, el universo era un abismo sin luz; además, en la India a las aguas
se las tiene como elemento mantenedor de vida, el cual circula a su guisa "a través de toda la naturaleza en forma de lluvia, savia, leche, sangre"
(Cirlot 54) como mantenedor de la vida universal. En suma, en todas las
tradiciones las aguas tienen características universales, son ilimitadas e
inmortales, son el principio y el fin de todas las cosas. Por ende, es en
verdad un privilegio el que en ciertos relatos de Cabrera algunos humanos y animales –aparte de Jicotea y de ciertas divinidades específicas–
tengan una íntima y, por lo tanto, privilegiada relación con las aguas, ya
sean las del río, las de la laguna, o las del mar.

---

[28] Ochún, la que está en la desembocadura del río (*Anagó*, 281).
[29] Naná es un *orisha* que vive en el río. Traducción del pasaje: Con Naná no hay
que tenerle miedo a nada [en el río] (*Anagó*, 316).

Vale aquí decir que Soyán Dekín es la típica mulata cubana, tan llena de sensualidad como la misma diosa Ochún: "Soyán Dekín, mulata de Cuba, habanera, sabrosa; lavada de albahaca, para ahuyentar pesares" (129). No obstante, Soyán Dekín también tiene el gran defecto, por así decir, que caracteriza a la diosa del amor, de gustarle sonsacar a los hombres, volverles locos, con su belleza, con su olor. Los hombres, negros, blancos y mulatos, todos desfayecen ante su porte real; el mismo alcalde del lugar ha dado un bando el cual proclama que "en todo el mundo no [hay] mulata más linda que Soyán Dekín" (127). Se hace una fiesta en su honor y en ésta Soyán baila siempre con el alcalde, dejando de lado, sin darle la mínima importancia, a Billillo, el calesero, quien está enamorado de ella; Billillo arde de celos pensando que "si ella [es] linda, pretenciosa, resabiosa, él no [es] negro de pacotilla" (127). El no resiste que hora tras hora ella esté "con el blanco [el alcalde], paliqueando o de pareja [37]" (127).

Desgraciadamente, el odio llena el corazón de Billillo, quien, guiado por los demonios (128), va "donde el brujo de la Ceiba, que [vive] metido en la muerte y solo se ocu[pa] en obras malas" (128); vaya a saber qué es lo que pasa en la guarida del hechicero, o cabe mejor decir que nada bueno puede resultar de este encuentro. Entretanto, Soyán vuelve de la fiesta a su casa al amanecer y contrario a sus costumbres pe-

---

los *appatakis* (relatos) más conocidos sobre Ochún como esposa de Changó cuenta que "Ochún era una de las esposas principales de changó, rey de Oyó [en Africa]" (Cros Sandoval 197); en otro, "Ochún, hermosa mujer, gustaba de ir al *güemilere* (fiesta religiosa afrocubana) a bailar al ritmo de los tambores sagrados. Todos los mozos de la comarca estaban prendados de ella, quien los trataba con altanería. Un día en que Changó oficiaba como tamborero, llegó Ochún al *güemilere*. La joven se enamoró del gallardo tamborero que demostraba muy poco interés por ella. Más tarde, Changó llegó a enamorarse de Ochún y fueron una pareja de amantes perfectos. De estos amores ilícitos nacieron los Ybeyis, los mellizos sagrados" (Cros Sandoval 197). Ochún nació en las montañas entre manantiales; ella es un *orisha* (deidad) mayor, patrona de las aguas dulces, de las fuentes, de los ríos y de todas las dulzuras. Según Mercedes Cros Sandoval "cuando moza [a Ochún] le gustaba bailar junto a los manantiales completamente desnuda y con su hermoso cuerpo cubierto con el poderoso *oñí* (ámbar] afrodisíaco. El ambarino líquido hacía que sus carnes resplandecieran a la luz de la luna" (199). Sus innumerables adeptos la identifican con la Virgen de la Caridad del Cobre, patrona de Cuba.

[37] Hablando o bailando.

En *Cuentos negros de Cuba*, "Tatabisaco", "El limo del Almendares", "Suandende" y "El sapo guardiero" encierran los secretos de una relación mítica entre las aguas y algunos de los personajes. La misma relación ocurre en *¿Por qué...?* en los relatos "El chivo hiede" y "Las mujeres no podían parangonarse con las ranas". Por último, volvemos a encontrar este lazo íntimo en "La mujer de agua", "Amor funesto" y "Se va por el río" en la colección *Cuentos para adultos niños y retrasados mentales*.

El cuento "Tatabisaco" pertenece al grupo de relatos de imaginación en la obra de Cabrera [30], ya que el dios Tatabisaco no existe ni en las creencias ni en los mitos de ninguna de las culturas africanas, lo cual no implica el que este personaje pueda estar basado en un espíritu africano arquetípico que se le asemeje. Sin embargo, este dios amo de la laguna más bien parece tener sus fuentes en el surrealismo caucásico.

En el relato, el dios Tatabisaco es dueño de una laguna que se encuentra en las tierras donde una pobre mujer que no sabe hablar bien en lengua [31] viene a labrar su parcela, cargando siempre con su hijo a cuestas; laborar y estar al tanto de un niño recién nacido no es nada fácil y es por esa razón que la magia de las aguas comienza a funcionar en el cuento. Al niño lo asedian las moscas, los mosquitos, las hormigas y el viento, y aunque llora sin cesar la pobre madre nunca abandona su faena. No obstante, "el Amo Agua de la Laguna [tiene] compasión del hijo de aquella mujer" (117) y se ofrece para cuidarlo: "Moana [32] (...) dame tu hijo. Soy Tatabisaco, el Padre de la Laguna. Dámelo, lo cuidará Tatabisaco mientras trabajas. Cuando termines, llámame y subiré con él" (117-118).

No cabe duda de que Tatabisaco es la transfiguración de las aguas mismas, es su personificación, quizá para que la mujer pueda lidiar mejor con el milagro. Se nos dice que es muy viejo en apariencia, "el pecho de lodo negro, verdoso; sus barbas se [extienden] por toda la superficie del agua" (117); la laguna debe ser muy antigua. También leemos que "invisible, le [toma] de los brazos a la criatura; la mujer no [ve] nada. Nada más que la transparencia del agua sin color" (118); el entregar a su hijo es un verdadero acto de fe.

---

[30] Véase *El cosmos de Lydia Cabrera: Dioses, animales y hombres*, pp. 34-47.

[31] "Hablar en lengua" es hablar en yoruba. El que se nos diga que la mujer "no sabía hablar" (118) no implica forzosamente que sea analfabeta. Es posible que ella sea oriunda de otra región y no conozca bien la lengua del lugar y se sienta desubicada.

[32] En yoruba: mujer.

Un aciago día, la mujer quiere ofrendar un chivo a Tatabisaco, para agradecerle su generoso favor cotidiano de cuidar del pequeño, pero, porque habla muy mal, ella "no [sabe] ofrendárselo con palabras justas" (119). Por desgracia, el dios malinterpreta sus palabras y se enfurece ante lo que cree comprender; ella, mientras tanto, no se da cuenta de que la laguna se ha enfadado y no logra entender "el enojo del agua" (119).

Para entonces, todo el derredor de la laguna se ha sublevado contra la *moana*, el furor del dios de las aguas se refleja en la naturaleza: "los juncos de la orilla, extrañamente se [retuercen] –[silban]– y se [alargan] ondulando, transformados en negras culebras venenosas; las piedras [avanzan] solas, enormes cocodrilos con las fauces abiertas (...) [Hierve] la laguna negra, roja de sangre (...) Y la noche, torva, maléfica [sube] de la laguna. Una noche de fango y de sangre" (119).

Para mayor de los colmos, nadie en el pueblo entiende las palabras de la inocente mujer, y todos, incluso su propio marido, de quien sólo sabemos que es cazador, solo logran comprender que el niño se ha convertido en una cabeza de carnero y que su padre la está cocinando en una cazuela para comérsela. La mujer pega gritos de auxilio que nadie entiende, su confundido marido da alaridos también, el pueblo entero pide a gritos justicia contra el supuesto asesino de su propia carne. Para entonces, la situación es tal que sólo el adivino Babá puede esclarecer un asunto tan oscuro. De esta manera, el brujo, a través de su "prenda"[33] les asegura que el padre del niño es inocente. No obstante, Babá no dice nada acerca de la mujer, ni de la suerte de su hijito.

A todas éstas no podemos olvidar a Tatabisaco. Babá y los otros oyen "el ruido que hace lejos en la oscuridad un agua caudalosa, al desbordarse" (121). Gracias al Aire Chico, Babá se entera de las intenciones de Tatabisaco, el que "se dispone a inundar la tierra, a arrasar los sembrados (...) todos perecerán ahogados" (121). Por consiguiente, es hora de hacer *ebbó*[34]; Babá se dispone a hacerlo y ordena al Aire Grande que mientras tanto contenga las aguas y vaya aplacando al amo de las aguas, mientras él trata de que sus ofrendas sean bien recibidas por el dios.

El *ebbó* no resulta ser nada fácil; toma ofrecer doce chivos y doce cabras para desagraviar a Tatabisaco. Es la media noche, y un apaciguado

___
[33] El santo que se le monta al babalocha o hechichero.

[34] En yoruba, purificación.

Padre Agua reaparece "ante la tribu sobrecogida y muda (...) las barbas resplandecientes de plata viva, de peces despiertos; porque al mismo tiempo [brilla] la luna" (122).

Sin lugar a dudas, el mayor milagro está por acaecer en este escenario mágico; el hijo de la *moana* es devuelto a su madre vivo y sano de las aguas, dormido "en el hombro del Padre Agua (...) acunado en la noche grande, ya serena" (122). Este es ahora un niño privilegiado, que ha respirado bajo las aguas, día tras día, bajo la vigilancia de un dios, y el lector debe de sentirse impresionado como ante un ciudadano de la Atlántida. Su madre, no obstante, se muere de vergüenza, no se atreve a tocarlo, ni a levantar la cabeza. ¿Por qué se siente culpable la *moana*? ¿Por qué huye de aquel lugar para nunca más volver? Esto no se nos dice; sólo sabemos que el cazador se lleva a su hijito, dormido, a su hogar.

Y el lector no puede sino conjeturar si éste es un final bíblico, en el que una vez más Eva es desheredada del paraíso, aunque esta vez le toca, sin Adán, abandonarlo, avergonzada y sola, y en realidad sin haber caído en falta. O es que su verdadera falta es la de no saber expresarse bien, en lengua, y por ello desestabilizar la relación sagrada que se establece entre ella y el dios de la laguna, poniendo la armonía de la tribu en peligro por culpa de su incapacidad, por lo que debe pagar tomando la ruta del destierro.[35]

A continuación, entre los cuentos de Cabrera que son netamente afrocubanos, los que presentan personajes criollos, nacidos en la isla, quienes se asocian con la sociedad cubana de la colonia más que con las selvas del Africa ancestral, se encuentra "El limo del Almendares". En mismo, la relación que se efectúa entre el personaje principal, Soyán Dekín, y las aguas es de considerable envergadura, porque Soyán De parece ser la copia terrena de Ochún Yeyé Kari, diosa yoruba del a de los ríos y las aguas dulces[36], y por serlo provoca un conflicto que va a su muerte en las mismas aguas que le pertenecen a la diosa.

___
[35] El lector podrá tener una mejor comprensión de la necesidad del chivo torio o *pharmakos* en la mitología de las culturas primitivas al leer" 'Las mujere comiendan al árbol Dagame': ejemplo de *texto de persecución* girardiano" en las que siguen a continuación de este capítulo.

[36] Ochún es reconocida como diosa del amor, la Afrodita afrocubana, p amores lícitos e ilícitos y protectora de las gestantes y las parturientas. En Cub ne como la amante por excelencia de Changó, de quien ya sabemos es su tí

rezosas no se va a dormir sino que se siente obligada a ir a lavar ropa al río. Su madre, extrañada, no cree lo que acaba de oír, pero Soyán, "como si alguien invisible se lo ordenara susurrándole al oído" (128) le dice de nuevo a su madre que "hoy" (128) tiene que ir al río a lavar.

Como hemos podido preveer, las aguas del río Almendares, en este dramático relato, son el instrumento de la venganza de Billillo y del *bilongo*[38] del brujo de la Ceiba. Por otra parte, estamos conscientes de que la historia ocurre en la capital de la isla porque el río Almendares vierte sus aguas en la bahía de La Habana; sin embargo, lo explícito de la geografía no empaña el nivel mítico subliminal de la trama, sino que más bien lo acentúa y lo actualiza, como vemos acto seguido.

Al llegar a su destino, Soyán Dekín desata el lío de ropa "donde el río se [hace] arroyo y el agua se [hace] niña" (129), y allí se pone de rodillas a lavar. Se nos dice que poco a poco Soyán se siente prisionera, "aislada en un cerco mágico" (129), y a una cierta distancia, metido en el agua, está Billillo, con su rifle, como ausente, con "los ojos fijos desprendidos y vidriosos de un cadáver (...) [cargando] el fusil y [disparando] en todas direcciones" (129). Los dos jóvenes, indiscutiblemente, son presas del *bilongo* del brujo de la Ceiba.

Soyán se da cuenta de que no puede mover los pies porque una piedra los retiene, mientras el agua que hasta ahora ha corrido limpia y clara, en infantil juego, se convierte en un torrente "grande, profun[do] y secre[to]" (129). Desde ese instante, las aguas comienzan a hundir lentamente a la bella joven, como para hacer más doloroso su castigo. Desesperada, ella llama a Billillo y le habla de su amor por él, pidiéndole que no permita que su belleza se extinga en estas aguas para siempre; el embrujado calesero permanece inmutable. Por fin, Soyán llama a gritos a su madre, quien, a lo lejos, percibe el peligro en que se halla su hija y corre a su encuentro.

Mientras tanto, Soyán suplica ayuda a Billillo una última vez, porque su cabeza es lo único que ahora se ve de ella: "¡Ay, Billillo, esto es *bilongo*! Negritillo, adiós... Y yo que te quería" (131). Como por encanto, Billillo despierta de repente de su trance, al oír estas palabras, pero es demasiado tarde; el amor no vence sobre el maleficio. El pobre enamorado sólo ve, al despertarse de su letargo, "su cabellera [que flota] in-

---

[38] En yoruba: maleficio.

mensa en el agua verde, sombría" (131). Sin tardar, Billillo tira del pelo de Soyán Dekín, con toda su fuerza, pero es imposible, su amada se hunde por completo en el río.

Las gentes dicen que hoy por hoy se puede ver "en los sitios donde es más limpio y más profundo el río (...) una mulata bellísima (...) en la pupila verde del agua" (131); ésta se pasea por las noches en la superficie de las aguas, lejos de la orilla, en la cual se ve llorar a un negro. Y todos aseguran que el limo del Almendares es el pelo de Soyán Dekín.

Sin embargo, la verdadera implicación mítica de este triste final es la tenue, pero perceptible, analogía que nos presenta el relato entre Billillo, el calesero, y Changó el dios del trueno y de la guerra.[39] Soyán Dekín, al repudiar a Billillo, tan hermoso, agresivo y celoso como Changó, cargado de su fusil, como ostentanto su mítica unión con el dios de la guerra, está repudiando a Changó. Ochún es la pareja por ex-

---

[39] Changó es, en Africa como en Cuba, el dios del trueno, del fuego, de la guerra, de la danza, de la música y de los tambores. Según Mercedes Cros Saldoval "es guarachero, jactansioso y violento. Es, además, el representante más logrado de la belleza masculina. Es un mujeriego impenitente, un aventurero incansable, dios de la libertad, adivino por excelencia y guerrero victorioso en todas las batallas" (184-185). En algunos *appatakis* Changó aparece como hijo de Obatalá el creador, *orisha* andrógino y de Aganyú Solá, dios del río, y que al ser echado de su hogar en la montaña alta por castigo de su madre Obatalá, cayó desde lo alto en el delantal de Yemayá, quien desde entonces se convirtió en la madrastra de Changó. En otros *appatakis* Changó es hijo de Aggayú con Yemayá, pero Yemayá no lo quiso y lo abandonó; Obatalá entonces lo recogió y lo crió. Como he dicho en un capítulo anterior, sus amantes son innumerables, pero sus *mujeres* propias son Oyá, diosa de la centella, del remolino y de las tormentas, Obbá Yurú -la principal en Cuba-, diosa de los lagos y las lagunas, y Ochún, la diosa de los ríos quien es también su tía por ser la hermana menor de Yemayá. No sólo se le adjudica a Changó el cometer incesto con Ochún, también varios *appatakis* comentan, de una forma obstinadamente velada, el que haya cometido incesto con su madre Yemayá, como hemos visto en la nota 10; sin embargo, la mayoría de los *appatakis* lo niegan, infiriendo que fue su hermano Oggún, segundo dios de la guerra y de los hierros, quien lo hizo y que desde entonces Changó le hace la guerra y clama venganza. La circunstancia que marcó para siempre la enemistad entre ambos hermanos fue cuando Changó, siempre en son de venganza, le robó a Oggún su esposa Oyá, para hacerla suya; desde entonces son enemigos irreconciliables. Es de notarse que las tres esposas de Changó, Oyá, Obbá Yurú y Ochún, son divinidades fluviales africanas; sin embargo, en Cuba sólo Ochún ha guardado estos atributos "asumiendo el patronato, no sólo de un río particular como en Africa, sino de todas las aguas dulces, ríos, manantiales y fuentes" (Cros Sandoval 187)

celencia del dios, es lógico argüir que su representación terrena no deba darse el lujo de rechazar los avances que el dios le hace a través del personaje de Billillo.

En resumen, tal y como con Romeo y Julieta, Tristán e Isolda y Lanzarote y Ginebra, el cuento termina trágicamente para estos hermosos jóvenes en la edad de las ilusiones y los flirteos. A través de la historia, de la literatura y de la mitología tradicionales una que otra vez hemos sido testigos de amores imposibles, de amores castigados; no debe, entonces, extrañarnos que una vez más suceda, en el contexto de lo afrocubano. Soyán/Ochún quizá nunca debió jugarle sucio a Billillo /Changó; hoy día el Almendares no tendría limo.

El siguiente relato, "Suandénde", es una joyita fabulosa de la temática sexual africana. Cabe aquí decir que para mejor apreciar esta temática el lector debe primero aceptar el hecho de que las culturas africanas expresan su sexualidad de una forma muy franca; o sea, la sexualidad africana no es inhibida, característica por excelencia de las culturas indoeuropeas, y ninguna de las creencias ancestrales africanas se basan en mitos como el del pecado original. Sin embargo, lo anterior no debiera sorprendernos ya que en algunas civilizaciones, como la helénica, la africana y la hindú, entre otras, los dioses poseen una dualidad ético-religiosa, siendo buenos o malos, libidinosos o puros, frígidos o eróticos, según sea su conveniencia y el escenario mitológico en el cual juegan un rol determinado.

Lydia Cabrera no aborda frecuentemente la temática sexual africana, y siempre que lo hace es en forma jocosa, divertida, con sátira, como sucede en el relato que analizamos y también en "El mono perdió el fruto de su trabajo", en ¿Por qué...? y en "Los compadres", en Cuentos negros de Cuba. No obstante, en "Suandénde", bajo el encanto de la musicalidad poética de un encuentro adúltero, somos partícipes de un hermoso y erótico encuentro sexual, que tiene lugar en el río, el cual nos complace solamente si lo leemos desde una perspectiva afra, a la vez que apreciamos la armonía sensorial que se establece entre la musicalidad de los estribillos yoruba-hispánicos y la sensualidad del encuentro amoroso.

La acción pasa en el río, en "un día de verano, de fuego blanco el cielo, la mujer [va] sola al río" (132). Allí, en las aguas de este río, se va a refrescar la joven, de quien sólo sabemos es la esposa de un hombre muy celoso que se la ha llevado al monte porque en su corazón "[tiene] un pulpo" (132) de tanto celo escondido. A lo lejos, Suandénde, un tímido tinajero, la observa bañarse, "ocul[ta] la cara entre las manos [mirándola] por las juntas de dos dedos" (132). Ella también lo ve y, tal como Ochún lo haría, sale del agua desnuda, sin recato ni inocencia, y se le acerca al hombre.

El encuentro está descrito de forma magistral, con la complicidad que siempre ofrece el río, el cual ama los bellos cuerpos núbiles, como hemos visto en relatos anteriores; es en el río que la joven "[hace] brillar sus joyas de agua (...) [y va] a su encuentro [con el hombre] con la misma suavidad que [lleva] la corriente" (133). El hombre, a su vez, rítmicamente, le pide toda suerte de permisos: "¿se pué pasá? (...) ¿se pué mirá? (...) ¿y me púo acecá? (...) ¿se pué tocá? (...) ¿si se pué besá? (...) ¿se pué abrazá?" A todas sus súplicas ella responde afirmativamente con un "¡Ay, yáyabómbo, ayáyabón! (...) Uté sí pué..." (134). El, entonces, la esconde en unas cañas bravas que crecen en el río, "y el agua casta..." (134) es testigo de su pasión.

Sin embargo, Cabrera no puede mantener el tono erótico sin entrometer, aquí y allá, su sátira jocosa, que por supuesto calma la tensión sexual a la cual el lector es sometido desde el comienzo del relato. La mujer que no quiere hacer el amor con su marido le miente diciéndole que está enferma; éste la lleva al río porque ella le asegura que "el baño [es] bueno para aquellos males" (134). Luego, mientras su mujer se desnuda y entra al agua, el marido se llena de deseos, y la comienza a ostigar para que hagan el amor allí mismo. Cabrera inmediatamente suaviza la tensión del momento con un secreto que la joven le dice a su esposo, al oído:

(él) - "¿Aquí en el río?"
(ella) - "Ayer (...) ¡se me cayó!"
(él) - "¡Ay! ¿cómo fue? ¿cosa díce de mi mujé, se pedé? (...) doblándose de pena le pregun[ta] al agua" (135)

Desesperadamente, el hombre se pone a buscar lo que se le ha perdido a su mujer. Con él, el lector busca entre los guijarros del río, entre las cortezas, en el limo y en las hojas que acarician las aguas; pero el hombre, totalmente enfrascado en su tribulación, se va alejando, mientras con su paso "entur[bia] el agua" (135). Suandénde que ha estado escondido entre las cañas bravas "[sale] de su escondite y [rodea] la cintura de la mujer" (135), la saca del río, y del monte, y se la lleva al pueblo, haciendo del pobre marido el hazmerreír de todos..., él "que quiso ser [con ella] como la yedra" (136).[40]

Muchos dirán que el río ha tenido una conducta inmoral e impropia al ayudar a los amantes adúlteros, escondiéndolos de la vista del marido celoso; "es triste" (136), pero indiscutiblemente son cosas que a veces pasan en sus aguas.

En cuanto al siguiente relato, "El sapo guardiero", aunque nos damos cuenta de la africanía del mismo por el frecuente uso del yoruba en la narración, éste también tiene, como sucede con otros cuentos de la autora, una profunda afinidad con la temática de los cuentos de hadas tradicionales, lo cual se refleja en los elementos estilísticos y en la sintaxis poética y erudita, todo lo cual tiene su cúspide en un bellísimo final de leyenda. Por supuesto, Lydia Cabrera ha transfigurado la narración, haciendo arte de lo que empezó siendo una fábula oral africana.

El cuento habla de dos hermanos gemelos, lo que de una vez trae a colación a los santos *ibeye* de la mitología yoruba. Los gemelos se han perdido en "el bosque negro de la bruja mala", por culpa de "un senderito avieso [que] les [sale] al encuentro..., con engaños" (171). Allí en el bosque siniestro se halla un sapo[41], durmiendo "en su charca de agua muerta[42], muerta de muchos siglos, sin sospechar la luz" (171).

---

[40] Cabrera, al escribir estas palabras, quizá pensó en una vieja canción que dice: "estoy ligado a tí más fuerte que la hiedra (...) jamás la hiedra y la pared pudieron separarse jamás (...) igual, tus ojos de mis ojos no pueden separarse jamás. Por doquiera que tú estés mi voz escucharás, llamándote con ansiedad; más fuerte que el dolor se aferra nuestro amor, como la hiedra".

[41] El sapo, en la mitología tradicional representa el aspecto inverso e infernal de la rana, poseyendo su mismo significado simbólico pero en forma negativa. Por lo tanto, si la rana es considerada como elemento de transición entre la tierra y las aguas, y en su carácter de anfibio se encuentra en relación con la fecundidad natural y con la idea de creación y resurrección, entonces el sapo es su antítesis. Para los africanos, el simbolismo no es nada divergente; al sapo se le cree malo y venenoso, aunque es respetado porque está emparentado con Yemayá, como la rana lo está con Obatalá y la misma Yemayá y actúa como elemento espiritual en la *nganga* del mayombero.

[42] El simbolismo tradicional de las aguas conlleva la idea de circulación, cauce, camino irreversible; un río posee el poder de regar progresivamente, *at infinitum*, la tierra, ayudando con su fluir a la vida terrestre. El carácter transcurrente del agua se in-

Los niños, sabiéndose perdidos, lloran y tienen miedo; el sapo, al verlos siente pena por los gemelos, se apiada de ellos y los recoge en su pecho. Ellos se abrazan al sapo frío, que "nunca [ha] oído (...) llorar a un niño" (171) y el sapo queda estático, paralizado por el sentimiento que este abrazo le produce, mientras sus venas, como un cauce de agua, fluyen, en medio de la inercia de su propio *habitat*, el charco, y del paraje en que se encuentra, "intrincado (...) siniestro (...) sin estrellas (...) sin voz (...) ni música de pájaros ni dulzura de rama" (171). El sapo es guardián de este escenario infernal, can cerbero protector de la entrada al *Hades* de la bruja Sampunga; no obstante, su encuentro con los gemelos va a tener consecuencias inesperadas.

Mientras tanto, el bosque espía al sapo guardiero, porque, sin lugar a dudas, la bruja mala quiere apoderarse de los niños, y ella, tal y como lo hiciera la bruja de Blancanieves, sigue los pasos del sapo "por un espejo roto" (173). Sólo algo se le escapa a Sampunga; ella no se ha dado cuenta de que por primera y única vez el sapo ha experimentado amar. El batracio ha conocido el amor, la fidelidad, en el calor de los mellizos, y esta nueva plenitud que lo embarga va a llevarlo al sacrificio.

Para salvar a los mellizos, el sapo se los traga[43], y huye con ellos hacia un extremo del bosque. Mientras, "al otro extremo de la noche" (172), Sampunga hace hechicerías sin fin en su cazuela bruja para atraer al sapo y los muchachos, sin resultado alguno. Por fin, impaciente, la bruja encara al sapo a través de la distancia diciéndole: "Dame lo que es mío" (173). El sapo, nuevo guardián de los mellizos, ni contesta ni se inmuta, y ella le da un saco lleno de peñascos inmensos para que se los lleve "a ninguna parte" (173), creyendo castigarlo con ello. Mágicamente, el sapo carga con el saco a cuestas sin esfuerzo alguno y se va con él, quien sabe a donde, bajo la mirada omnipresente de la bruja, en el espejo roto.

Se va lejos el sapo, y allá en la distancia se saca del vientre a los ge-

___

vierte cuando nos encontramos con las aguas estancadas de una charca de agua muerta (171), de fango (174). Gaston Bachelard nos dice que las aguas según su estado expresan "el grado de tensión, el carácter y aspecto con que la agonía acuática se reviste" (Ollivier 55). Evidentemente un charco fangoso pertenece al nivel de las "aguas interiores", que no rotan, ni corren, ni establecen una ligazón con el proceso de la vida natural del universo.

[43] Como la bíblica ballena que se traga a Jonás.

melos. Un acto bíblico toma lugar cuando el guardían del bosque "[dice] la palabra incorruptible, olvidada, perdida, más vieja que la tristeza del mundo, y la palabra se [hace] luz de amanecer" (174). De esta manera, los niños regresan salvos al mundo de la luz, a su pueblo, "cantando y riendo por el camino blanco" (174) que la sabiduría olvidada del sapo les ha proporcionado; y en la entrada del lúgubre bosque se queda el sapo, transfigurado de amor, listo para recibir el castigo de su desobediencia.

Sampunga está que arde de rabia; "¡Traidor!" (174) le grita a su antiguo cerbero. Pero de nada le sirve, el sapo nada siente que no sea amor, y "traspasado de suavidad, sueña en su charca de fango con el agua más pura" (174).

Por supuesto, la bruja tiene intenciones de matarlo, pero ya el sapo ha arreglado su destino, pasando mentalmente de las aguas inferiores que son su charca a un agua más pura, a "aquella agua clara, infinita" (174) y superior del espíritu; en ella se ha dormido y ha muerto dulcemente. Sentimos, además, que el sapo muere feliz, porque ha aprendido a amar, y es gracias al amor que él es capaz de devolver a los mellizos perdidos al camino de la luz. No obstante, transformado, él también asciende cósmicamente, de su fétida y fangosa charca a las claras aguas de la eternidad.

Por su parte, la malvada bruja Sampunga recibe el peor de los castigos, porque su maldad se estrella contra la magnitud de la bondad y el amor.

Pasando ahora al volumen *¿Por qué...?*, nos encontramos, como hemos mencionado anteriormente, con el cuento "El chivo hiede" en el cual la temática de las aguas se encuentra superpuesta por la irreverente relación que se establece entre el chivo Aukó, compinche del diablo, y la diosa de los ríos, del amor y de todas las cosas dulces, Ochún-Yeyé-Karí. Por otra parte, este relato es representativo del bestiario literario en las tradiciones africanas; en muchos relatos y fábulas africanos, en su mayoría de tradición oral, los animales intiman con los humanos y aún con los dioses, demostrando nuevamente cómo el hombre –primitivo o no– siempre ha sentido la necesidad de creer en una Edad de Oro en la que los animales hablan, época anterior al intelecto en la que las fuerzas ciegas de la naturaleza ostentan condiciones extraordinarias y sublimes. El análisis que hacemos de este cuento se concentra principalmente, como es de esperarse, en la temática de las aguas, en este caso teniendo que ver, en primer lugar, con la relación que existe entre las aguas y la diosa Ochún, lo cual deja un poco de lado el conflicto que se establece entre el chivo Aukó y la diosa; no obstante, la finalidad de nuestro estudio es poner de relieve la perspectiva divina del merecido castigo de Aukó, la cual se entiende a la perfección una vez que comprendemos la poderosa personalidad de Ochún y el poder y la admiración que este *orisha* tiene entre sus adeptos. Este relato pone todos estos datos a nuestra disposición.

Las primeras líneas del cuento establecen la relación entre Ochún y las aguas: "Aquel día, más bella que nunca, Ochún-Yeyé-Karí [44] [sale] del río" (44), el elemento que ella rige. Más adelante se nos habla de su relación con su hermana mayor, la diosa del mar, Yemayá [45] "quien la mima y la quiere al extremo de criar los hijos que la diosa –siempre de juerga en juerga, de amor en amor– da a luz, más no amamanta ni atiende; su hermana Yemayá (...) es inmensamente rica y le [ha dado] los ríos, las perlas, el oro y el coral, que la voluptuosa [diosa] derrocha en sus lujos y caprichos" (46).

El relato sigue hablando de Ochún, de su belleza y de su irresistible poder de atracción, ella tiene a todos los demás *orishas* en su mano; "A Yemayá (...) la acaricia tiernamente, a Changó, el fuego, que vive enamorado de ella, a Oggún, Ochosí, a Elegguá, a Oyá [los saluda complacida]; ante Obatalá se inclina respetuosa" (47), y al llegar al *bembé* [46] se abraza con todos sus adeptos que han venido a rendirle adoración y a "pedirle su *aché*" [47] (47).

---

[44] Recordemos que en este avatar la diosa es alegre, fiestera, coqueta, libidinosa, dispuesta a bailar en el *güemilere* que se le invite.

[45] Recordemos que aunque Yemayá es la diosa de las aguas saladas y también de las aguas dulces en Africa, en Cuba Yemayá es reconocida como la diosa de los mares solamente y es una de las divinidades más poderosas del panteón afrocubano. Por ser dueña de los mares y poseer una piel de ébano su sincretismo con la Virgen de Regla es de gran acierto. Además, a Yemayá, por ser *orisha* mayor, se le considera como "madre de la vida", madre de todos los *orishas*; ella es la personificación de la maternidad fecunda, quien, sin la intervención del principio masculino, o de otro elemento creador, engendra

[46] Fiesta con baile y tambores en honor de los *orishas*.

[47] Gracia, don, poder, virtud mágica, fuerza cósmica en movimiento, fuerza espiritual *orisha*.

Inmediatamente, el relato cuenta su intrínseca relación con las aguas, nadie mejor que Lydia Cabrera ha sabido expresarla:

"Ella es el río; *Omí Obiní*, mujer de agua, es la Señora del Agua dulce, que fertiliza la tierra y baila como el río dispensador de vida. Se desliza, fluye entre juncos, entre márgenes de torsos que se mecen transportados al ritmo de la onda milagrosa; y sus brazos lustrosos y sus caderas sabias ondulan rápidas como el agua. Se riza de espuma ligera su cola larga vuelera; el agua alegre rompe, bulle, regolfa en sus enaguas almidonadas. Serpea todo su cuerpo de manantiales y corrientes.Dioses y mortales, traspasados por la frescura de la diáfana corriente, se bañan, brancean, juegan o reman en barcas imaginarias. Lavan toda miseria en la luz del agua ilusoria y, cantando y bailando en raudales, sus cuerpos flexibles, líquidos, son los meandros del río inefable que mana de cada miembro, de cada gesto de Ochún, que los convierte en agua viva y rumorosa" (48)

Ochún es *Omí Obiní*, mujer de agua, diosa del río, nacida entre manatiales; las aguas dulces, las fuentes, los ríos, todos le pertenecen, su hermana Yemayá se los regaló.

Luego el cuento rememora los amores de Ochún con Oggún, el segundo dios de la guerra y hermano del dios Changó, amante favorito de la diosa, para luego narrar como bailan juntos, Ochún y Oggún, esa noche en el *güemilere*, mientras la alegría de la diosa se les mete a todos dentro, haciéndoles sentirse bellos como ella. Pero, por fin llega el momento de despedirse, "llega el momento en que la diosa de la felicidad [debe volver] a su río" (50).

Ochún los besa a todos, se despide con cariño de sus adeptos; "unos, los más sabios, le piden salud; otros, los que van a la flor de la vida, suerte en amores; y ella reparte oro, salud, amores" (50). Y he aquí el momento en que la segunda trama del relato comienza. Allí, en la fiesta, se encuentra Aukó, "compinche del diablo, del Echú Alaguana, el que extravía a sus víctimas y las lleva a morir solitarias en la sabana, y cuyas intenciones son siempre tenebrosas" (50-51) y viles. Aukó, no puede contenerse cuando la diosa del amor pasa por su lado; la huele, aspirando lascivo su perturbador perfume, y entonces codicia con todo su ser "el poder de seducción de Ochún-Yeyé-Karí" (51).

Indiscutiblemente, el presuntuoso chivo le pide a Ochún que le de su olor, su "perfume para enamorar" (51). Ochún, sin hacerle ver su enfado y su ira de diosa, desaparece tras un matorral y vuelve trayendo consigo una tinajita y le dice: "¡Toma!, aquí está mi ungüento, mi *aché*, mi perfume, mi frescura" (51); y sin dejar que Aukó hable, se marcha del *güemilere* antes de que su furia se desate contra el iluso animal.

El chivo, sin tiempo que perder, se embadurna del ungüento de la diosa; él sólo huele flores, canela, delicias, mientras se frota las patillas, el cuello, el lomo, las patas. Sin embargo, el engañado Aukó empieza a apestar a berrenchín al cabo de la operación.

De esta manera la diosa del amor, de todo lo dulce y de las aguas de los ríos, castiga al chivo Aukó y lo condena a oler mal por siempre y vivir despreciado de todos, maldito y abandonado, purgando así su insulto a la Afrodita negra. Mejor le hubiera valido adorarla como un *omó*[48].

¡Ifagwón, si areureun Odda
Iyami Laburi Bodyare
Abere Oriyeo Yalodde![49]

Mucho podemos decir del próximo cuento, corto, de sintaxis altamente poética, lo cual no impide que su mundana trama nos divierta de sobremanera. En "Las mujeres no podían parangonarse con las ranas" es por culpa de las aguas de una laguna que las ranas, según dice la fábula, pierden sus traseros. El relato atesta que "las ranas [aman] el agua y [por esto] un día cambió la enojosa situación de las mujeres en el mundo" (139).

Leemos que dado a cierto reclamo de la naturaleza las ranas, durante la estación lluviosa, sienten la necesidad de ir a hundirse en las aguas de alguna laguna. También nos enteramos de que las ranas del cuento no logran sumergirse bien porque sus traseros les pesan y entonces "los [dejan] abandonados en la orilla para brincar en el agua, lisas, delgadas, ligeras" (139). En el *interim* y sin pensarlo dos veces, las mujeres se los roban, porque según Cabrera "sin nalgas no eran nadie las mujeres. Los respetos, las deferencias, los honores, eran todos para las ranas" (138).

Sin embargo, después de un, a decir verdad, embarazoso período,

---

[48] Hijo(a) de *orisha*, iniciado.
[49] Oh madre, protégenos, cuídanos, danos tu *aché*.

las ranas logran aceptar su destino y deciden esconderse del vulgo, alejándose "a saltos –con una elasticidad que no [saben] envidiarles las mujeres– [refugiándose] en parajes de sombra y frescura, solitarios, seguros (...) entre las hierbas mojadas de una fuente [y] hacer sus juegos acrobáticos en las cuerdas de agua temblorosa; ganar por los brandales de una lluvia leve los veleros de las nubes, navegar los cielos, y de regreso, saltando líquidas sobre la tierra, celebrar sus grandes fiestas nocturnas y musicales donde lucen los diamantes que sólo tienen las fuentes para las ranas" (139).

En fin de cuentas, si alguna culpa han tenido las aguas, al final quedan reivindicadas porque es gracias a ellas que las ranas felizmente descubren la agilidad y la libertad que les proporcionan sus nuevos alisados cuerpos.

Por su parte, "La mujer de agua", en *Cuentos para adultos niños y retrasados mentales*, nos deslumbra con su lenguaje poético y, a su vez, nos hechiza como lo hacen todos los cuentos de esta colección, los que, por una razón muy íntima del genio alado de su autora, son un muestrario fascinador de "cortejos de media noche, cocheros misteriosos de las lechuzas, niños que viven como flores, morbosas brujas inventoras de suplicios, casas abandonadas, necrologías fantasiosas y criticonas; páginas salpicadas de chistes, cuentos inconclusos y sonrisas sabihondas"[50].

El cuento comienza con dos líneas un tanto incomprensibles para el lector que no lo ha leído, las cuales se convierten, en retrospecto, en profesía, una vez que llegamos al final del relato. Estas líneas misteriosas hablan de las aguas, como augurando un sueño muy profundo o la misma muerte: "Estar bajo el agua tersa, tranquila, dormir sin despertar, soñar en lo más hondo" (33).

De inmediato, en el segundo párrafo, la trama empieza a desarrollarse. Sucede que un buen día, Sense, el protagonista del relato, por pescar en una laguna, activa una relación con las aguas la cual no da sus frutos hasta años más tarde, cuando él menos se lo piensa. Sense arroja su anzuelo y un pez muerde; y el pez, al verse en seco al fondo de la canoa del pescador comienza a gritar "¡Madre agua que me ahogo (...) ¡Madre agua que me muero!" (33), mientras una voz que sale de la lagu-

---

[50] Prólogo de Esperanza Figueroa, *Cuentos para adultos niños y retrasados mentales*, p. 19.

na le hace eco diciendo "Algún día nos veremos" (33). Sense, no sabemos porqué, devuelve el pez al agua y ésta, no el pez, le contesta "Gracias" (33) como un susurro en el silencio.

Por supuesto, el principio del relato nos trae a la memoria a Tanse o *Ekue*, pez divino que junto con la joven Sikán da origen al culto Abakuá; los adeptos dicen que hace varios siglos había un espíritu poderoso que "andaba metido en un pez y nadaba por el río sagrado del Calabar"[51].

Sense ama en silencio a una linda muchacha llamada Moba; un día, un hombre poderoso que la codicia se la lleva, antes de que el tímido de Sense pueda declararle su amor. Dolido, Sense se encierra más y más en su soledad, pero nunca olvida a Moba.

Pasan algunos años y Sense, paseando, vuelve a la laguna en la que él devolvió una vez un pez al agua, y allí se queda dormido "mientras la tarde se [extingue] en la honda paz de sus aguas" (34). Esa noche ocurre un milagro; una vez más las aguas vienen a la ayuda de un mortal. De la laguna sale Nifé, "nacida del perfume de la noche, del sueño del agua, del aire extasiado, de aquella dulzura inmensa que [desciende] del cielo florecido de estrellas" y reclina "su cabeza oscura y húmeda" (34) sobre el pecho del hombre, y lo hace feliz.

Nifé es el nuevo amor de Sense, un amor tan grande como el que una vez sintió por Moba. Sense se la lleva del pueblo, al monte, para no exponer su amor a la envidia. Nadie le echa de menos, pues para todos él no es más que un pobre diablo; sin embargo, "desgraciadamente alguien le [ve] acompañado de una mujer que [parece] una diosa" (35) y desde ese momento no hay más paz para los enamorados.

Por fin un día, un hombre, el más robusto del pueblo, se apodera de Nifé y empieza a abrazarla, pero "al estrecharla, el cuerpo divino de aquella mujer... ¡[se vuelve] agua!" (35). A todos les pasa igual, "un chorro de agua [cierran] en sus brazos. Un charco de agua [queda] en el suelo" (35).

---

[51] Lydia Cabrera, *La lengua sagrada de los ñáñigos*, p. 495. Cabe decir que "Sikán es la primera protagonista del drama Abakuá" (483), la que se encuentra al espíritu que veneran los Abakuá materializado en un pez. Ella es víctima propiciatoria que se sacrifica para que el *Ekue* viva; hoy día, un gallo toma el lugar de Sikán para conmemorar ese primer sacrificio: "Sikán es la madre mística de los Abanekues. Sin Sikán no hubiera habido *Ekue*" (484).

Ahora vemos el resultado de lo que pasó aquel lejano día, hace años, en la laguna. La laguna agradecida le ha dado parte de sus aguas, en forma de mujer, al bueno de Sense. El amor de Sense, no obstante, peligra ahora, y Nifé, el agua, al darse cuenta, se lo lleva con ella al fondo de la laguna "bajo el agua tersa, en lo más hondo, y allí se aman, allí duermen y sueñan sin despertar" (35). Exactamente igual que a Fendindé Bomba y a su familia[52], las aguas, ésta vez las de una laguna, le ofrecen a un ser humano bueno, refugio y morada, para siempre. No debe de extrañarnos que a los que les sucede este tipo de aventura no teman retornar al seno del principio femenino, ya que volver a las aguas, en mitología, es retornar a la madre[53]. No olvidemos que de las aguas y del inconsciente universal surge todo lo viviente, como surgir de la madre.

Siguiendo en la vena de las aguas preformales, en el mismo libro que el cuento anterior se encuentra un relato de inspiración clásica, el cual narra las consecuencias de cuando se ama a una sirena junto al mar. Cabe aquí decir que aunque el escenario pudiera formar parte de las costas africanas, en este relato nos apartamos por completo de la mitología africana, con lo cual se nos ofrece el reto de la comparación entre mitologías.

La primera línea de "Amor funesto" da la información más pertinente sobre el protagonista, él "[es] de tierra adentro y no [conoce] el mar" (175), y nunca se nos dice su nombre. Sin embargo, cuando llega junto al mar conoce "el peligroso amor" (175) de una sirena[54] que tiene

---

[52] "En el río enamorado", *Ayapá: Cuentos de Jicotea*, pp. 217-235.

[53] La inmersión en las aguas significa el retorno a lo preformal, con su doble sentido de muerte y disolución, pero también de renacimiento y circulación ya que la inmersión multiplica el potencial de la vida.

[54] Desde la antigüedad helénica el mito de las sirenas es uno de los más persistentes a través de todas las culturas marineras. La leyenda atribuye a estas criaturas, mitad mujer mitad pez, el don de un canto dulcísimo con el cual atraen a los que se aproximan para devorarlos. Las sirenas tienen varios simbolismos, pero uno de las más arraigados es el del deseo "en su aspecto más doloroso, que lleva a la autodestrucción, pues su cuerpo anormal no puede satisfacer los anhelos que su canto y su belleza de rostro y busto despiertan" (Cirlot 415). Ellas simbolizan también las tentaciones en el camino de la vida y que impiden la evolución del espíritu. Las sirenas "encantan", detienen al hombre en su isla o playa mágica, y/o lo llevan a la muerte prematura, como sucede con el protagonista de nuestro relato.

un huerto en una playa solitaria. Inmediatamente recordamos a Ulises, de Homero, sus amores con Circe y su lucha y la de sus hombres para no escuchar el canto de las sirenas que los llevaría a la perdición. Al despertar a la triste realidad del retorno a su pueblo, en el valle, el hombre ya no es el mismo, sus pupilas negras han cambiado de color, ahora son azules, su pensamiento no está en tierra firme, su aliento exhala un fétido olor a pescado, además de que un insoportable hedor a pescado descompuesto siempre le precede. Baste decir que ni su mujer, ni sus hijos, ni sus amigos, nadie puede aproximarse sin que le den náuseas. Entonces, entre todos, después de pensar en matarlo, deciden desterrarlo.

No obstante, el hombre encantado sólo piensa en el mar, volver al mar; así que, sin que nadie tenga que echarlo, sintiéndose solo y abandonado de todos, "[resuelve] alegremente tornar al huerto de la sirena" (176). El hombre llega a la playa a media noche, "el mar, negro, [está] en calma" (176); sin embargo, el recibimiento que el mar, acto seguido, le da al hechizado es controversial, contrario a lo que se espera. El viento se levanta y le hace cosquillas al hombre, y el mar "se [ríe] a espumarajos blancos como la nieve" (176). ¿Por qué no viene a su encuentro la sirena? ¿Desde qué oculto lugar lo observa? ¿Por qué los elementos se enervan en son de burla? Por supuesto, la naturaleza está al tanto del secreto de la sirena; el hombre ha regresado y el lector presiente su horrible destino: la sirena lo ahogará en el mar, como siempre han hecho las sirenas.

Sin lugar a dudas, cuando de nuevo "el hombre [penetra] en el huerto de la sirena" (176), el lector comprende que este huerto es sólo producto de su imaginación, o es más probable que sea una ilusión creada por la criatura marina para mejor atraerlo a su trampa. El espejismo que le ofrece el oasis del huerto desaparece debajo de sus pies para que su cuerpo pueda ser tragado por las ahora violentas aguas del mar.

Eduardo Cirlot ve a la sirena como habitante y por lo tanto parte del abismo inferior que es el mar, la cola doble expresa la dualidad conflictiva del mundo del inconsciente enraizada en el seno marítimo. El huerto, por su parte, no tiene cabida en el mundo del inconsciente, ya que simbólicamente éste representa, como el jardín, lo ordenado, lo sometido, lo seleccionado (la conciencia) *versus* lo selvático, lo indómito, lo caótico (el inconsciente); "como la isla ante el océano" dice Cirlot (258).

De esta manera, perece el hombre que vino del valle y amó a una sirena; a la mañana siguiente, el mar ha vuelto a su extraña calma, "a la salida del sol las olas que [cantan] adormeciendo" –como si fuesen la voz de la sirena que una vez más llama a los incautos– "ya [han] arrastrado su cadáver a la playa desierta" (176). Se siente tristeza al final del cuento; en la mitología helénica, por el contrario a la africana, la caída al océano, el retorno a éste, es un volver a las aguas inferiores, preformales, de formas nacientes, o sea al inconsciente cósmico, sin la esperanza de encontrar a una Yemayá anfitriona que nos reciba amorosa y maternal. La disolución en el útero del cosmos es el único destello de luz que puede preverse.

Hay un cuento más dedicado a la temática de las aguas en *Cuentos para adultos niños y retrasados mentales*, titulado "Se va por el río". Este es un hermoso relato de variadas fuentes arcaicas combinadas[55], pero de obvio trasfondo africano, en el cual una hermosa pero desgraciada mujer, esclava en el harén de un rey muy rico, sufre los maltratos de la favorita del rey quien le tiene celos; para colmos, las otras concubinas del monarca también le hacen daño y la humillan para halagar hipócritamente a "la Principal" (45), aunque todas en verdad la odian.

Sin embargo, todo cambia un día para la triste esclava, de quien sabemos "¡...[es] buena, buena!" (44), gracias a la intervención de una cucharita de plata y las aguas retozonas de un río.

En nuestro estudio es importante que analicemos la relación simbólica que existe entre las aguas y la cuchara que se escapa de las manos de la esclava cuando la lava en el río, enfilándose como si fuera un pez por la corriente juguetona de su cómplice, el río. Si empezamos por la cuchara, como objeto, debemos confirmar que, como a menudo sucede en el simbolismo primitivo, al ser traspasada de su lugar usual a otro medio –en este caso el río– su contenido inconsciente se transforma bajo la luz de otro ambiente. "Los utensilios, especialmente, encierran una

---

[55] Se cree que el mito antepasado de este tipo de relatos relacionados con el tema de "el hombre escogido de los dioses para heredar un reino" tiene sus bases orales en fuentes budistas y fue compuesto por escrito por primera vez en el Egipto preislámico; además, se encuentra en el *Talmud*, en el *Conde Lucanor* de la España del siglo XIV, en una parábola sofista y hasta en un proverbio legendario del Medio Oriente que dice: "Este hombre no es nuestro hombre", el cual se emplea cuando el escogido no resulta ser un hombre de bien.

fuerza mística que amplifica el ritmo y la intensidad de la volición humana" (Cirlot 335). Los objetos de forma y función simple son vistos como activos o pasivos; el cuchillo, por ejemplo, por su forma y función es activo y se presenta como la inversión de la lanza ya que por ser corto expone la corta dimensión espiritual del que lo posee. De esta manera, la cuchara, cóncava como una concha, recoge, concentra, simbolizando la prosperidad, el viaje próspero, y es también, por su función, activa. La misma, al navegar en las aguas del río, recoge el simbolismo del pez como barco místico de la vida, como movimiento penetrante ascensional del inconsciente.

La cuchara de plata de la Principal, una vez en las manos de la esclava, quien al lavarla la pone en contacto con las aguas "corrientes" del río, modifica y transforma su contenido inconsciente, en este caso sacando a relucir el deseo de libertad que embarga el alma de la esclava, poniéndolo en acción al unir sus propios esfuerzos a las buenas intenciones de las aguas del río, el cual, en su camino de liberación, va a llevarlas a ambas –cuchara y esclava– hasta las orillas del mar, origen de todo lo que vive.

Al principio, cuando la esclava ve la cuchara escaparse por el río (45), se desespera, llora, implorándole que vuelva porque la Principal de seguro la matará. De nada sirven sus ruegos, la cuchara, símbolo de la euforia de su alma que quiere libertad, "[retoza], [bazuquea], [resplandece], llenándose de agua la cabeza hueca y lanzando con ímpetu chorros en alto. [Juega y hace] ramos, collares, [suenan] cascabeles de cristal, [baila] sobre su único pie y su reflejo en remolino incontenible" (45). Por fin, la mujer se echa al río a nadar "en pos de la pícara cuchara" (45) y al hacerlo va también en pos de sus íntimos deseos de libertad y de una vida mejor. Por supuesto, sólo su inconsciente se da cuenta de este paso, la mujer cree que va estrictamente en busca de la cuchara de la Principal.

Hay tres paradas en el camino de liberación de la esclava; ella nada sin tregua detrás de la "cuchara endiablada" (46), más el río tiene sus propios designios y él la va llevando camino a tres encuentros que actúan como tres escalones que ella debe subir en la senda de su iniciación y trascendencia.

El primer encuentro ocurre "en una ribera de gran soledad por la que había entrado el río" (46); allí la espera una anciana quien le pide que la ayude y la lleva hasta una casucha en ruinas, sin techo que la cubra. La esclava deja de lado su afán de perseguir la cuchara y decide techarle la casa a la viejita. En estos momentos la presencia acuática es en forma de lluvia "triste y tierna" (47); la joven busca a la anciana para solo darse cuenta de que ha sido sólo su fantasma, "allí en aquellas ruinas, hacía años, muerta de abandono, la lluvia la había amortajado" (47). La vieja está muerta, sólo hay "silencio, soledad, el rumor del río" (47).

La esclava da sepultura a los huesos de la anciana y sigue su carrera en pos de la cuchara de plata, la que todo este rato la espera "[colocada] sobre una piedra cuidando ahora de llenarse de sol su cabeza hueca" (46). Al obedecer al llamado ancestral, la esclava ha escogido dar tributo a sus mayores por encima de su propia libertad. La mujer ha subido el primer peldaño[56].

El segundo encuentro toma lugar cuando "el río [penetra] en la selva" (47). Allí, en la orilla, la espera un tigre "curvado en actitud de atacar el reflejo de su imagen fluyente" (47). El tigre se la quiere comer, tiene hambre. Ella le niega sus piernas porque las necesita para impulsarse en el agua; él, entonces, le pide sus pechos, y ella abriendo sus brazos se aproxima "y el tigre [devora] sus pechos y [bebe] su sangre" (47). De inmediato la esclava se echa a nadar con nuevas fuerzas, como si nada hubiera pasado, "ligera y desmemoriada" (47) en busca de la cuchara, sin advertir que sus senos retoñan.

Al enfrentarse con el tigre, o sea con lo instintivo, salvaje, indómito, la mujer entrega incondicionalmente sus pechos y su sangre, y con ello da paso al sacrificio. Ofreciendo sus pechos –símbolos de amor, protección, alimento, maternidad y fertilidad– junto con su sangre –el principio de la vida, el alma, la fuerza regeneradora– para saciar el hambre y la sed de la bestia, la esclava ha escogido el sacrificio conciliatorio antes que su propia libertad. La mujer sube un segundo peldaño[57] en su extraño camino liberador.

----

[56] Según Jung, el encuentro con un anciano representa cuando el inconsciente va cobrando claridad, comprende y asimila.

[57] En todas las mitologías sacrificar es primordial, la energía espiritual que se obtiene del sacrificio es superior a la importancia de lo perdido. Esta entrega del cuerpo y la sangre de la esclava recuerdan el sacrificio de la crucifixión de Jesucristo, conmemorado en el ritual de la comunión en el que se ofrecen su cuerpo y su sangre, en el pan y el vino, para remisión de los pecados del mundo.

El río sigue "su curso (...) mudo y negro" (47) bajo la bóveda de la noche; nos imaginamos que en él siguen navegando la esclava y la cuchara. Con la llegada del amanecer, la mujer se da cuenta de que se están aproximando al mar. Todo es verde y luminoso, la cuchara golpea alegremente su cabeza contra las piedras para hacer música y a lo lejos "se en[ciende] una línea azul de mar" (48).

Al llegar a su destino y sin dar explicaciones, la cuchara sale del río y se entrega voluntariamente a la mujer; ésta, algo confundida ante la sorpresa de haber logrado recobrar la cuchara, comienza a buscar un camino de regreso a la casa del rey, su dueño. Mientras se orienta, se tropieza con un hombre que anda a gatas y que con su cuerpo le cierra el paso.

Este hombre es su tercer encuentro. El le pide que le ayude, le dice que está mugroso y que el peso de su suciedad le impide ponerse de pie. La buena mujer, siempre dispuesta a ayudar, le dice: "un favor se le hace a cualquiera" (48) y con sus uñas empieza a raspar la endurecida costra que cubre la espalda del hombre. Sus uñas sangran y la cuchara interviene diciéndole "utilízame" (48). Por supuesto, la esclava no quiere mellar la cuchara de plata de la Principal; pero ésta le asegura que ella no le pertenece a esa mujer y la exhorta a que la use "como instrumento" (48), palabras que tienen un doble sentido que la pobre joven no sabe captar.

Poco a poco, la joven y su cuchara van limpiando la cargada espalda del hombre, pero, ante su asombro, los que parecen ser bultos de mugre son en realidad joyas preciosas, que van cayendo al suelo una tras otra. Tras el éxito de la laboriosa operación, el hombre, aliviado, le regala las joyas a la esclava, que baste decir se encuentra anonadada ante todo lo que le está sucediendo. La cuchara, a su vez, le dice que desde este instante ella es "una reina poderosa" (49), con séquito, vacas, carneros, puercos, un pastor y un ejército de soldados que nunca serán vencidos; pero ella no quiere nada, aún cuando la alegre cuchara le hace saber que ella misma es su cetro de reina, porque la sufrida mujer sólo desea "un poco de cariño" (49).

El tercer peldaño ha sido franqueado, la buena esclava prefiere rehusar a los bienes y riquezas del mundo a cambio de un poco de amor, el estado más elevado del espíritu. Sin darse por vencida, la cuchara –su cetro– , en posesión de su papel de "instrumento del que se [ha] valido

el destino" (49), entonces la lleva a un lugar lleno de gentes que la espe-
ran gozosos para que entre ellos la nueva reina comparta su amor y sus
riquezas hasta "... más allá del fin de sus días" (49).

La esclava del cuento, como el mítico peregrino, supera el laberinto [58], que en su caso le ofrece la búsqueda de la cuchara en la corriente
del río, para llegar al centro simbólico, a la patria prometida, en donde
encuentra la libertad y el amor, y puede finalmente reposarse de su for-
zosa peregrinación acuática, la que pudiera parecer sin sentido para los
que no creen en las leyes ocultas del universo y sus pruebas, a las que todo escogido debe someterse antes de alcanzar el bienestar anímico ab-
soluto.

Con este hermoso relato terminamos de explorar la variedad de
relaciones que se han establecido en la cuentística de Cabrera entre las
aguas y algunos humanos y animales, sin ni siquiera pasar por alto el detallado relato sobre las íntimas relaciones de Ochún, la diosa de los ríos,
con las aguas dulces que rige; aunque de ella y de su hermana Yemayá
hablamos con más lujo de detalles en la conclusión de este estudio sobre las aguas, como es digno de preverse. No obstante, las consecuencias de lo que pudiera pasar si las aguas algún día abandonan la tierra
las exponemos justo a continuación al analizar otro grupo de cuentos
de la autora de gran didáctica ecológica, moral y espiritual.

EL MITO DE LA *TIERRA BALDÍA*

Desde tiempos immemoriales la humanidad ha escuchado decir
que el agua, como el amor, es esencial para sustentar fuerzas vitales como lo son la fertilidad y la creatividad; sin agua el mundo material tanto
como el psíquico se convertirían en áridos desiertos, reminiscencias del
conocido mito de *la tierra baldía*. Mitos como el del Santo Graal y el de la
huida de la Gran Madre, o Diosa, del lugar que desde entonces se conoce como el desierto de Arabia, están ligados al mito inicial de la *tierra*

---

[58] En todas las culturas existe el tema del laberinto, estructura complicada de la
cual, una vez en su interior, es imposible o muy difícil encontrar la salida. El laberinto
se puede interpretar como acceso iniciático a lo sacro, a la realidad absoluta; el laberinto es también la prueba que debe pasar todo neófito para lograr alcanzar el centro cósmico, la tierra prometida, la salud del alma.

baldía, devastada e infértil; en 1922, T. S. Eliot revitaliza el mito con su poema épico *The Waste Land*; la obra de Juan Rulfo se desarrolla siempre entre las piedras y las grietas de un Jalisco fantasmagórico, seco y polvoriento. Aún más, hoy día, como para colmar la copa, vivimos bajo la constante amenaza de una catástrofe universal que podría destruir el planeta si no comenzamos a comportarnos ecológicamente; sequías, diluvios, inundaciones y guerras pudieran ser los posibles instrumentos del destino. La tierra sin agua, por ejemplo, se agrietaría, se secaría, y toda vida en ella –hombres, plantas y animales– se acabaría. Por ende, el mito, y sus consecuencias, de un mundo devastado y estéril sigue vigente, como lo atestan algunos de los cuentos de Lydia Cabrera, los que veremos a continuación.

Sequía *versus* fertilidad, lo que equivale a muerte *versus* vida, es el tema clave de los cuentos que analizamos, principio arcaico que se encuentra bien anclado en las filosofías de los pueblos primitivos, como lo es el africano. A la base de la fertilidad, y por lo tanto de la vida terrestre, está el agua; su carencia acarrearía la sequía y por ende la muerte de la tierra.

Los pueblos primitivos, como los antiguos, ven la vida orgánica como ejemplo por excelencia de lo que consiste la fertilidad terrena: plantas, vida animal, incluyendo la humana. La sequedad, o sea la falta de fertilidad aparece entonces como el principio contrario a la vida orgánica, siendo entonces, en cambio, la expresión del clima anímico; o sea, la sequedad es símbolo de la verdad existencial: todos debemos morir, todos debemos transcender. En consecuencia, las filosofías ancestrales y las primitivas tienen sus respuestas para este paso que es la destrucción orgánica, o sea, la muerte; en estas filosofías todo tiene un principio y un final, es lo correcto, es lo lógico. Rudolf Steiner dice al respecto: "Transformar al ser en un no ser infinitamente superior, tal es el fin de la creación del mundo. El proceso universal es un perpetuo combate... que sólo acabará con el aniquilamiento de toda existencia. La vida moral del hombre consiste, pues, en tomar parte en la destrucción universal" (Cirlot 168).

Sin embargo, los humanos, y en el caso de los cuentos folklóricos aún los animales, en su infinita curiosidad, altanera rebeldía ante la muerte y testaruda incredulidad ante lo inevitable, deben preguntarse a través de los siglos ¿por qué esto tiene que ocurrir?, ¿por qué debemos morir?, y es allí que los cuentos negros de Lydia Cabrera proveen algunas explicaciones satisfactorias a tan difícil pregunta.

"Jicotea era un buen hijo" (*Ayapá*) es un hermoso ejemplo del tema de *la tierra baldía*. El relato nos dice que son los comienzos del mundo y la tierra padece de un hambre atroz; la tierra se ha secado por órdenes caprichosas de Olodumare, el creador: "La tierra, desnuda y acribillada de heridas por todas partes, se había desangrado totalmente y quedado en los huesos. Por doquier asomaba su osamenta polvorienta pidiendo al cielo, inútilmente, con gesto de desolación estéril, en un grito de muda impotencia, la clemencia que éste se obstinaba en negarle. Y bastaría con que el cielo derramase sobre ella el agua de sus tinajas transparentes para que sus entrañas calcinadas renaciesen en verdores, reventaran los frutos sus senos y su vientre. Pero el cielo, sordo, enloquecido de fuego se gozaba en sus tormentos y bajo la blancura incandescente de su mirada inmensa y dura, morían innumerables hijos de la tierra" (39).

Por su parte, las criaturas todas tienen que llegar a efectuar acciones drásticas para subsistir. La tierra adolorida e impotente se desangra y los hombres y animales se han quedado sin recursos para seguir viviendo. Dios no les escucha; se ha llegado a un momento en que el estómago ha tomado el lugar del corazón.

Entonces, se forma un consejo, y en él los hombres y los animales deciden que lo más factible es comerse a las madres para que los hijos tengan una mejor oportunidad de sobrevivir por más tiempo y así tratar de encontrar una solución al problema de la tierra. Las madres acatan con estoica resignación maternal tal decisión, y así, cada día, una madre es sorteada.

No obstante, Jicotea, la bribona tortuga de agua dulce, quien posee el don de poder vivir sin alimento por mucho tiempo, se sustenta de "su inexplicable reserva de inmortalidad" (42). Su madre, sin embargo, está ya vieja; pero Jicotea que ama a su madre, no quiere que muera y sirva de alimento a otros, por lo que la disfraza y la esconde en un rincón del cielo, alimentándola con su ración de las madres de los otros. Con el pasar del tiempo, todas las madres han sido comidas, excepto la de Jicotea quien no aparece por ningún lado. Por su parte, el diablo, pájaro de la miseria, descubre el escondite de la vieja Jicotea y lo revela a los demás, a cambio de un poco de sangre fresca.

En el primer intento, los hombres y los animales no logran apoderarse de la madre de Jicotea, pues aunque el diablo les ha entregado la canción que abre la puerta del escondite, ninguno de ellos sabe imitar con éxito la voz del hijo Jicotea. Por fin un día, la voz verdadera de Jicotea, robada y puesta en boca de otro, llama a su madre; ésta baja la escala, y por ella un hombre escogido entre los victimarios sube y la despedaza. El relato aquí nos dice que, a pesar de lo ocurrido, sus pedazos esparcidos siguen vivos, latentes. Los hombres, entonces, acechan a Jicotea, para presenciar su dolor y matarlo después.

Por su parte, Jicotea, sabiendo que su trampa ha sido descubierta, sube al cielo e implora al dios del trueno, Changó, su ayuda. Jicotea es el protegido de Changó, por eso el dios le escucha, y favoreciendo su plegaria, envía a la tierra un diluvio de rayos y centellas, castigando con su fuego celestial a los hombres y animales que han atentado contra Jicotea y su madre.

La tierra aquí hubiese llegado a su fin, seca como está y ahora ardiendo entre chispas y candelas; no obstante, la misericordiosa Yemayá Awoyó, diosa del océano, sube el mar al cielo y lo inunda, a tal punto, que el agua empieza a derramarse a raudales sobre la pobre tierra "durante muchos días (...); al fin resucitaba la tierra, comían las criaturas, se suavizaba el espíritu de los muertos" (48).

El mundo vuelto a su estado natural, se olvida de lo vivido. Jicotea, entonces, regresa a la tierra "intacto" (48) y vuelve a su *habitat*, el río.[59]

Para el lector es interesante ver cómo, aunadas en el dolor, todas las criaturas del mundo son protagonistas en este relato; por su parte, Jicotea, como tantas otras veces, hace de antagonista, apareciendo en este cuento dotado de muchas de sus cualidades africanas, como la de vivir sin alimento, gracias a su "inexplicable reserva de inmortalidad" (42). Además, como hijo, Jicotea es en el relato un modelo de amor filial y de devoción a su madre cuando la esconde para que no se la coman los otros, y le da su propia ración de comida –otras madres– para que ella resista en su escondite. No cabe duda, por otra parte, que el amor filial de Jicotea está en oposición a su completo desinterés por lo que les sucede a las madres de las otras criaturas, ya que él, sin ningún remordimiento, lleva a diario su ración a su madre, sin importarle que para los otros sus madres son tan preciadas como para el lo es la suya.

---

[59] Este final trae a la mente la primera parte de este capítulo, en la cual se discute a fondo la relación vital de Jicotea con las aguas dulces.

Jicotea también aparece en el cuento en su histórica calidad de protegido del dios del trueno, Changó; de esta forma, además de ser un personaje con poderes sobrenaturales, está vinculado con lo sobrenatural de una forma más directa, a través de su conocida relación con Changó. En cuanto a la madre de Jicotea, ésta vive bajo la amenaza constante de ser comida por los otros, sin embargo, aparentemente termina sus días muriendo despedazada. No obstante, este tipo de muerte –por descuartizamiento– carece de valor ante los poderes de cualquier Jicotea. Ciertas creencias africanas hacen hincapié en el poder de Jicotea de ser capaz de reunir sus miembros despedazados; es por eso que en varios de los cuentos de la autora presenciamos los intentos frustrados de los que tratan de hacer pedazos a Jicotea, desmembrándolo, resquebrajándole el carapacho y el vientre, sin éxito alguno, como bien lo ejemplifican cuentos como "El vuelo de Jicotea" (*Ayapá*), "El carapacho a heridas de Jicotea" (*¿Por qué?*) y "Osaín de un pie" (*Cuentos negros*). Porque luego Jicotea siempre revive, "[reteje] sus venas (...) [arma sus huesos], [zurce] sus carnes, [suelda] su coraza" (Osaín 155), mientras se ríe de sus presuntuosos victimarios.

El cielo y el infierno tienen mucho que ver en el escenario de "Jicotea era un buen hijo". Para comenzar, un dios es el instigador de la violenta sequía que tortura la tierra. Olodumare, el evasivo creador, que vive apartado, indiferente a todo, separado de todo lo terreno, es el culpable; lo hace sin razón ni motivo, como cualquier dios del Olimpo helénico lo hubiese hecho, no oye "los rezos, las ofrendas incompletas [por la carencia que sufre la tierra], los cantos desmayados de las rogaciones, la sangre eficaz de los sacrificios; la sangre preciosa que suplica, intercede y negocia" (39). El diablo, por su parte, asiste a los seres de la tierra cuando quieren encontrar el escondite de la madre de Jicotea, y se sirve de sus poderes para lograrlo, "atrapando la canción [que abre la puerta del escondite entre dos estrellas] con unas redes, [poniéndola en los labios del más vengativo]" (46). Changó, acto seguido, viene al rescate de Jicotea hijo –sin razón válida, pues todas las madres deben de ser comidas por igual–, como árbitro influenciador en el castigo que reciben los victimarios de la madre de su protegido. Finalmente, aparece la diosa del mar, Yemayá Awoyó, y es gracias a ella que las aguas salvadoras, en forma de tumultuoso diluvio, caen sobre la tierra reseca: "durante muchos días -dlín, dlín, dlin, dlin- sólo se

[oye] al pájaro que canta la lluvia", hasta que un día "los hombres [ven] a Ochumaré –el Arco Iris–" (48).

En actitud bíblica, las aguas desaparecen, después de días interminables de inundación, para que la fertilidad retorne, y la tierra sea perdonada. La acción tan tradicionalmente mítica de las aguas de este cuento nos trae a la memoria que simbólicamente el diluvio es una catástrofe no definitiva, por simbolizar el carácter regenerativo de las aguas. El diluvio destruye las formas, pero no las fuerzas, posibilitando el resurgimiento de la vida; el diluvio, como la lluvia, equivale en sí a la purificación y a la regeneración que prosiguen al castigo (Cirlot 172).

En nuestro cuento el idioma de las aguas contrarresta el de la sequía, la que, según Cabrera, acribilla, desangra, hace polvo, desola, convierte en estéril, la tierra impotente; la cual arremete más contra su presa cuando el fuego de Changó cae sobre la tierra, para lo que la autora utiliza verbos como calcinar, achicharrar, incendiar, abrazar. Por fin las aguas llegan en forma de adjetivos, rebosantes, pesadas, caudalosas, haciendo su acción bienhechora con gerundios, resusitando, fertilizando, suavizando las heridas de la pobre tierra y de sus hijos. Así, al terminar el relato, junto con el final del diluvio todo reverdece, todo revive; ha llegado el perdón.

En un segundo ejemplo, "La tierra le presta al hombre y éste, tarde o temprano, le paga lo que le debe" (¿*Por qué?*), el tema de *la tierra baldía* se presenta junto con otro tema de raíces bíblicas, el de los pactos entre la naturaleza y el hombre, el cual está ligado a un período en el que ya la humanidad ha perdido la gracia y protección de los dioses y el ser humano se encuentra en la delicada posición de ser solitario dueño de su destino.

El relato habla de un tiempo cuando en la tierra "no había más que un solo hombre" (63). El hombre se llama Yácara, la tierra se llama Entoto, el mar se llama Kalunga y la loma que se eleva junto al mar se llama Cheché-Kalunga.

El hombre, por su parte, cree ser el rey del mundo, y se dice "enviado de Sambia [el creador]" (63); sin embargo, en realidad él tiene que escarbar la tierra para encontrar su sustento. Al verlo así, la loma Cheché-Kalunga y el mar le hacen ver a la tierra, Entoto, que el hombre no es lo que aparenta ser, que no es más fuerte que el mar o la montaña, y que no tiene derecho a robarle los frutos a la tierra. Cheché-Kalunga se pregunta en tono de sorna: "¿Quién es ése que veo a mis plantas, que te hiere, te revuelve, te maltrata, devora a tus hijos y luego canta: 'Yo soy el Rey, el Rey del mundo' (...) Que no te engañe Yácara, [le dice a la tierra]; [él] nunca podrá más que yo, ¡ni puede más que tú!" (63).

Al oir las palabras de la loma Cheché-Kalunga, Entoto, la tierra, reconoce que el hombre es en verdad débil, y entonces se le encara y le pregunta: "¿por qué tomas lo que es mío?" (64). Por su parte el mar le hace saber al hombre que no reconoce a ningún señor.

Ahora, después de todo lo que ha pasado, el hombre no puede seguir urgando impunemente los frutos de la tierra; ésta se ha endurecido y se niega a alimentarlo. Yácara, entonces, le pide permiso a Cheché-Kalunga para subir hasta su cima y hablarle de este problema a Sambia, el creador. Cheché-Kalunga le concede el favor, y así, el hombre, desde el pico de la montaña, habla con Sambia y le dice: "La tierra no quiere darme nada de lo que tiene" (64); el creador –como siempre completamente desinteresado en los asuntos de los hombres y la tierra– le contesta evasivamente: "Allá ella (...) arreglen ese asunto entre los dos" (64).[60]

Una vez de regreso, Yácara habla con Entoto, para pedirle que lleguen a un acuerdo, como le ha dicho Sambia, y que le proporcione lo necesario para vivir él y su descendencia. No obstante, aunque Entoto consiente en darle lo que necesita, quiere que se le dé "algo" a cambio de sus servicios. Sin embargo, el hombre no sabe que ofrecerle, él nada posee; Entoto que sí lo sabe le dice: "te quiero a ti" (66).

Obligado por el hambre, el hombre tiene que aceptar la proposición de Entoto, pero pone una única condición al trueque: "Me sustentarás con tus hijos día a día y yo, al fin, te pagaré con mi cuerpo, que devorarás cuando Sambia, nuestro padre, te autorice y sea él quien me entregue a ti al tiempo que juzgue conveniente" (64). Sambia, encontrando justo el acuerdo, lo aprueba, y así "quedó cerrado el trato del Hombre y la Tierra" (65).

Al final del relato nos enteramos que con el paso del tiempo, el hombre hace tratos con el fuego, la montaña y el río, con los espíritus y las bestias; sin embargo, Yácara nunca logra pactar nada seguro con el indómito mar, ni con el esquivo viento.

---

[60] Para una mejor comprensión de la huída y el desinterés del creador por su creación véanse las páginas 97-99 de *El cosmos de Lydia Cabrera: Dioses, animales y hombres.*

En este relato, como hemos podido darnos cuenta, el retorno de la fertilidad, de las aguas y de la vida vegetal, está sobreentendido. La tierra, con anterioridad, ha castigado al hombre porque éste la ha maltratado, la ha violado, ha usurpado sus frutos, porque se ha creído su amo y señor. Al final, Entoto, únicamente se da el lujo de alimentar al hombre si éste le entrega su cuerpo, el cual no sólo servirá de abono al mundo vegetal, y de alimento a su vez a los gusanos, sino que, en una forma panteísta, estará regresando al seno de la madre primordial, la tierra, generadora de vida, fecunda sustentadora de todo lo creado. Sin lugar a dudas, el pacto entre el hombre y la tierra que se lleva a cabo en este cuento también representa la visión cristiana de la supeditación del hombre a la tierra: Entoto se apodera de Yácara y su descendencia, al final de sus días, porque *polvo eres y en polvo te convertirás*.

No cabe duda que en este relato Yácara, el hombre, aparece como el ser viviente más cercano a Sambia, el creador; esto no debe extrañarnos ya que el hombre como símbolo, en todas las culturas, personifica el universo en miniatura; él es su imagen, su consciencia, y como tal es mensajero ante los dioses. Cuando Yácara habla con Sambia nos trae a la memoria encuentros como los de Moisés y Jehová en el monte Sinaí, o el de Abraham y Jehová por medio de la zarza ardiente.

En cuanto al creador, Sambia, aunque al final del cuento ejerce sus facultades de árbitro de los asuntos terrenos, en todo momento conserva su calidad africana de ser omnipotente que se mantiene alejado de su creación por que no le importa mezclarse en los problemas de ésta.

Enfoquemos por último el aspecto ecológico que surge de la lectura de este relato; el hombre en su urgar, herir, revolver, maltratar, devorar, la tierra –todos verbos utilizados por Cabrera en la página 63– ha desgastado sus recursos naturales. Si la tierra se endurece y se cierra (64) es porque sus suelos ya no son fértiles, sus ríos no corren, sus enzimas se han mermado. En este cuento hay una advertencia muy válida, muy actual. Es como si la autora supiera, o presintiera –o quizá las mismas tradiciones africanas que han inspirado su cuentística, la hacen consciente de la situación– que sin la venia del dios creador y sin un pacto equitativo con la fecunda madre tierra, la vida humana en el universo que conocemos estaría en constante peligro si se le da al hombre "carta blanca" en los asuntos ambientales.

Otro gran ejemplo del tema de la *tierra baldía* en la obra de

Cabrera es el cuento "Kanákaná, el aura tiñosa es sagrada, e Iroko, la ceiba, es divina" (*¿Por qué?*), por el cual somos testigos de la pérdida del Paraíso africano. En este relato no son Adán y Eva los culpables, es la tierra misma, presuntuosa y envidiosa, perdida toda noción de humildad, quien precipita la ira del dios Obá-Olorún, padre del cielo y de la tierra, perdiendo por ello la felicidad a la que ella y todas las criaturas hasta ahora han tenido acceso.

Se nos dice que, por razones de orgullo, la tierra se ha envanecido y se pretende mayor y más poderosa que su hermano el cielo. Con altanera insolencia la tierra le dice a Obá-Olorún: "Soy la base; el fundamento del Cielo. Sin mí se derrumbaría, no tendría mi hermano en que apoyarse (...) ¡Yo lo contengo todo!; ¡todo sale de mí! (...) ¡Soy sólida! (...) El, en cambio no tiene cuerpo, es vacío enteramente (...) aires, nubes, luces. ¡Nada, nada, nada! Pues [que] considere cuánto valgo más que él" (75).

Con anterioridad, Obá-Olorún, en su divina sapiencia, ha decretado que el cielo protegerá y velará sobre la tierra y que la tierra a su vez le obedecerá y trabajará bajo su tutela; ahora, ante tal despliegue de irrespetuosidad, el dios, sin cólera pero con desprecio, castiga la tierra, ordenando al cielo, con un signo de su mano, que se aleje de ella. El cielo, así lo hace, separándose de la tierra a una "inconmesurable distancia" (75).

Sólo Iróko, la ceiba,[61] árbol bendito de los dioses, recoge las palabras no dichas de Obá–Olorún, y al meditar en ellas, su corazón se estremece presintiendo el horroroso porvenir que amenaza a toda la creación. Iróko entonces llora, en "hondo duelo" (77).

Hasta ese aciago día "se vivía alegremente; se moría sin dolor. Males y quebrantos eran desconocidos (...) La desgracia no era cosa de este mundo; por un tiempo sin crueldad –por aquel tiempo que nadie vivió y todos añoran– animales y hombres suspiran todavía (...) aún no había palabras para la turbación y la ansiedad (...) no se sabía ofender" (76, 78).

Además, siempre en referencia a la importancia vital de las aguas,

---

[61] Junto con la palma real, la ceiba es el árbol más característico de Cuba; en la isla se le considera sagrado por ser trono del dios Changó. La devoción a la ceiba ha llegado a tal punto que vale preguntarse si ella en sí "es objeto de un culto independiente -culto a la Ceiba- en el que comulgan por igual, con fervor idéntico negros y blancos" (*¿Por qué?* 249), posiblemente por asociación sacra con el dios del trueno y de la guerra.

el relato explica que "entonces las aguas eran todas potables, caudalosas, más inofensivas; claras, mansas, llenas de virtudes. Y todas, por las fauces abiertas del sol, subieron al cielo, y éste las guardó en un abismo" (78). "¡Perdón!" (79) pide la tierra, y el cielo implacable sigue reteniendo las aguas.

La tierra resentida es como un desierto de "polvo infecundo" (79), casi todos los animales se han muerto, y los hombres van por el mismo camino, esqueléticos por no comer ni beber.

Como podemos ver, el castigo del dios Obá-Olorún no viene, como en la tradición cristiana, en forma de diluvio universal; por el contrario, el creador envía una gran sequía, que arrasa con todo lo viviente. Junto con la sequía "la fealdad [llega] al mundo. Fue entonces cuando se incubaron y nacieron todas las desgracias, todos los horrores. La palabra se hizo mala" (79). La gente se muere ahora sin el descanso "de una noche cuya dulzura no termin[ara]" (79).

Sólo se salvan los que se refugian en Iróko, la ceiba divina, quien como árbol sagrado de los dioses yorubas, hace las veces de protectora en este relato. No olvidemos que la ceiba, junto con la palma real, es trono del dios Changó, y es considerado por los *babalawos* como el árbol sagrado por excelencia: "Sus ramas poderosas protegieron a los que se abrazaron a su sombra, y a su amparo resistieron el tremendo castigo de Olorún" (79).

Todos los seres de la tierra que están bajo el amparo de Iróko ofrecen al creador el primer sacrificio propiciatorio en nombre de toda la tierra. Sin embargo, ahora hay que llevarlos hasta el cielo que se ha alejado de la tierra a una distancia descomunal; sólo un ave podría llegar hasta él. Primero va el tomeguín, luego el pitirre,[62] y muchos otros; ninguno logra llegar, se les queman las alas, se les para el corazón. Todos regresan a la tierra sin cumplir su misión.

Entonces, Kanákaná, la repugnante aura tiñosa, ante el desprecio e incredulidad de todos, se ofrece a llevar la ofrenda al cielo. "Sin embargo, [es] este pájaro astroso y pestilente la última esperanza. Y Kanákaná [parte] llevando la súplica de la tierra que, no confiando en ella, se [cree] perdida" (80-81).

Y allí en el cielo lanza al viento las súplicas de la tierra:

---

[62] Aves de la fauna cubana

"Eyeli agoggoún Kulo
Agguó agoggoún Kulo
Adiyé agoggoún Kulo
Akikó goggoún adyá goggoún Kulo
Aloggúo goggoún Kulo-Gunugú gogguán Kulo
Eyelé cagguó achai eyele Kagguo aoudi
Ayangrete aya..." (81)

"¡Oh Cielo, la Tierra me envía a
pedirte perdón! Perdón, perdón
de corazón te piden los hijos de
la tierra que son tus esclavos...
¡Señor, la tierra ha muerto...!
¡Todos hemos muerto!" (81)

El cielo lo oye, escucha en su voz las plegarias de la moribunda tierra, y la perdona, gracias a la oportuna intervención de Kanákaná.

¿Y quién es este Kanákaná, mal oliente aura tiñosa de la fauna cubana? El aura[63], llamada también gallinazo o zopilote en otras regiones, lleva el nombre de Saura y Mayimbe-Ensuso entre los congos de Cuba; sin embargo, para los lucumíes cubanos el aura lleva el nombre de Kanákaná. Es sabido que el aura tiñosa es un ave voraz y repugnante, que se alimenta de desechos y de animales muertos; su plumaje es negro y su cabeza es pelada y roja. No obstante, esta ave posee la dualidad de poder volar a gran altura con un vuelo majestuoso y pausado. En las creencias africanas Kanákaná es considerada como un pájaro sagrado, ya que, como nuestra historia atesta, fue mensajero de los hombres ante el creador –Oloff, Obá-Olorún– y por lo tanto, desde entonces, es objeto de veneración.

Y entonces ¿como perdona el cielo a la tierra en el relato que estudiamos? Lo hace a través de las aguas, aguas purificadoras, que hasta el momento del perdón siguen escondidas en un abismo del cielo: "las criaturas vieron llenarse de nubes los cuatro ángulos del cielo y oyeron croar las ranas líquidas que venían en las nubes o que resucitaban, invisibles, en el polvo muerto. Rodó el agua estruendosa de los abismos en que había permanecido estancada y descendió en inmensas cataratas las pendientes del cielo mucho antes de derramarse sobre la tierra" (81-82).

---

[63] Lat. *Cathartes Aura*.

De nuevo el diluvio, como en el cuento anterior, lluvia torrencial sin tregua que "[forma] un lago profundo que [cubre] la tierra en toda su extensión" (82). El lenguaje de las aguas es de perdón en este relato, y verbos como "rodar", "descender", "derramarse", "avanzar", que acompañan frases como "el agua estruendosa de los abismos", "inmensas cataratas", "derrumbe de la lluvia" (82) transmiten el mensaje bíblico, por lo tanto mítico, del rugir de su desbordante espectáculo.

Cabe aquí decir que si la lluvia en sí simboliza la bendición divina sobre la tierra, la cual trae consigo la revelación, el descenso de las influencias celestiales, la purificación, y junto con ella la fecundidad y la fertilización, qué no podemos, entonces, esperar del diluvio, el que ejemplifica el poder lunar de las aguas, las cuales destruyen e inundan para sellar el final de un ciclo y a la vez anunciar la venida de otro, nuevo; el diluvio causa la muerte pero también conlleva la regeneración (Cooper 136,70).

Otro mensaje mítico en este cuento lo traen las ranas que bajan con la lluvia, o resucitan de entre el polvo cuando el agua que cae las despierta del sueño de la muerte. Las ranas, por el contrario de los sapos, son animales lunares, por lo que ejercen influencia sobre las aguas; son tambien vistas como portadoras de la lluvia, de la fertilidad y de la fecundidad. Cuando a las ranas se les describe emanando de las aguas –como es el caso en este cuento– ellas precognizan la renovación de la vida y la resurrección de la muerte (Cooper 72).

Y así, en "Kanákaná...", "la tierra [bebe] hasta saciarse, [revive]" (82) gracias al diluvio redentor. Pero ahora, tanto como ocurre en el cuento que hemos visto anteriormente, la tierra ha perdido su inocencia, su beatitud paradisíaca, para nunca "jamás [volver] a conocer la felicidad de los primeros días" (82).

Indudablemente, en las entrañas del tema de *la tierra baldía* mora una de las variadas versiones del mito de la pérdida del paraíso terrenal. La tierra, al perder su inocencia, aunque lo desee, aunque haga ofrendas y se esmere en llevar una vida de perfección, ya no puede volver atrás; ha conocido la fealdad de vivir sin la gracia divina. En pocas palabras, la tierra ha perdido su virginidad, y no hay celestina en el orbe que se la pueda devolver. Este es el caso concreto de los relatos que hemos analizado, como explico a continuación.

En la mayor parte de las tradiciones el paraíso se representa en forma de jardín, o una isla de abundante vegetación, o una ciudad –como lo es la Nueva Jerusalén de la tradición cristiana–; en cualquiera de los casos el paraíso siempre simboliza la perfección original, la Edad de Oro, el centro cósmico, la inocencia prístina, la beatitud, junto con la perfecta comunión entre el hombre y Dios y todo lo viviente como lo hemos presenciado al leer los cuentos de Lydia Cabrera que tratan sobre este tema. Cabrera es tan fiel al tema del paraíso que en algunos de sus escritos expresa explícitamente lo que en la mítica se conoce como *la Gran Época*, período en el cual el cielo estuvo tan cerca de la tierra que se le podía alcanzar tan sólo con subirse a un árbol, enredadera, montaña, o cualquier otro símbolo axial terreno.

En "Kanákaná, el aura tiñosa, es sagrada, e Iróko, la ceiba, es divina", por ejemplo, leemos: "Porque Iróko, la ceiba, hundía sus raíces vigorosas en lo más profundo de la tierra y sus brazos se entraban hondo en el cielo –vivía en la intimidad del Cielo y de la Tierra–" (75). Por su parte, en "La tierra le presta al hombre y, éste tarde o temprano, le paga lo que le debe" se nos dice que cuando la tierra se negó a continuar alimentando al orgulloso Yácara "se endureció y se cerró y el hombre no pudo obtener nada de ella" (64); entonces, Yácara "se volvió a Chechó Kalunga [la montaña] y le pidió permiso para escalar su cima y hablarle a Sambia [el creador]" (64).

El paraíso en los relatos de Cabrera también asimila la versión mítica del paraíso como espacio limitado, generalmente rodeado de agua por todas partes –como una isla, como lo es Cuba–, y en el cual la comunicación directa con dios es cosa de todos los días; en el paraíso viven en perfecta armonía animales, plantas y humanos, y todos hablan la misma lengua. "Kanákaná..." también nos ofrece un buen ejemplo de lo antes dicho: "Gracias al acuerdo perfecto que reinaba entre estos hermanos, la existencia había sido arto venturosa para todas las criaturas terrestres (...) Se vivía alegremente; se moría sin dolor. Males y quebrantos eran desconocidos (...) por un tiempo sin crueldad –por aquel tiempo que nadie vivió y todos añoran– animales y hombres suspiran todavía (...) Nadie enfermaba. La muerte deseable –limpia y dulce– se anunciaba [después de una vida larga y venturosa] con un sueño suavísimo (...) Nadie pensaba en hacer daño. Los elementos no habían dado el mal ejemplo. No había brujos malvados; no había plantas nocivas (...) Todo era de todos por igual y no había que vencer ni que adueñarse ni que dominar (...) Estaban unidos el Cielo y la Tierra (...) El mar... era una balsa tranquila (...) El ratón, el mejor amigo del gato" (75-77).

En consecuencia, la irreparable pérdida del paraíso, conocida también como *la caída*, simboliza la desintegración de la unidad, lo que engendra la dualidad y la multiplicidad manifiestas. El relato "Kanákaná...", entonces, cuenta que: "Aquella noche (...) el miedo hizo su primera aparición (...) Al día siguiente... todos los seres vivientes se interrogaban sin darse a comprender los unos a los otros (...) El sol empezó a devorar la vida (...) Secretamente, *la tierra se secaba*[64] (...) El dolor abatió a las criaturas hasta borrar la última huella de la felicidad en que habían vivido (...) La fealdad vino al mundo. Fue entonces cuando se incubaron y nacieron todas las desgracias, todos los horrores" (78-79).

Una vez perdido el paraíso, en todas las culturas mundiales se añora su vuelta a tal punto que su retorno se convierte en el mito por excelencia de la vasta mayoría de las religiones contemporáneas. El paraíso recobrado, como acontece en la cuentística de Cabrera, es el sueño de tantas literaturas, porque trae consigo el retorno a la unidad, al centro espiritual; el ser humano ha lavado sus culpas y ha recobrado su pureza, aunque ya no la inocencia original.

Sin embargo, recuperar el paraíso perdido conlleva el sufrir grandes dificultades, trabajos y peligros, todo lo cual simboliza el penoso viaje de regreso al centro cósmico, al estado paradisíaco. Sobre esto hay varios ejemplos: en "Kanákaná..." se nos dice que después del diluvio la tierra "revivió, germinó, ocultó su desnudez en verde nuevo y le dio gracias al Cielo" (82); en el relato "Jicotea era un buen hijo", después del diluvio llega el arcoiris, así "al fin resucitaba la tierra" (48) y Jicotea puede retornar a vivir en su lugar predilecto, el río, "ya calmado, donde Ochún guarda sus corales y su oro y tiene un palacio de cristal" (48). En cuanto a "La tierra le presta al hombre y éste, tarde o temprano, le paga lo que le debe", leemos que se recobra la paz, y con ella la fertilidad y la abundancia, cuando "quedó cerrado el trato del Hombre y la Tierra" (65).

Por supuesto, todo lo anterior confirma hasta qué grado el mito de *la tierra baldía* pesa sobre los hombros de la humanidad. Paraísos –cristianos o paganos– como el Edén, Fairyland, Avalon, Cockaigne, Torelore, Valhalla, son necesarios oasis de esperanza para el deshereda-

---

[64] Las itálicas son mías, para enfatizar su relación con el tema de *la tierra baldía*.

do subconsciente universal; ¿cómo podemos vivir sin la esperanza del retorno a la majestuosa tranquilidad del seno paradisíaco? El alma del hombre posmoderno sería una verdadera *tierra baldía* sin la esperanza del retorno a *la tierra de promisión.*

Cabe, no obstante, decir que los puentes de conexión necesarios existen en toda mítica; a veces son dragones, otras veces serpientes, o también el arcoiris, los que unen al viajero con el Edén perdido. Lydia Cabrera usa escaleras, flechas, calabazas, auras tiñosas, para crear un puente que devuelva el espíritu de la humanidad a un estado de bienestar cósmico. El más bello ejemplo que he encontrado en su obra, y con el cual finalizo esta sección, se halla en las últimas páginas del relato "En el río enamorado..." (*Ayapá*).

En este cuento, la tierra una vez más sufre sed como castigo, porque, como hemos visto en la primera parte de este estudio sobre las aguas, los hombres y los animales han ultrajado a Jicotea; éstos se han burlado de su pequeño y extraño cuerpo de tortuga "burdo, tosco, perniabierto y zancajoso, aplastado (...) [con] una cabeza arrugada y triangular, con unos ojos mínimos, una nariz totalmente frustrada y una boca endida de avechucho de rapiña" (232-233). Además, por celos, quieren matarlo, pues Jicotea ama a las tres bellísimas hijas del gran guerrero Fendindé Bomba y ellas le corresponden pues ninguna lo ve como tal es, por obra y gracia de los poderes mágicos de Jicotea; por el contrario, ellas sólo ven a "un joven gallardo, de nobles facciones, ágil y esbelto" (233).

Al verse acorralado, Jicotea escapa de la enardecida muchedumbre llevándose consigo toda el agua de la comarca. Sólo las tres prometidas de Jicotea, y sus padres, no padecen sed, ya que milagrosamente nunca les falta "en su tinaja un agua pura, olorosa a clavellinas" (233). Un día, al oír decir de la boca del mismo Jicotea, quien ha reaparecido por los lares, que las aguas le obedecen, todos sus perseguidores, sedientos a más no poder, primero se enardecen contra él, para terminar implorando su perdón y "un trago de agua" (234).

Por fin, Jicotea les perdona, cuando les oye decir a todos que le aceptan como novio de las tres hermosas doncellas, pero a su vez les quita, en castigo, a su rey, Fendindé Bomba, a su esposa Oyó, y a sus tres hijas, a trueque del agua que tanto necesitan.

Las aguas, mientras tanto, se encuentran escondidas dentro de una calabaza que cuelga de un copudo árbol. Esta calabaza representa, para el estudioso, el puente que devuelve el agua a la tierra, y en el camino fluvial que ésta forma en su descenso otro puente se crea, para que Jicotea se lleve a Fendindé, su esposa Oyó, y sus tres hijas –las novias de Jicotea–, a las regiones paradisíacas del fondo de su domicilio ideal, el río, morada de Ochún.

Entonces, Fendindé, obedeciendo las órdenes de Jicotea, dispara su mágica flecha *Yilo*, la cual atraviesa la calabaza y desaparece en el cielo para nunca regresar. El agua mana en torrentes de la calabaza; todos abren sus bocas para saciar su sed abrumadora: "simultaneamente [resucita] el río, se [llenan] los pozos, [echan] a correr los arroyos" (235).

Una vez que todo ha vuelto a la normalidad, Jicotea, guardián de las puertas de su propio paraíso, el de las aguas, se lleva "al fondo del río, a la quietud perenne, donde el río se ensimisma y reposa ajeno al fluir de su corriente" (235) a las tres jóvenes y a sus padres. La tierra ha recobrado la fertilidad, pero en este último relato, cinco seres, guiados por Jicotea, han atravesado, para nunca volver, el puente acuático que lleva al paraíso de Jicotea, el que parece yacer en la tranquilidad insondable de las profundidades del río.

CONCLUSIÓN

Omí tuto, ana tutu,
tutu laroye ilé tuto[65]

Cuba es una isla rodeada de agua por todas partes, surcada de ríos y arroyuelos e incrustada de lagunas, con montes que eyectan cascadas y manantiales, más aún que Africa; es lógico, entonces, que el escenario de las aguas forme parte de la mítica afrocubana y por ende de la cuentística de Lydia Cabrera. Hasta el momento, hemos visto la importancia de las mismas para la supervivencia de la vida terrestre a través de variados ejemplos en los cuentos de Cabrera que forman parte de nuestro estudio sobre las aguas; ahora, en esta etapa final nos detenemos a explo-

---

[65] En yoruba: Agua fresca para que todos tengan fresco, se sientan bien, haya comprensión y benevolencia y el *ilé* esté tranquilo y fresco (*Yemayá y Ochún* 143).

rar la importancia de las aguas en relación directa a la mitología yoruba en suelo cubano. ¿Quiénes son las diosas yorubas que gobiernan las aguas, *orishas* del politeísmo lucumí[66] que una vez trasplantadas a la isla han sufrido modificaciones que las adaptan mejor a la isla? Lydia Cabrera, además de su intensa labor en *El Monte* para sacar a la luz los rituales de las diferentes diosas fluviales veneradas en Cuba y los múltiples *appatakis* contados por sus adeptos, ha dedicado un libro por entero a los dos *orishas* de mayor importancia en relación con las aguas, titulándolo con sus nombres, *Yemayá y Ochún*.

En su libro, Cabrera comienza estableciendo la omnipotencia de Yemayá: "Yemayá es reina universal porque es el agua, la salada y la dulce, la mar, la madre de todo lo creado. Ella a todos alimenta, pues siendo el mundo tierra y mar, la tierra y cuanto vive en la tierra, gracias a ella se sustenta. Sin agua, los animales, los hombres y las plantas morirían (...) Sin agua no hay vida" (20-21).

De inmediato entramos en la leyenda, la cual parece, en su hermosura, ser un cuento más nacido de la prolífica imaginación de la autora. Sin embargo, este relato de la Creación pertenece a la mitología yoruba traída a tierras cubanas. Aprendemos que en los tiempos de Olodumare, el creador, sólo existe el fuego y rocas ardientes. El creador entonces da a la tierra sus valles, sus montañas, sus sabanas, las nubes en el cielo, pero allí "donde el fuego [ha] sido más violento [han quedado], al apagarse éste, unos huecos enormes y muy hondos. En el más profundo [nace] Olokun, el océano" (21) que es como se le llama a la manifestación de la Yemayá más vieja, de género masculino[67]. Más tarde, del vientre del mar salen las estrellas y la luna, siendo éste "el primer paso de la creación del mundo" (21).

Más adelante en el texto, uno de los informantes[68] de Lydia Cabrera, llamado Gaytán, nos da que pensar al reincidir en una pregunta que ya nos hemos hecho en este ensayo: "Si Yemayá lo abandonase, ¿qué sería del mundo al faltarle el agua?" (24). Gaytán está insistiendo

---

[66] *Yemayá y Ochún*, pág. 21.

[67] Los informantes de Cabrera afirman que sus mayores les han dicho que "Olokun es varón y hembra, andrógino" (28).

[68] Los informantes de Lydia han sido, en su gran mayoría, negros de nación, puros africanos ya libres, o sus hijos, los cuales tienen el pasado ancestral todavía muy claro en sus memorias.

en que la diosa es el agua, la cual a su vez es "Madre de la vida (...) que nos sustenta y desaltera (...) La bebemos al nacer, la bebemos al morir y ella nos refresca el camino cuando nos llevan a enterrar" (24).

Otro informante, Bamboché, cuenta el extraordinario mito de la separación de la tierra y el mar después de la Creación. Para comenzar, Bamboché establece que de Olokun nace Yemayá, y sin dar más explicaciones da rienda suelta al *appataki* de cuando Olorún –otro de los nombres del creador– y Olokun luchan por el dominio del globo terráqueo, porque ellos son "los que hicieron el mundo. En el principio no había más que Olorún y Olokun. Son los primeros. Olokun y Olorún tienen la misma edad" (25). Las guerras entre los dos primeros dioses son furiosas, pero llegan al máximo cuando Olokun, para demostrarle a Olorún su poder, crea el ras de mar, con el cual la tierra podría desaparecer en un santiamén.

La calma se restaura cuando Olorún se va de la tierra, dejando la tierra en manos de su hijo primogénito, Obatalá, mientras Olokun sigue haciendo de las suyas cuando algo le molesta; entonces, Obatalá, que por fin ha perdido la paciencia "[tiene] que encadenarlo con siete cadenas, porque en un acceso de furor [Olokun] podría ahogar a la humanidad entera y a todos los animales" (26). Parece que mucha es la tierra que se pierde y muchos son los hombres y animales que perecen por culpa de los exabruptos del dios del mar, la cara masculina de Yemayá. Cabe, sin embargo, decir que desde que Obatalá toma las riendas en este asunto, hasta el día de hoy, "Olokun (...) mitad hombre, mitad pez (...) vive [encadenado] en el fondo del océano, junto a una gigantesca serpiente marina" (26).

Indudablemente, la manifestación del gran *orisha* del mar que una y otra vez hace acto de presencia en la cuentística de Cabrera es la femenina, Yemayá la materna, poderosa y rica, separada de "los caracteres tremebundos que la asocian" (28) a Olokun. No obstante, no podemos olvidar que los *orishas* tienen todos numerosos caminos o avatares. Yemayá posee siete caminos: *Yemayá Olokun*: el océano profundo, negro y andrógino; *Yemayá Awoyó*: la más vieja, la que emana de Olokun; *Yemayá Akuara*: la que vive entre el mar y la confluencia de un río; *Yemayá Ukute*: la que prefiere los arrecifes de la costa, de aguas de un azul muy pálido; *Yemayá Konlá*: la que se encuentra en la espuma; *Yemayá Asesu*: peligrosa mensajera de Olokun, que vive en el agua turbia y sucia, en letrinas y cloacas; *Yemayá Mayalewo*: la que penetra en los bosques, pocetas y manantiales para hacerlos inagotables.

Es interesante también el que se le nombre de acuerdo con los atributos y características de los lugares que sus aguas tocan, o por otras circunstancias que se relacionan con su fluir: *Yemayá Ibú Odo*: la mar profunda de color añil; *Yemayá Lokun Nipa*: la fuerza del mar; *Yemayá Okotó*: el mar de fondo rojo, en la costa donde hay conchas; *Yemayá Atara Magwá Onoboyé*: la diosa linda, que se luce y acepta elogios en el *güemilere*. *Owoyó Oguegué Owoyó Olodé*: el mar que se refleja en el cuerno de la luna; *Yemayá ye ilé ye lodo*: cuando acepta el *ebbó* de carnero a la orilla del mar o del río; *Ayaba Ti gbé Ibú Omí*: Reina madre que vive en lo hondo del mar; *Yemayá Atara magbá anibode Iyá*: cuando sus aguas se internan en los parajes solitarios del monte virgen; *Yemayá Iyawí Awoyómayé lewó*: Madre que viste riquezas y siete sayas; *Yemayá Yalode*: Reina poderosa; *Yemayá Awó Samá*: cuando ordena a las nubes que llueva; *Yemayá Ayabá*: la iracunda.

Hay un *appataki* muy interesante que nos habla de la ira de la madre de las aguas, saladas y dulces, *Yemayá Ayabá*, quien no tiene misericordia para con los humanos que olvidan darle su merecida adoración.

El relato en cuestión cuenta que en una ocasión en la que los adeptos se encuentran preparando grandes *güemileres* en honor de los *orishas*, a Yemayá no le llegan ni su invitación ni las noticias de que va a haber una fiesta en su honor. Como es de esperarse, la diosa "resentida con la humanidad que no le [rinde] el homenaje que [merece] su majestad, [resuelve] castigarla sepultándola en el mar" (33). Las olas invaden la tierra y arrasan con todo lo que se atraviesa en su camino; el mar se hincha, se ennegrece; los humanos aterrados al ver "un horizonte de montañas de agua correr hacia ellos" (33), comienzan a rezarle a Obatalá para que interceda. La leyenda dice que *Yemayá Olokun* "[va] sobre una ola inmensa llevando en la mano un abanico" (33), pero Obatalá le ordena que se detenga. Ella respeta profundamente a Obatalá, el creador del género humano, el que toma la carga del mundo a cuestas cuando su padre Olorún lo abandona; es por eso que acepta abandonar sus designios de acabar con la humanidad irreverente, y por esta vez le concede el perdón.

Cabrera, sin embargo, hace una observación final muy pertinente y que se debe tomar muy en cuenta: "cuando el mar está picado, cuando se alzan olas amenazadoras, porque Yemayá está enojada, se piensa que si Olokun no estuviera encadenada[69] se tragaría la tierra" (33).

En cuanto a Ochún, la hermana menor de Yemayá, a la cual conocemos bien porque de ella hemos hablado en muchas partes de este libro, de ella podemos decir, para empezar, que entre sus abundantes avatares el preferido de todos sus adeptos es el de *Yeyé Kari aberí yin lado moró otá*, el que mejor le queda, porque en este camino ella es la dueña de los ríos "que alegra, brilla, anima y que todos ensalzan cuando aparece moviendo su *abebé*[70] de plumas de pavo real" (73).

No obstante, Cabrera hace hincapié en separar los atributos personales de las dos diosas hermanas: "No es Ochún como Yemayá, 'la madraza', –el principio de maternidad[71]– que sus hijos y devotos nos describen: Ochún, junto a su hermana la gran diosa progenitora, es la amante, la personificación de la sensualidad y del amor, de la fuerza que impulsa a los dioses y a todas las criaturas a buscarse y a unirse en el placer. Por eso *Oñí*, la miel, que simboliza su dulzura, es uno de los ingredientes de su poder" (89).

Sólo nos basta releer las páginas que hemos dedicado al cuento "El chivo hiede" del volumen *¿Por qué...?* para recordar quien es esta apasionada diosa del amor, de las aguas de los ríos y de todas las cosas dulces.

No cabe duda, sin embargo, que el amor de Ochún no es sólo pasional; hay un *appataki* sobre el amor de Ochún por sus adeptos que es digno de mención al respecto, tanto por su ternura como por su relación con las aguas. Se cuenta que aquella vez que Olodumare se lleva todas las aguas de la tierra al cielo para castigar a los hombres y la sequía invade la tierra, y "los ríos se [vuelven] pedregales, las plantas se secan y

---

[69] Cabrera pone el participio pasado en femenino, reafirmando que Olokun es andrógino. El subrayado es mío.

[70] En yoruba: abanico.

[71] No obstante, no hay que generalizar, Yemayá también tiene amores, tiene caprichos; ella, sin embargo, ejerce, la mayor parte del tiempo, mejor control sobre sus pasiones que su hermana Ochún. Cabe de nuevo recordar el *appataki* sobre sus amoríos incestuosos con Changó, su hijo adoptivo (véase la nota 10). Un *appataki* que nos hace sonreír es el de los amores de Yemayá con el *orisha* Oko, dueño de los campos, de la agricultura y del ñame; en realidad, la diosa sedujo a Oko para obtener el secreto del ñame y regalárselo a Changó. Cabrera explica que "este sagrado tubérculo –Ichu–, que habla de noche y hace hablar en sueños a la gente dormida, sólo el *orisha* Oko lo cosechaba, sembrando secretamente la simiente" (*Yemayá* 37).

los hombres y los animales se [ahogan] de sed" (89), ese día, el bueno de Ifá llena un cesto con panecillos, huevos, hilo negro y blanco, una aguja y un gallo, y Ochún se ofrece para llevárselo al creador.

Ifá, el *orisha* adivino, sabe de antemano que en el camino Ochún va a encontrarse con otros *orishas*. Efectivamente, primero se encuentra al dios Echú –Elegguá– quien le pide los hilos y la aguja y ella se los da; luego se encuentra con Obatalá quien le señala hacia la puerta del cielo, después de que ella le regala los huevos. Al rato, la diosa se encuentra con muchos niños, y a ellos les da los panecillos. Olodumare, que todo lo ve, se conmueve ante la escena que ofrecen Ochún y los niños y decide darle el perdón a los hombres. "Los ríos, las fuentes, se [hinchan] y [vuelve] a reinar la abundancia" (89) en la tierra. Cabrera termina haciendo énfasis en recordarnos que "no [es] ésta la única vez que por intervención de Ochún, en la tierra agotada, [revive] la vida" (89).

Es indispensable hablar de la necesidad de los *omó–orisha*[72] de recibir su primera purificación en el río, elemento regido por Ochún, para que la diosa les favorezca en su iniciación. El llamado *wo ti omorisha luwe odo*, o sea la purificación en el río, es parte intrínseca del ritual del Asiento. Sin lugar a dudas, la purificación en el río es un acto de gran belleza, que parece salir de un libro de leyendas, pero, ante todo, es liturgia.

Primero se debe hacer *ebbó*, cuando cae el sol, y acto seguido se lleva al *omó-orisha* al río. En muchos *ilés* [comunidades] se practica este ofertorio bajo la luz de la luna, pero en otros se hace al atardecer. A las encargadas de llevar al neófito al río se les llama *oyugbonas* y van siempre acompañadas de dos o más *iyalochas* mayores[73]. "Sin 'saludar', rendirle homenaje a la dueña del río, sin purificarse en sus aguas, no se efectúa ningún asiento" (139), nos dice Cabrera.

Después del ofertorio del *ebbó* –casi siempre un guiso de camarones, acelgas, tomates y alcaparras– se debe *moyubar*, rendir pleitesía a la diosa de las aguas: "*Ochún yeyé mi ogo mi gbogbo ibu laiye nibo gbogbo omorisha lowe mo to si gbá ma abukón ni. Omi didume nitosi oni Alafia atiyó obinrin*

---

[72] En yoruba: hijo de santo.

[73] El ritual del Asiento es una ceremonia principal de iniciación en Santería, en la cual al iniciado le "baja el santo", el *orisha* lo "monta", se posesiona de él, por así decir. Las *iyalochas* son sacerdotisas en Santería, madres o mujeres de santo.

eleré aché wawo atiré maru achó gelé nitosi yo ayaba ewá ko eleri riré atiyó[74] ..."
(139).

Las *oyugbonas* desnudan a la novicia, ripian sus vestidos y los echan a la corriente del río, para que luego una de las *oyugbonas* la bañe; si es hombre el neófito, los *babalochas*[75] se encargan de quitarle las ropas y bañarlo. La *omó-orisha*, bañada y vestida de limpio, regresa al *ilé* con una tinaja de agua en los brazos. Una vez en el *ilé*, una *iyaré*[76] la recibe haciendo sonar la campana de Obatalá, llamada *agogó*.

Todo lo que pasa dentro del *ilé* momentos después del llamado acto de prendición sólo los adeptos lo saben y de ello no pueden hablar. Los *aberikolá*, los que no se les ha "sentado" un santo, no son permitidos en esta ceremonia secreta. Lydia Cabrera nos dice al respecto: "Dentro de una hora todo estará listo para la consagración. *Iyawó* [la novia], aunque empieza a perder la noción del tiempo, diríase que sus ideas son más confusas desde que volvió de saludar el río, siente angustiosamente la proximidad de una experiencia misteriosa sobre la que no ha cesado de interrogarse un sólo día de los que ha pasado en el *ilé-orisha* [templo]. ¿Qué va a sucederle allá adentro, en el *igbodú*[77]?" (147).

Aunque no podamos penetrar en el secreto del Asiento, al menos nos hemos acercado un poco a la belleza del ritual, en el cual las aguas son el principal componente divino en el intercambio espiritual que ocurre entre adeptos y *orishas*, en este caso específico, entre los *omós* y Ochún.

Tal y como lo explica el primer capítulo de este libro de Cabrera, no es de extrañar el constatar que se venere a estas dos diosas fluviales en Cuba el 8 de septiembre, siguiendo el calendario litúrgico católico. La Virgen de Regla, Yemayá, es patrona del puerto de La Habana, y la Virgen de la Caridad del Cobre, Ochún, es patrona de Cuba. Ellas, en

---

[74] En yoruba: Ochún, madre de gloria absoluta, inmortal, reina bellísima y adorada, hacia ti van todos los hijos de *orishas*, a tu lado los afligidos por una desgracia o deficiencia física van a lavar su cuerpo y purificarse en tus aguas. Te rogamos, te hablamos, que tu corriente se lleve la miseria. Subrayo para enfatizar la importancia de las aguas en este ritual.

[75] Sacerdotes en Santería, padres de santo.

[76] La primera madrina del Asiento.

[77] En yoruba: cuarto del santo; habitación en la casa del *babaorisha* en la que tienen lugar las ceremonias secretas.

sus vestidos católicos o en sus galas *lucumís*, velan siempre por sus hijos, desde sus aguas, saladas o dulces. Cuba le pertenece a sus vírgenes, la isla hasta tiene forma de cocodrilo, y bien claro lo dice Cabrera en su libro *Los animales en el folklore y la magia de Cuba*: "pertenecen los caimanes a Yemayá y a Ochún. Son mensajeros de Olokun" (71).

En conclusión, hagamos síntesis remontándonos a los orígenes de la humanidad. Desde que el mundo es mundo todas las culturas cuentan que desde que el agua riega la tierra toda vida ha podido germinar, crecer y sustentarse. La diáspora yoruba también lo sigue contando así, y es en las manos de Yemayá y Ochún que se deposita la fe de muchos pueblos. Sin pensarlo dos veces, porque "sin agua no hay vida" (20-21), los adeptos que labran la tierra "cuando se prolonga una sequía (...) hacen rogaciones a Ochún y a Yemayá" (90), invocando su ayuda:

> ¡Oyo so ko ni awado!
> Yemayá Iyawí Yalode
> Ochún Yeyé Kari Yalode
> ¡Dupé![78]

---

[78] En yoruba: No llueve ... ¡maíz no crece! Yemayá, nuestra madre y reina. Ochún, bellísima reina. ¡Gracias!

3
EL MITO DEL CHIVO EXPIATORIO

"LAS MUJERES SE ENCOMIENDAN AL ÁRBOL DAGAME":
EJEMPLO DE *TEXTO DE PERSECUCIÓN* GIRARDIANO

Muchos y valiosos mitos han sobrevivido el paso inexorable de las épocas. Pero, todo mito que ha podido sobrevivir la era desmitologizada que es el siglo XX, lo ha hecho porque aún en un mundo donde la ciencia y la tecnología son reyes el hombre persiste en querer saber cuál fue el comienzo, dónde está el legendario *principio*. Los orígenes de lo sagrado se encuentran en la caza, y aunque el hombre por milenios no se preocupó en pensar profundamente en las connotaciones que aporta el aprehender, mutilar, y luego ingerir la carne de otra criatura, gradualmente el acto mismo fue convirtiéndose en algo entre lo instintivo y lo ritual.

Para el hombre primitivo arcaico el lacerar la carne llegó a convertirse en una vía hacia lo sacro; el mutilar otra criatura se percibía como una representación ritual a través de la cual se daba entrada a lo divino. Tales mutilaciones, como lacerar la carne y desmembrar, entre otras, ejecutadas con las manos, eran actos que permitían la llegada de la divinidad entre los humanos, eran los comienzos del llamado *sacrificio* como base de la experiencia religiosa: "Sacrificar significa, literalmente, convertir en sagrado, y nuestro primer acto sagrado fue el desgarrar la carne viva hasta que la sangre fluyera"[79] (Young: 222).

El tema del *chivo expiatorio* o *víctima expiatoria* es central dentro del llamado *récit sacrificielle*, y siempre aparece de una manera franca y sencilla en la mitología de todas las culturas. Esto parece probar que en verdad existen arquetipos narrativos que de una manera u otra han queda-

---

[79] La traducción es mía; el original lee: "To sacrifice means literally to make sacred, and our first way of doing this was to tear living flesh until the blood flowed".

do grabados en la consciencia colectiva de la humanidad, y que, transmitidos por la vía oral o la escrita, se mitifican al correr paralelos al fluir histórico. Según antropólogos y mitólogos la fuente obvia del tema de la *víctima expiatoria* es la caza. Cuando una manada es atacada, el más débil de sus miembros es sacrificado para asegurar de esta forma la sobrevivencia de los demás. Al entregar una víctima al predador se aplaca la violencia del enemigo, al mismo tiempo que se canaliza la violencia interna que el propio ataque ha creado dentro de la manada. Dejándose llevar por el ejemplo del reino animal, parece ser una costumbre entre las culturas primitivas controlar la violencia desencauzada. Para ellos la solución está en elevar la violencia al formato de ritual de manera que la llamada *contaminación*, de la cual hablaremos más tarde, y los odios de sangre se metamorfoseen a través del rito. Por ende, el uso del ritual evita así un indeseado e inoportuno derramamiento de sangre que, en caso de ocurrir, impediría a la comunidad en cuestión alcanzar el grado de purificación necesario para recibir en su seno a la divinidad.

El tema central de la *víctima expiatoria* aparece en muchos de los cuentos negros de la escritora y antropóloga cubana Lydia Cabrera por ser relatos en su mayoría míticos, primitivos, ancestrales. En cuanto a la narrativa de Lydia Cabrera, ésta forma parte del movimiento al que se llamó negrismo en los años veinte y treinta, el cual emana del vanguardismo pero que se separa del mismo ya que sus matices son diferentes, propios, con objetivos específicos, y horizontes sociológicos y mitológicos que a la literatura de vanguardia no le interesa penetrar.

Lydia Cabrera, siendo parte de este movimiento, y viviendo en París entre 1924 y 1930, encuentra en el surrealismo un lazo de unión con su patria, Cuba. No obstante, Cabrera no tiene interés en búsquedas de lo mágico en el ocultismo europeo u oriental, a ella le basta recoger y ordenar el mundo negro de su país de origen, el cual es para ella infinitamente más rico en posibilidades poéticas y míticas que la astrología, el sueño y la mentalidad mítica colectiva. Por lo tanto, el surrealismo de Lydia Cabrera es solamente inicial, ya que en su obra no hay la desesperación humana ni cósmica de la sociedad contemporánea. En los cuentos de la autora, basados en una sociedad primitiva como lo es la africana y por ende la afrocubana del tiempo de la colonia, hay una feliz armonía entre los humanos y la naturaleza, que a veces se ve nublada por un elemento transgresor que debe de desaparecer para que la normalidad se restablezca. En sus relatos hay una aceptación mítica de las leyes naturales, como lo son la vida, las enfermedades y la muerte. Todos estos elementos ya la separan del surrealismo per se. Más bien Lydia Cabrera utiliza el afán surrealista de encontrar un plano donde la realidad y el mito converjan para crear en sus escritos un enfoque diferente sobre la temática negrista, ya que la concepción mágico-mítica de la realidad afrocubana proviene de una tradición viva, y no científica, la cual conlleva una interpretación vital del universo.

A continuación, nuestro próximo paso será explorar la relación esencial entre el tema de la víctima expiatoria como mito y su estructura temporal dentro de un relato mítico de Lydia Cabrera, utilizando para ello el *modelo mimético* confeccionado por el eminente pensador René Girard.[80]

René Girard a través de su larga y ardua carrera como investigador literario ha trabajado en un proyecto de dimensiones universales el cual investiga la lógica de la complejidad y de la auto-organización; dicho estudio lo ha llevado a crear un modelo estratégico para analizar procesos colectivos. Básicamente la investigación de Girard enfoca las intrarelaciones que se efectúan entre sistemas significantes y la fuerza inevitable de la agresividad humana en la acción ritual. Girard presenta provocativas consideraciones sobre la violencia como auto-organización tanto como sobre las ramificaciones del sacrificio ritual a través de un paradigmático estudio morfogenético[81] sobre el fenómeno del orden-desorden dentro del sistema social.[82] A su vez, Girard aplica sus hallazgos al mito y

---

[80] Las principales obras de Girard son: *Mensonge Romantique et Vérité Romanesque*, Paris, Grasset, 1961 (abrev. *MRVR*); *La Violence et le Sacré*, Paris, Grasset, 1972 (abrev. *VS*); *Des Choses Cachées Depuis la Fondation du Monde*, Paris, Grasset, 1978 (abrev. *CC*); *Le Bouc Emissaire*, Paris, Grasset, 1982 (abrev. *BE*).

[81] El término *morfogénesis* es equivalente a dinámicas culturales, o sea, a los mecanismos de la cultura. Sobre los paradigmas C. Morazé explica: "Paradigms appear whenever, from out of a log-jam of diffuse and fragmented knowledge a new configuration surges up in a particular brain, thus enabling progress to flow onward." *Science and the Factors of Inequality*, p. 171.

[82] "In addition, the diversity of reviews produced so far in France is due to the fact that the unanimous victimage hypotesis has been read as a complete, totally consistent statement about the phenomenon of order-disorder in a social system, rather than as a partial perspective, or better, a statement of problems concerning the necessary and

a la literatura, basando sus formulaciones en la alianza entre las ciencias
físicas y las humanas, ofreciendo un *modelo mimético* que aborda caminos
específicos en el estudio de la interacción humana, como son el mecanismo simbólico, la teoría del sacrificio, y la rivalidad.

Tal y como hemos postulado anteriormente, es la intención de este estudio aplicar el *modelo mimético* girardiano [83] a uno de los cuentos de
la escritora y antropóloga cubana Lydia Cabrera, entitulado "Las mujeres se encomiendan al árbol Dagame"[84]. En cuanto a nuestro propósito,
podemos estipular que una investigación sobre la morfogénesis y la mimesis de cualquier obra literaria obviamente es un meta-análisis que
proyecta la narrativa mítica como el "universo mental" de la sociedad a
la que pertenece. En verdad, el *modelo mimético* girardiano, además de
ser uno de los más claros y mejor estructurados en existencia, es también una contribución conceptual importante ya que el mismo sugiere
un patrón o esquema que va de la praxis individual –la violencia recíproca– al mecanismo colectivo victimario. Este mecanismo victimario
nos lleva a las puertas del *linchamiento fundador camuflageado (lynchage
fondateur camouflé)*, segundo postulado de la *Antropología Fundamental* girardiana, el cual siempre se encuentra en los llamados *textos de persecución* [85] los que comprenden en sí mismos cuatro *grupos de significación* o
modelo de acción ritual.

---

sufficient conditions for comprehending a social system, the development of a discour-
se about exchange and self organization as the *loci* for all systems of human relations,
the problems of violence as a fundamental invariant in culture, the theory of sacrifice,
and the relationship between cultural products (i.e. works of art, literature, etc.) versus
historical context." V. Ciminna, *Violence and Sacrifice: An Analysis of Girard's Interpretation
of Ritual Action*, pp. 18-19.

[83] El *modelo mimético* girardiano es descrito por V. Ciminna como: "The geometry
of violent reciprocity (or the interaction of two *subjects* for one *object*)" (Ciminna: 69, no-
te 98), "leading to violent conflict" (Ciminna: Preface, xlvi).

[84] Lydia Cabrera, *¿Por qué...?*, Colección del Chicherekú en el exilio, segunda edición, 1972, pp. 57-62. La autora tituló su libro *¿Por qué...?* ya que cada relato explica el
por qué de una arraigada práctica cultural, o el por qué algo o alguien es como es, en la
tradición africana yoruba y en la afrocubana. El cuento que estudiamos nos explica por
qué en algunas sociedades africanas y en la afrocubana las mujeres estériles se encomiendan al árbol Dagame.

[85] Para Girard un *texto de persecución* es una producción cultural (i.e. una obra literaria, una pintura, un jarrón, etc.) en la cual la *violencia colectiva* está representada por
completo o en parte. Ver *CG*: 176-211.

LYDIA CABRERA: APROXIMACIONES MÍTICO-SIMBÓLICAS A SU CUENTÍSTICA   115

René Girard llama *Antropología Fundamental (Anthropologie Fondamentale, CC:* Livre I) a su posición en cuanto a la naturaleza del sacrificio, la violencia, y el *conflicto mimético.* Grosso modo, podemos sintetizarla en los siguientes postulados:

I. Teoría del sacrificio (*CC:* 9-46):
    1. *Rivalidad mimética y mimesis de apropiación* (i.e. *modelo mimético,* nota 83)
    2. *Mecanismo victimario* (i.e. violencia colectiva; solidaridad colectiva)

II. El *linchamiento fundador camuflageado* (*CC:* 146-175):
    1. *Modelo de acción ritual*
    2. *La eliminación radical*
    3. *La consagración de la víctima* (i.e. la méconnaissance sacralisante des sociétés primitives). (*CC:* 198)

En cuanto a los *textos de persecución,* los cuatro *grupos de significación* o *modelo de acción ritual* que forman parte integrante de los mismos son (*CC:*181-182):

1. La comunidad está en crisis (enfermedades, indiferenciación, violencia intestina, etc.)
2. Una "falta" grave se ha cometido. El *mal de ojo* se le echa a un *chivo expiatorio (bouc émissaire).*
3. La *violencia colectiva* se desencadena contra el *chivo expiatorio* (expulsión, asesinato, linchamiento).
4. La comunidad se purifica al ser evacuada una forma de *contaminación*[86] particularmente nefasta; mientras, por medio de la violencia efectuada, la *víctima expiatoria* es consagrada.[87]

---

[86] *Contaminación (pollution)*: del latín *polluere,* que significa profanar, manchar, deshonrar. En las culturas primitivas *contaminación* significa "el mal aliento de los dioses", infección, enfermedad contagiosa que debe curarse aplicándose la cuarentena y la catarsis (i.e. limpieza, del griego *Katharsis)* a todas las personas que han estado en contacto con el foco de *contaminación.* La limpieza debe ser corporal (por agua) y espiritual (por lágrimas).

[87] Sobre las sociedades primitivas como modelos de su *Antropología Fundamental*

Llegados a este punto podemos preguntarnos cómo encaja dentro de la *Antropología Fundamental* girardiana el cuento de Lydia Cabrera antes mencionado. Cabe aquí decir que no es de extrañar que uno de los relatos de los tres volúmenes publicados de cuentos negros de la autora entrañe en sí los cuatro *grupos de significación* girardianos; anteriormente hemos establecido que la obra cuentística de Lydia Cabrera se sustenta del mito y la antropología africanos, los cuales llevados a América engendran una nueva aplicación de los mitos mismos, de las creencias, de las leyes, en fin, del universo africano primitivo por entero. Lydia Cabrera asimila en su larga carrera de antropóloga afroamericanista todos estos mitos, creencias y filosofías, para luego compartirlos con un público literario, a través de sus tres colecciones de cuentos, *Cuentos negros de Cuba* (La Habana, 1940), *¿Por qué...?* (La Habana, 1948), y *Ayapá: Cuentos de Jicotea* (Miami, Universal, 1971)[88]

El relato comienza diciéndonos que "dos que se amaron en un bosque engendraron un hijo de gran belleza: Bondó" (57). Bondó, protagonista de "Las mujeres se encomiendan al árbol Dagame", nace para ser amado; él es, desde su tierna infancia, "ese que viene al mundo para ser preferido. Así debieron adivinarlo oscuramente los hombres desde muy temprano" (57). El que Bondó sea engendrado en el bosque es de importancia vital porque desde un principio se nos presenta como el escogido de los dioses del bosque y de sus antepasados, quienes han aceptado el ac-

---

Girard nos dice: "Nous ne nous demandons jamais comment les sociétés dépourvues de pénalité judiciare (i.e. les sociétés primitives) tiennent en respect une violence que nous ne voyons plus. Notre méconnaissance forme un systéme clos. Rien ne peut la démentir (...) Le mystère que constituent pour nous les sociétés primitives est certainement lié a cette méconnaissance. C'est ce mystère qui est responsable de nos opinions toujours extrêmes au sujet de ces sociétés (...) Dans ces sociétés, les maux que la violence risque de déclencher sont si grands, et les remèdes si aléatoires, que l'accent porte sur la prévention. Et le domaine du préventif est avant tout le domaine religieux. La prévention religieuse peu avoir un caractère violent. La violence et le sacre sont inséparables. L'utilisation 'rusée' de certaines propriétés de la violence (...) se dissimule derrière l'appareil rigide du sacrifice rituel" (VS: 33-34).

[88] Los tres libros son de mucha actualidad. *Cuentos negros de Cuba* ha sido reimpreso en 1059, 1961, 1972 y 1993, y el original de 1940 fue traducido al francés por Francis de Miomandre y publicado antes que el original por Gallimard en 1936; *¿Por qué...?* fue traducido al francés por Francis de Miomandre y publicado por Gallimard en 1954, y fue reimpreso en español en 1972.

to de amor de sus padres como ofrenda ritual propiciatoria convirtiéndose a su vez en protectores de la pareja enamorada y de toda su descendencia. Recordemos que en la mitología africana y afrocubana el paraíso terrenal "se encuentra en el bosque –lugar donde se unifica todo el universo–: dioses, hombres, espíritus, animales, plantas, cosas. En el bosque existe una constante regeneración de las fuerzas del universo, en él nada se
destruye, todo se renueva incesantemente (...) Es allí, en el bosque, donde habitan dioses buenos y malos porque es el cielo y el infierno a la vez;
sin olvidar que el bosque es también un lugar de peregrinación y sacrificios religiosos (...) Por último, la muerte en el pensamiento filosófico africano no es símbolo de destrucción como se la representa en el occidente.
La muerte no detiene el proceso de la vida, o sea, un muerto sigue exis-
tiendo como fuerza espiritual protectora de sus descendientes[89]".

Los hombres aborrecen a Bondó en secreto, sintiendo que el joven les roba "algo que no sabían explicarse claramente" (58). Sin embargo, aunque la envidia y los celos son vivísimos, "recónditos" (58), éstos se ven obligados, por la niñez de Bondó, a no "ser sospechados de
inhumanos" (58) y se guardan muy para sí este odio que crece acelera-
damente, a la par del propio Bondó. A pesar de ser ya un joven, las mujeres siguen mimándole, poniendo más atención en él que en sus propios hijos, y entonces "los hombres ya no disimulaban la aversión que les
inspiraba y protestaban abiertamente" (58).

Un buen día Bondó deja de ser niño; en ese aciago día los hombres sienten que desde ese instante el bello adolescente será su rival.
Paralizados ante aquella enojosa realidad, obsesionados por la belleza,
la gallardía, la singular atracción que Bondó posee, de quien aunque
"era virgen (...) no había una sola muchacha que ya no fuese su enamorada" (59), los hombres deciden que el joven debe morir.

Estos van a ver a un adivino, quien les dice que Bondó es protegido
de los dioses y que no puede morir de ningún hechizo. No obstante,
agrega que sólo Bondó puede matarse a sí mismo. Los hombres lo apre-
san, lo llevan al bosque donde fue engendrado y allí le ponen un hacha
en la mano y le ordenan que abata el árbol Dagame en el cual "su vida
estaba encerrada virtualmente" (60). Lo obligan a talar el árbol; al prin-

---

[89] Tomado del prólogo a *Los cuentos negros de Lydia Cabrera: Un estudio morfológico*,
pp. 11-12.

cipio él rehusa presintiendo que su vida está en peligro, luego consiente a hacerlo, pero pide hacerlo cantando. De la primera herida del árbol brota "un chorro de sangre rubí" (61) y se escapa por la sangría una mujer, o un espíritu vegetal, sin pies, quien avisa a todas las mujeres de la desgracia que está ocurriendo. Bondó tala, ahora alegremente, sin descanso, y las astillas vuelan cerca y lejos hasta hincarse en cada vientre de mujer. Nadie puede impedir que Bondó muera. Los hombres sienten vindicadas sus dolientes honras. Por su parte, las mujeres alertadas corren todas al bosque "enloquecidas de dolor" (62). Llegan cuando Bondó imparte el último golpe al árbol Dagame; cae el árbol y Bondó muere, aunque en realidad él ha vencido a la muerte "pues en todas las mujeres había penetrado y prendido una astilla fecundante del madero precioso y por obra suya todas concibieron" (62). Bondó consagrado por su martirio se inmortaliza a través de su progenitura.

Este relato de Lydia Cabrera se nos presenta como esencialmente mítico, por lo tanto es apto para un análisis extra–textual que vaya más allá de la textualidad y de la intertextualidad que nos son siempre accesibles en todo texto literario. En el caso de nuestro texto, la tesis girardiana del *linchamiento fundador* toma prevalencia dado a que él mismo la ejemplifica. En primer lugar, su diégesis presenta la existencia de una *rivalidad mimética* que lleva a la violencia colectiva, la cual es transferida a un ente extranjero, o más bien extraño, a su propia comunidad (i.e. *pharmakos*)[90]; en consecuencia, el *pharmakos* –en este caso Bondó– experimenta el desencadenamiento de la violencia de todo un grupo para que la comunidad misma pueda exorcizarse de su violencia intestina y vuelva al equilibrio, a la normalidad.

Es parte importante también de este proceso el que la *víctima expiatoria* sea *consagrada* por medio del *mecanismo victimario*, como veremos más adelante. Además de lo anterior, un punto primordial del *linchamiento fundador* es el llamado *desconocimiento consagrante* de las sociedades primitivas (*la méconnaissance sacralisante*)[91]; es imperativo que la co-

---

[90] "Le *pharmakos* grec (...) des êtres qui n'appartiennent pas, ou à peine, à la société" [i.e. los prisioneros de guerra, los esclavos, los extranjeros de un lado; del otro lado, el rey] (Girard, *VS*: 24).

[91] "L'opération sacrificielle, on l'a vu, suppose une certaine méconnaissance. Les fidèles ne savent pas et ne doivent pas savoir le rôle joué par la violence. Dans cette mé-

munidad no deba estar consciente del papel que juega la violencia en el *mecanismo victimario.* En nuestro trabajo nos concentramos primordialmente en el *linchamiento fundador,* sin embargo, no dejamos de presentar el *modelo mimético* y el *mecanismo victimario* por ser elementos de base en el desarrollo mismo del *linchamiento fundador* dentro del relato en cuestión.

Empezamos nuestro análisis enfatizando los signos físicos comunes en toda *víctima expiatoria.* Generalmente el héroe mítico posee ciertas particularidades que lo hacen diferente a los otros, que lo ponen por aparte del resto (i.e. *pharmakos*). En el caso de Bondó, éste muestra signos que lo hacen diferente y lo ponen por aparte de su comunidad. Bondó es bellísimo, ha sido engendrado en el bosque –lugar sagrado para los africanos– por dos que se amaban profundamente, posee el don de captarse el amor de todas las mujeres que le rodean y es protegido de los dioses. Bondó es un perfecto *pharmakos.*

La *rivalidad mimética* es creada por la violencia creciente que han engendrado los celos de los hombres al verse abandonados de sus mujeres, quienes sólo viven mimando a Bondó. Debemos, no obstante, cuidarnos de no tomar a Bondó como *objeto* del deseo de las mujeres. Dentro del *modelo mimético* son las mujeres las que aparecen como *objeto* del deseo, ya que los hombres (el *sujeto*) –sus maridos– codician lo que Bondó (el *rival*) posee (i.e. el amor de las mujeres). La rivalidad entre estos dos agentes –Bondó y los hombres– emana, entonces, del deseo de posesión del *objeto* (*mimésis d'appropriation*: sujet-objet-sujet); o sea, el hecho de que Bondó disfruta del amor de las mujeres las hace más deseables a los ojos de sus maridos[92].

---

connaissance, la théologie du sacrifice est évidemment primordiale" (Girard, *VS:* 17). "La substitution sacrificielle implique une certaine méconnaissance. Tant qu'il demeure vivant, le sacrifice ne peut pas rendre manifeste le déplacement sur lequel il est fondé. Il ne doit oublier complèment ni l'objet originel ni le glissement qui fait passer de cet object à la victime réellement immolée sans quoi il n'y aurait plus substitution du tout et le sacrifice perdrait son efficacité" (Girard, *VS:* 15).

[92] "Il s'agit de définir la position du rival dans le système qu'il forme avec l'object et le sujet (...) Le sujet désire l'objet parce que le rival lui-même le désire [ou le posé-de]" (Girard, *VS:* 216). En nuestro relato Bondó disfruta del amor de las mujeres, este hecho, y no las mujeres por sí mismas, hace que éstas se vuelvan "deseables", gracias a la existencia del rival.

Girard establece que dos deseos que convergen en el mismo *objeto* se convierten mutualmente en obstáculo, agregando que toda rivalidad mimética producto del deseo desemboca automáticamente en el conflicto (*VS*: 217). Entonces, el choque anímico entre Bondó y los hombres es el motor propulsor de la llamada *conclusion sacrificielle* (*CC*: 37) de la que seremos testigos. Girard también enfatiza el hecho de que la violencia y el deseo están, por lo tanto, ligados el uno al otro, razón por la que el *sujeto* en cuestión no puede experimentar la violencia sin despertar el deseo (*VS*: 220). La necesidad de la *conclusion sacrificielle* es imperativa; sin ella el *deseo mimético* (*desir mimétique*) perdería control y sin el catalizador de la *conclusion sacrificielle* destruiría la comunidad entera. En otras palabras, el que exista una *víctima expiatoria* y una *mimesis ritual* (*mimésis rituelle*) impide que la violencia obre en contra de la comunidad misma.

En nuestra historia, Bondó –*chivo expiatorio* por excelencia– ha venido al mundo ya marcado por su destino. Llegado el momento, la violencia controlada hasta entonces en el pecho de los hombres se desborda; los hombres decretan que Bondó debe morir. Sin embargo, la *ritualización* de un proceso que de otra forma hubiera ocurrido como un asesinato común y corriente, convierte la muerte de Bondó, el favorito, en *linchamiento fundador* dentro del marco de los cuatro *grupos de significación* o *modelo de acción ritual.*

El que la violencia controlada se desborde pertenece al *primer grupo de significación* girardiano (ver *modelo de acción ritual*): La comunidad está en crisis. En nuestro relato podemos atribuir la crisis a la violencia intestina engendrada por la *rivalidad mimética* de los hombres hacia Bondó.

El que los hombres decreten que Bondó muera corresponde al *segundo grupo de significación* girardiano (ver *modelo de acción ritual*): El *mal de ojo* se le echa al *chivo expiatorio.* O sea, la creencia en el *mal de ojo* permite atribuir a cualquier individuo todo lo que produce vergüenza dentro de una comunidad (Girard, *CC*: 162). En el cuento los hombres echan el *mal de ojo* sobre Bondó, o sea lo hacen responsable de su desgracia, haciéndole aparecer así como culpable de una falta grave: el robo del amor de las mujeres.

Elemento principal de la transformación del asesinato en ritual es la intervención del adivino a quien los hombres fueron a ver en busca de consejo; él les dice: "Bondó no morirá de ningún hechizo (...) Sólo el mismo Bondó puede acabar con su propia vida" (60).

Estos hombres, pertenecientes a una sociedad primitiva, por sus creencias saben que entonces Bondó solo puede morir en el bosque, talando por sí mismo el árbol debajo del cual fue engendrado. Esta parte del relato pertenece al *tercer grupo de significación* girardiano (ver *modelo de acción ritual*): La *violencia colectiva* se desencadena contra el *chivo expiatorio* (expulsión, asesinato, linchamiento). El factor esencial es que la acusación hecha contra el héroe mítico no se debe tomar como una simple acusación sino como un hecho absolutamente cierto, que debe ocurrir sin lugar a dudas (Girard, *CC*: 166). En el caso de Bondó es un auto–linchamiento, ya que solo él puede acabar con su vida, aunque son los hombres los que le obligan a hacerlo: "Maldito, obedece de una vez, que no hay aquí mujer que te contemple" (60).

El ritual de la tala del árbol Dagame se nos presenta en el relato a través de una bellísima narración por parte de la autora: "Bondó un adolescente, casi un niño, recogió sereno el hacha que de nuevo le tendían. Quienes iban a hacerle perecer, sus asesinos, jóvenes y viejos, eran todos sus conocidos; sus amigos de infancia, los padres de sus amigos, sus parientes cercanos. Bondó los despreciaba. Bondó sonrió con su bella, clara, envidiable sonrisa" (60). Al principio, Bondó se muestra reticente a talar el árbol, porque como ya hemos dicho él sabe que al hacerlo perderá su vida. La presencia del mítico árbol de la vida en el relato es de suma importancia; para todas las culturas, incluyendo la africana, éste representa en el sentido más amplio, "la vida del cosmos, su densidad, crecimiento, proliferación, generación y regeneración" (Cirlot: 77). Ontológicamente, el árbol equivale a la inmortalidad, al concepto de vida o muerte, él es el *arbor vitae* del centro del paraíso.

Sin embargo, para las culturas primitivas el *arbor vitae*, entre otros ejemplos, es un seguro refugio para el alma del protegido de los dioses contra sus enemigos: "No es imperioso que la vida, como se la concibe, more en el interior del hombre; aún ausente de su cuerpo ésta puede continuar infundiéndole vida en virtud de una forma de solidaridad o mecanismo que atraviesa las distancias. Mientras este objeto (en este caso el árbol) en el que se halla su vida, o alma, permanezca indemne, el hombre seguirá ileso; si se daña el objeto, el hombre sufrirá; si es destruido, morirá"[93] (Frazer: 874). En las sociedades primitivas la ventaja mayor que proporciona el refugiar el alma en un sitio seguro, y en general secreto, lejos del cuerpo, es el alcanzar la inmortalidad, ya que mientras el alma escondida no sea dañada el cuerpo no podrá morir; sus creencias explican que nada ni nadie puede matar a un cuerpo que no tiene alma.

En nuestro relato, si bien recordamos, sólo a través de un adivino los hombres del pueblo pueden enterarse donde está encerrada la vida de Bondó. Ellos, por sí solos, jamás podrán saberlo; por lo tanto, es únicamente por la intervención del adivino, intermediario entre los hombres y lo divino, que la vida de Bondó es puesta en peligro.

Lo mítico se establece aún más cuando Bondó por fin se resigna a talar el árbol, pero sólo cantando un canto lleno de musicalidad sacra, el cual culmina con tres gritos: "¡Sangrimania! ¡Sangrimania! ¡Sangrimania!" (61). Además de lo anterior hay un último elemento mítico que va íntimamente ligado al sacrificio de Bondó, la aparición de un fantasma vegetal femenino, a través de la primera sangría que Bondó inflige al árbol. Este fantasma femenino es en sí el *alter-ego* del árbol, su alma, la cual puede viajar, lo que el árbol no puede hacer, y avisar a todos los que aman a Bondó –sus padres y todas las mujeres del pueblo– del horrendo castigo que Bondó está sufriendo. Se nos dice que el fantasma vegetal: "aunque de aspecto agradable, no tenía pies. Su proximidad humedecía el cabello, la piel, como un rocío helado; al fin, alguien vio que se desvanecía en la luz de una puerta dejando un grato olor a savia, a rama fresca partida" (61-62).

Por ende, podemos constatar que el sacrificio y muerte de Bondó como relato mítico es representativo del *linchamiento fundador* girardiano ya que en los párrafos anteriores se encuentran ejemplificados los *grupos de significación* 1, 2 y 3 del *modelo de acción ritual*. El *cuarto grupo de significación* girardiano también está representado en el cuento de una manera conmovedora.

Por su parte, el cuarto grupo girardiano establece que la comuni-

---

[93] La traducción es mía; el original lee: "It is not needful that the life, so conceived, should be in the man; it may be absent from his body and still continue to animate him by virtue of a sort of sympathy or action at a distance. So long as this object which he calls his life or soul remains unharmed, the man is well; if it is injured, he suffers, if it is destroyed, he dies".

dad se purifica al ser evacuada una forma de *contaminación* (anímica o física) particularmente nefasta, mientras que por medio de la violencia efectuada la víctima ofrecida se consagra. Este es el caso de nuestro cuento: Bondó ha contaminado a su pueblo, ha sembrado la discordia en su comunidad, ha herido las honras de todos sus vecinos. Por lo tanto, Bondó muere para que su comunidad lave la afrenta. Al morir Bondó en una forma ritualizada, profetizada por un adivino, de su misma mano, y con incursiones fantasmagóricas, su muerte violenta provocada por los hombres pierde el sentido humano al convertirse en *linchamiento fundador*, ya que la víctima a través de su sacrificio se ha consagrado, y a su vez ha regresado el orden y la paz a la comunidad.[94]

Una vez que el *modelo de acción ritual* –parte del *linchamiento fundador*– se ha establecido, es fácil comprender porqué la *eliminación radical* (*CC*:146) de la *víctima emisaria* la convierte en víctima reconciliadora y reordenadora, a su vez volviéndose en divinidad inmortal. Girard cree al respecto que en suma la víctima es divina porque ella asume la responsabilidad de los desórdenes que culminan en la unificación del grupo, fomentando con ello el retorno al orden que asegura que esta unificación dure; la comunidad se dice a sí misma que, al convertirse en *víctima expiatoria*, el malhechor del comienzo no puede en realidad perder su alma ya que se ha transfigurado en un bienhechor poderoso gracias al *linchamiento fundador*, dando con su muerte a la comunidad un nuevo orden que unifica y da vida al grupo (*CC*:150).

De ahí la importancia de la consagración del *chivo expiatorio*. En cuanto a Bondó, el mismo relato determina no sólo su consagración como *víctima expiatoria*, y por lo tanto su "perdón", sino su inmortalización a través de su progenitura[95]: "Bondó cantaba desmochando alegremen-

---

[94] "Seule la perspective des lyncheurs (...) incapables de comprendre le mécanisme mimétique de cette réconciliation peut expliquer que la victime, au terme de l'opération, ne soit pas seulement exécrée mais divinisée, puisque c'est elle et non pas les lyncheurs eux-mêmes qui va passer pour responsable de la réconciliation. C'est la divinisation qui révèle l'efficacité du lynchage, car elle ne peut reposer que sur une impuissance totale à repérer le transfer dont la victime fait l'objet, et c'est à ce transfer unanime, bien sur, que la communauté doit d'être réconciliée; c'est bien pourquoi le retour à la paix et à l'ordre est attribué à la victime" (Girard, *CC*: 161).

[95] En la filosofía africana los antepasados siguen vivos a través de sus descendientes: "Apenas cuando el principio de la inteligencia se separa del cuerpo el ser se convierte en *muzimu*, una esencia inteligente sin vida". Alexis Kagame, *La philosophie bantu-*

te, sin darse un segundo de reposo. A cada tajo saltaban del árbol milla-
res de astillas, y cada astilla volaba hasta incarse en el vientre de una mujer. Y cuanta mujer joven y sana había en la comarca, cerca, lejos, en el
lugar más apartado y distante, sin exceptuar una sola, recibía en el vientre una astilla del árbol precioso de su vida que abatía Bondó, el
Deseado" (61). Sin embargo, aunque ontológicamente Bondó ha vencido a la muerte, su muerte física, en el sistema girardiano, es ante todo el
necesitado sacrificio reconciliador que acarrea consigo la vuelta al orden para su comunidad.

Con la consagración de la *víctima expiatoria* –Bondó– en este hermoso relato de Lydia Cabrera, concluye mi análisis fundado en la teoría
del *linchamiento fundador* girardiano. Al aplicar la posición girardiana sobre la naturaleza del sacrificio y la violencia en relación con el *conflicto
mimético* al relato "Las mujeres se ecomiendan al árbol Dagame" se han
expuesto y analizado diferentes aspectos del ritual mitológico del sacrificio en el marco de un relato que desarrolla perfectamente el tema universal de la *víctima expiatoria* como mito. Intencionalmente, he dejado
de lado para otro momento los posibles problemas que el sistema girardiano pudiera traer como enfoque teórico ya que este relato de
Cabrera, aunque es literatura, es ante todo narrativa mítica, a la cual la
teoría de Girard se aplica como anillo al dedo, porque tal y como lo revela el relato estudiado en estas páginas, toda la narrativa de Lydia
Cabrera muestra la autenticidad de la fuerza telúrica, lo religioso primitivo, y la extraordinaria subsistencia de lo primitivo en el universo con-
temporáneo. Su ficción contiene la elaboración mítica y mágica de una
latente realidad maravillosa escondida, la afrocubana, que convive en
medio de un mundo blanco y cristiano.[96]

---

rwandaise de l'Être, p. 369 (traducción de Janheinz Jahn, p. 149). "En sentido estricto es
falso, por lo tanto, decir que los muertos 'viven'. No 'viven', sino que existen como
fuerzas espirituales. En cuanto fuerza espiritual, el difunto, el antepasado, mantiene
una relación con su decendencia". Janheinz Jahn, *Muntu: Las culturas neoafricanas*,
pp. 149-150.

[96] Véase Mariela Gutiérrez, *El cosmos de Lydia Cabrera: Diosas, animales y hombres*,
p. 107.

4
DE BABALAWOS Y CONJUROS

INKIN PUNGUELE BONDAN KISA BONDAN KISA
BONDAN GÜEI: *EL BILONGO* DE ERUBU

¡ Qué comience el *bembé*!:[97]

Iba ara ago o
Moyuba
Iba ara ago o
Moyuba
Omo de Ko ni
Iba ara ago o
Moyuba
Fe Elegguá Echú lona

Saludos hermanos
Les hago reverencia
Saludos hermanos
Les hago reverencia
He venido hoy
A Saludarlos hermanos
Les hago reverencia
Elegguá Echú, abre el camino

En cuestiones de *bilongos* Lydia Cabrera afirma que "lo que no logra el sapientísimo médico *mundele* u *oyibó* (blanco), porque no sabe ver

---

[97] Fiesta de los *orishas*, caracterizada por sus tambores y sus bailes, en la cual todos los santos "bajan" a bailar con sus adeptos.

125

lo que se oculta detrás de una vana apariencia, (...) lo [logra] un Santo o un espíritu a través de su intermediario: el santero lucumí ¡un ignorante! pero que adivina y obtiene de los dioses que retiren la enfermedad; o el Padre *Nganga*, que anonada con sus contra brujerías al *ndiambo* (espíritu) que las produce" (*El Monte*. 67). Entonces, si el *bilongo* es una enfermedad, ¿por qué el médico "blanco" no puede curarla? "La enfermedad (*oigú, aro; yari-yari, fwá*), la enemiga más temible de la felicidad del hombre... es, por lo regular... obra de algún *bilongo*, de una *uemba* (hechicería)..., o *ndiambo* (espíritu), de un daño *iká* o *madyáfara* (maleficio) que se introduce en el cuerpo: y hay que rendirse a la evidencia de que es el resultado de los manejos de un enemigo solapado que se ha valido, para alcanzarle, de una energía malévola e impalpable" (21). Sólo el *mayombero* (*babalawo* para los lucumí; *bokono* para los arará-dajomi, *kintuala nkisi* para los congos), sacerdote y brujo de Regla[98], puede ser capaz de diagnosticar el hechizo, que no es nada más ni nada menos que una dolencia "producto invariable de un maleficio" (22). Vale aquí decir que en su mayoría los *bilongos* son curados en cuanto interviene el adivino, o sea, el *mayombero*.

El *mayombero* debe luchar contra la brujería que ha administrado otro brujo con el único método efectivo que puede ayudar a su paciente, "energía contra energía" (22), *nganga* contra *nganga*; los expertos aseguran que aunque tome tiempo, un hechizo que se ataca a tiempo, un *kindambazo* o *ayé* que se diagnostica al principio, tiene grandes posibilidades de curación. Lo que aquí explico denota un concepto ingenuo y primitivo sobre lo que es la enfermedad, no obstante éste se encuentra arraigado en las mentes de los creyentes.

En el cuento "Esa raya en el lomo de la jutía", el cual aparece en su segunda colección de cuentos negros de Cuba titulada *¿Por qué...?*, Lydia Cabrera utiliza la técnica del relato dentro del relato[99] para presentarnos la cura de un *bilongo*, el *bilongo* de Erubú, por una *mayombera* de gran sabiduría en la materia, la que también es su madrina de bautis-

[98] Para los africanos la llamada "Regla" es el sistema religioso que en sí engolfa las prácticas religiosas y mágicas que se han importado de Africa a América, la cual se divide en dos grandes grupos: la Regla Lucumí (yoruba) y la Regla Conga.
[99] Véase la nota 111 si se desea más explicación al respecto en el contexto de este relato.

mo [100]; la curación del *bilongo* se lleva a cabo, fiel a la realidad, entre las páginas 160 y 174 del cuento en cuestión.

Y digo fiel a la realidad porque cuando leí por vez primera este cuento me pareció haberlo oído de antemano, y sólo años más tarde ojeando *El Monte* en busca de otras respuestas me di cuenta que el *bilongo* de Erubú tiene mucho en común con el *bilongo* de Belencita, la hijita de Omí-Tomí, la nana predilecta de Lydia Cabrera, quien murió en su niñez por culpa de un hechizo. La diferencia es que Erubú se salva, por que se atacó a tiempo el embrujo; la pobre de Belencita muere porque su madre no escucha a tiempo los consejos de los que la quieren bien.

El drama de Belencita emana desde la boda, "por sacramento" (43), de su mamá, Omí-Tomí, con un albañil, *lucumí* criollo como ella, llamado Miguel. Miguel es un buen hombre, trabajador, pero en su pasado había tenido amores en concubinato con una mujer que no le perdonó que la dejase plantada. Un buen día, una amiga de esa mujer viene a instalarse cerca de la casa de los recién casados, y entabla amistad con Omí-Tomí, quien no tiene la menor idea de aquella antigua "relación" de su marido. La nueva amiga se llama María del Pilar.

Omí-Tomí sale encinta, María del Pilar no la deja tranquila con sus muestras de amistad y afecto con las cuales conquista a Omí-Tomí quien ahora la hace partícipe de todo lo que piensa y hace, y le permite que le cocine y le traiga platos y bebidas preparados en su casa. Por desgracia, Omí-Tomí no sabe a cuantos peligros se expone, porque el mal entra por la boca muchas veces.

Por fin, Omí-Tomí da a luz a una niña y, como si fuese lo más común de la vida, María del Pilar se muda para la casa de la recién parida con el timo de querer ayudarla. Que no quepa duda, la que recoge la sangre y la placenta después del parto es María del Pilar; bien dice Lydia Cabrera "que [ésta] debe enterrarse o echarse al mar para evitar que caiga en manos de un enemigo" (44). En estas circunstancias la sangre y la placenta caen con suma facilidad en las manos del enemigo, la cual también se lleva "las ropas de la cama [con el pretexto de] lavarlas en su accesoria" (44).

---

[100] Entre los afrocubanos los lazos religiosos, como los del padrinazgo, o el compadrazgo son respetados como un sacramento sin serlo. El nexo sagrado entre padrino y ahijado, o entre compadres, toma carácter religioso entre los afrocubanos; el mismo es visto como un parentesco espiritual indisoluble el cual hace a ambos participantes solidarios en todos los momentos de sus vidas.

Todos en el vecindario sospechan, todos presienten que algo malo va a pasar. Para colmos, en esos días un *mayombero* muere ahogado en el mar y todos aseguran que él mismo se ahogó lleno de remordimientos por el *bilongo* que acababa de echar. Sin embargo, nadie se acerca a Omí-Tomí para decirle que "el brujo suicida [es] el padre de la antigua querida de su marido y que ésta, por medio de María del Pilar, [viene] trabajando su desgracia [desde hace] tiempo" (45). Todo creyente sabe que el que un brujo se apodere de la placenta y la sangre de un parto equivale a apoderarse de la vida de la mujer que ha dado a luz.

Afortunadamente, ningún mal le acaece a Omí-Tomí; sin embargo, Belencita, su hijita recién nacida, será el objeto del *bilongo*. Cabrera expresa una y otra vez como la niña resiente la presencia de la falsa amiga de su madre, como llora y grita de sólo tenerla alrededor. Omí-Tomí permanece ciega por un tiempo, pero un día que presencia como María del Pilar, después de ponerle algo en la boca, zarandea y casi golpea a la niña, por fin, poniéndose en guardia, le indica "con buenos modos, que no volviera a poner los pies en su casa" (45).

Desde ese día Belencita se enferma, vomitando diariamente todo lo que come. Los médicos no parecen poder hacer nada por ella; Belén pierde "el bello color negrísimo, del que ha vivido tan orgullosa Omí-Tomí, el mismo color de la piel de Yemayá" (45). Sólo médicos la ven, a Omí-Tomí no se le ocurre llamar a un *babalawo*.

La pequeñita muere y "a las dos o tres horas de fallecida se [ve] un reptil, un jubo o pequeño majá, enroscado, dormido, sobre el vientre del cadáver" (46). Ahora sí que todos hablan, todos le hacen ver a Omí-Tomí que la niña ha muerto de un "daño". La madre por fin se da cuenta de que Belencita ha muerto de brujería, sucumbiendo "inevitablemente a la *uemba* que se le introdujo por la boca" (47).

¿Cómo podían los médicos adivinar que la pequeña se moría porque se había tragado el embrión de una serpiente "que día a día le comía a pedacitos las entrañas?" (48).

Si algún consuelo nos queda es que además del suicidio del mayombero arrepentido, la María del Pilar, desde que la niña muere, empieza a sufrir horribles convulsiones y muere al cabo de nueve días, y la antigua querida de Miguel, muere también "algunos meses después de un cólico *miserere*, forma muy característica del castigo de Yemayá, que ataca habitualmente (como Oshún) por los intestinos" (47).

También en relación con el *bilongo* de Erubú están las acciones repugnantes que una *medium*, a la que Cabrera sólo llama M., ejecuta cuando se le "monta el santo" [101], como el lamer tumores. De otra *medium*, hija de Changó-Onilé, se nos dice que cuando le baja el santo hace actos que de otra forma la matarían de asco. Una vez, en casa de una vecina "que tenía las piernas enllagadas... Con la boca le desprendió las costras y le lavó el pus con la lengua sin escupirlo después" (29), luego le untó aceite de corojo y la vecina se curó. A la *medium* no se le pegó la enfermedad.

En el relato que trata del *bilongo* de Erubú no sabemos porqué Erubú ha recibido un "daño"; leemos que primero se les hace rezos a los Santos Auxiliares y al mismo San Luis Beltrán –los cuales forman parte del sincretismo ya establecido en la isla entre las divinidades africanas y los santos católicos– sin resultado alguno. Luego, se le administran todo tipo de remedios y cataplasmas al enfermo hechos de *ewes*, plantas medicinales poderosas que generalmente son infalibles. Esta vez ninguna parece tener éxito "ni la escoba amarga, ni el cardo santo, ni el eucalipto, ni la ácida traveseda" (161).

Erubú se dobla de dolor y dice que siente "un disputarse, un culebrear desaforado de todas sus tripas en el vientre" (160). También dice: "Voy a morirme" (161).

Muchas señales de su gravedad se manifiestan a través de presagios: en la madrugada, una vaca muje tres veces y el enfermo asiente cada vez con su cabeza; cuando llega la Señá Gata –cuñada de Erubú– a verlo percibe "la muerte instalada a sus pies" (161). Y bien se sabe que tanto la muerte como el *bilongo* casi siempre entran por los pies.

Todo tipo de precauciones se han tomado; los familiares y vecinos del enfermo, todos, ayudan para librarlo de su mal. Lo peor es que hace un par de días Erubú estaba bien, por lo que todos aciertan a decir que no es "pasmo, ni cólico, ni nada natural lo que le [está] matando" (161); es evidente que a Erubú le han echado brujería.

---

[101] Cuando a una persona se le "monta el santo", esto quiere decir que una divinidad ha penetrado en su cuerpo, y actúa a través de éste, utilizándola como *medium*. A este *medium* se le llama "el caballo de santo" o "palo", el cual pierde toda la consciencia de lo que está pasando, y más tarde, cuando la divinidad "se marcha" no se recuerda de nada.

Al estar todos convencidos de que a estas alturas un *Padre Inkisa*[102] quizá no pudiera hacer nada se les vino a la mente la madrina de Erubú; ella sí podría ayudarlo. Por supuesto, la madrina de Erubú no es cualquiera, ella es "una vieja ñogubá, gangolera fuerte, Madre de Palo, que cultiva ella sola, con la resistencia de un hombre, su pedazo de tierra" (162); en resumidas cuentas ella es una bruja, palera, mayombera, dueña de una prenda o *nganga*, su cazuela bruja, la que contiene el espíritu [103] del que es dueña y servidora al mismo tiempo. Se nos dice que cuando a ella le da el santo, el *sarabanda*[104] que la posee es el más bravo de todos los *sarabandas*, Oggún-Arére (San Pedro).

Oggún-Arére siempre se manifiesta con violencia, con brutalidad; así llega la vieja madrina a casa de su sobrino, "pateando como un toro" (163) la vieja embiste a todo lo que tiene por delante, brama el santo, y la hace "moverse y atacar con la impetuosa braveza propia del espíritu que dio al hierro consistencia y al cuchillo poder para cortar" (163). La *Madre de Palo* posesionada por Oggún grita:

> « ¡Eh! Maritacongo
> Yo quiero ver
> Victoria grande
> Yo quiero ver...» (163)

Siguiendo la tradición, la Barcina, mujer de Erubú se acerca al santo y le dice:

> "Ay, mi padre, sálvelo usté. ¡Ay, mi padre!" (164)

porque bien sabemos que a los santos se les solicita protección, divina y paternal, y es de rigor acercárseles llamándolos *Babamí* e *Iyamí*, o sea papá y mamá; sin embargo, con Changó y Oggún hay que tener cuidado

---

[102] También llamado *Padre Nganga, Kintoala Nkisi, Tata Nganga*, es un brujo, *ma yombe*, congo.

[103] El "fundamento" que vive en la *nganga*. Una *nganga* siempre debe contener el espíritu de un muerto o *fumbi*, un cráneo o *kiyumba*, y huesos humanos, tierra, palos y animales.

[104] A la *nganga* o prenda que pertenece a la Regla Kimbisa del Santo Cristo del Buen Viaje se le llama *sarabanda*. *Sarabanda* es la primera prenda que recibe un iniciado en esta Regla.

pues cuando ellos oprimen su frente contra las del *omó* (hijo espiritual de un *orisha*) a veces arremeten contra el mismo asestándole poderosos cabezasos:

> "El Santo, temblando de coraje, le tomó la cabeza y la golpeó contra el suelo hasta que la sangre brotó de la frente de la infeliz [Barcina] que se abandonaba a las furias de Oggún-Arére ahogando sus lamentos" (164)

Acto seguido hay una incongruencia en el relato, es sabido que "la única bebida litúrgica y tradicional de los santos *lucumí* y de los fieles, es el *cheketé*, un compuesto de naranja agria y de maíz, endulzado con melado y azúcar prieta" (*Monte:* 35). Oggún, por ejemplo, aunque si se le deja se bebe una botella de aguardiente en un santiamén, cuando "está montado" sólo se llena la boca de aguardiente para rociar a los presentes y purificarlos.

No obstante, cuando Oggún baja sobre la Barcina en nuestro relato sí bebe y con ganas:

> "Uno trajo una güira llena de aguardiente de caña y la colocó en el suelo. El santo, soltando a la Barcina, se echó en cuatro pies sobre la güira y la vació prontamente, dejando oír con su lengua un ruido semejante al que hace el perro que bebe sediento" (164).

De aquí en adelante no hay retorno, "el santo montado" tiene a su "caballo" en trance y, siguiendo la tradición, la música se inicia en un *impromptu* natural, porque el "bajarle el santo" es un estado de consciencia el cual se mantiene vigente a través de una intercomunicación musical con los que cantan, y si hay tambores, como es de costumbre, con ellos también.

El Santo, Oggún, a través de su "caballo", la madrina de Erubú, emite con su lengua sonidos chasqueantes:

> « Láku-láku-Láku-láku
> Lakunantén
> Láku-láku-Láku » ...(164)

Un viejo adepto le pasa un tabaco encendido, como lo indica la costumbre, ya que éste es la ofrenda que más aprecian los *orishas* mascu-

linos –Osaín, Elegguá, Oggún, Ochosi–; y Oggún, más aplacado, entra
en el bohío de Erubú "refunfuñando" (164) rítmicamente:

« Sakididi tondoló
Isakididi Tondoló Kuama » (164)

En ese instante dos viejos empiezan a canturrear mientras apuntan
un dedo en dirección de Erubú:

« Mira como tá, Palo (*medium* poseído), mira bien.
Mira, Palo, como tá » (164)

Es preciso mencionar que cada Santo tiene su "toque", su canto.
Hay que provocar al santo para que baje; sin embargo, como es el caso de
la madrina de Erubú, la posesión puede producirse espontáneamente:

"¡Alabado sea Dios! en el momento en que arrojaba un puñado de
maíz a sus gallinas, el Santo, su Santo, la tomó de improviso... ladrando y
saltando. A las Vegas se dirigía la vieja con su Sarabanda montado – el
más bravo de todos los Sarabandas, Oggún-Arére" (162).

Los *orishas* se expresan con la "puya", forma típica cantada para di-
rigirse a los *omós* en forma de indirectas. Por eso al ver llegar la madrina
a casa de la Barcina, la Barcina clama "¡Eh! Maritacongo / Yo quiero ver
/ Victoria grande / Yo quiero ver" (163), lo que significa "cura al enfermo; esperamos que demuestres tu poder" (*Por qué*: 237)

El coro de los participantes, testigos del trance, nunca tarda en formarse; en el cuento lo forman la Barcina, su hermana la Gata, y otros
hombres y mujeres del vecindario que allí se han congregado, quienes
"sentándose en el suelo..." (165) repiten las estrofas de los ancianos:

« Mira como tá, Palo, mira bien
Mira, Palo, como tá » (165)

Oggún-Sarabanda responde con una "puya", en el mismo tono:

« ¡Hum! Mango-mangó
Mango tá maúro,
El mango-mangó tá maúro
Mañana son día Corobata
Diablo Kuyere mañana vite colorá » (165)

lo que significa: el enfermo (mango) está maduro, grave; si no se le remedia pronto puede morirse mañana (mañana son día corobata). Tengamos en cuenta que la palabra "corobata" se refiere al pañuelo que se amarra a la quijada del cadáver para que se mantenga cerrada; y "diablo Kuyere vite colorá" es nada más ni nada menos que el muñidor de principios de siglo, quien se vestía de rojo con casaca y pantalones cortos. Después que el coro de los participantes repite de nuevo su estribillo "Mirá como tá..." el Santo les responde:

> "Congo wirikanda gaonáni...
> Congo mató debajo de la Ceiba" (165)

Palabras importantísimas con las cuales el santo les asegura a sus adeptos que aunque el mal (de Erubú) proviene del hechizo de una *nganga* que como siempre ha sido preparada debajo de una ceiba, él pone su fé en otra *nganga*, la cual ha sido preparada debajo de un árbol de laurel, considerado el más fuerte y más brujo de los árboles; y está dispuesto a luchar:

> "Abajo laurel tengo mi confianza
> Buru watáta-Buru Nené" (165)

"puya" que va seguida de:

> "Bembo Karire
> Ingüembo
> To ló güembo no son uno" (165)

que significa no todos los espíritus son iguales, el mío es superior.

> "Palo Yaya, yo tava ne río...
> Dende chiquito yo aprende a guerrear" (166)

porque bajo el cuidado del espíritu del árbol "yaya" aprendí a hacer brujerías desde pequeño para defenderme y herir a los que me atacan.

El coro entonces repite "Abajo laurel, yo tengo mi confianza" (165).

La infra-consciencia del trance va *in crescendo* gracias a la repetición de los diferentes estribillos que crean un diálogo rítmico entre el *orisha* y sus fieles, los cuales comparten el *ashé* del orisha, por medio de

la vía ritual que crean los cantos en ese inexplicable encuentro ceremonial cuando "baja el santo". No debemos subestimar el trance en cuestión, la posesión espiritual de un *omó* no tiene nada de diabólica o sacrí-
lega; cuando un *orisha* se posesiona de su hijo, el *omó*, le transmite un estado de "consciencia sagrada", por el cual el *orisha* controla su conducta,
alterando su estado mental normal; por eso el poseído nunca recuerda
después lo que le ha pasado ni lo que ha hecho.

El ritual continúa, "el negro más viejo" (166) implora: "Langüisa"
(166), y todos se le aunan:

> "Langüisa coge endoki chamalongo
> Vamo la Siete Palma
> Lué, ¿quién talla?" (166)

O sea, todos, junto con el santo, ordenan a los espíritus –las siete
palmas– que residen en la *nganga* de la madrina y que la obedecen que
agarren al *endoki* (espíritu) que le ha causado el daño a Erubú. La tercera estrofa pregunta: ¿Quién va a actuar?: "Kiyumba", es la respuesta.
Todos siguen implorando:

> « Kiyumba.
> Domiló Domiló
> ¡Soto Mayimbe nunca duerme!
> Tún Guían-guían Mayimbe
> Domiló Domiló
> María Batalla Kindiambo sese" (166)

Los fieles y la poseída le piden a Kiyumba, el cráneo que está en la
nganga, el que manda sobre el espíritu de la *gangulera*, la madrina de
Erubú; ellos saben que en el campo (*soto*) Mayimbe, el aura tiñosa, pájaro sagrado, el único que llegó hasta Sambia el creador, nunca duerme y
los guía junto con el espíritu de María Batalla y Yangundé, el del palo
cuaba.

> « Yangundé, Palo Cuaba, Yo quiero ver cómo tu encanga-Endoki » (166)

Ellos quieren ver como Yangundé se apodera del diablo y lo amarra.
Como podemos observar, en el transcurso del ritual para liberar a
Erubú del maleficio que le ha entrado en el cuerpo no presenciamos ni

sentimos violencia alguna. Hay una grave falacia que aún persiste en relación con el "santo montado", muchos creen que esta posesión va acompañada de frenesí e histerismo. Nada más lejos de la verdad; mientras que la transición entre el estado normal y el trance mismo a veces va acompañada de unos momentos de bravura o brusquedad, sobre todo si el *orisha* que baja es Changó u Oggún, luego el comportamiento de la persona *medium* se estabiliza y se hace preciso, compaginándose con la actuación sea cantada o bailada de los fieles que asisten a la ceremonia, como bien sucede en el cuento que estudiamos.

Los cantos siguen:

> "¡Baila, Mariquilla, baila!
> ....
> ¡Arriba entoto me juran ganga
> Rayo parta a lo gangolero!" (166)

Lydia Cabrera explica esta parte diciendo: "El espíritu de Mariquilla la ganga se encarga de perseguir lo malo por el campo, por el cementerio, lo juran en la tierra de la *nganga*, y [serán malditos] los brujos causantes del mal" (*¿Por qué...?* 238).

> "Abrir güiri mambo
> Kimbisi palo llamé llamé
> In sora Matombe sacuré
> Yo llama Mayombe sacuré
> ¡Si to lo gente se muriera
> muerto no cabe la sepultura!
> ¡Eh! ¡La mar va a crecer!
> ¡A crecé!
> Po lo río Pato vá a volar..." (167)

Cabrera continúa su explicación: "*Abri güiri*, abre los ojos, les dice el espíritu a los espíritus que lo secundan. Este llamó a los espíritus *kimbisas* de los árboles, llamó a los espíritus de *mayombe*, y como no es posible que el enfermo muera [si toda la gente se muriera el muerto no cabría en la sepultura], la guerra contra el culpable va a comenzar" (*¿Por qué...?* 238).

El sentimiento de guerra contra el mal persiste, toma asiento en las almas de los que imploran por la vida de Erubú. El "caballo de santo" y los fieles entonan, intercalándose:

"Candela alumbra.
Sollanga apagá.

"¡Wanguerra wá!
¡Wanguerra! ¡wá! ¡wá!
Wanguerra muruanda
tá mu wuandungera...

"Aguántalo con Mayombe.
¡Candela tá la tumba!

"Wanguerra muruwande, ta mu
wandunguera
¡Yo só lo Jurubana!
Malombo só
Lo pasa negra
Lo Palo Batalla.
Lo Tiembla-Tiembla
Lo Tronco-Malo
Iserere Siete Enguba
Tata Kilongo
....
¡Lo mismo que yo siembra maní Angola
Yo siembra maní la Habana,
Que tóla estrella tán junta
Iserere Siete Engumba!" (167-168)

En himnos de esperanza las almas de los presentes conjuran el mal; los cantos dicen que con *mayombe* (hechicería) lo detendrán, con candela lo quemarán y con agua lo apagarán. Van a hacer guerra contra el mal (de Erubú) y destruirán el maleficio; aunque éste es fuerte, ellos ganarán la contienda gracias a una hechicería más eficaz que la de sus enemigos. Mientras el brujo vence a los *ndiambos* (espíritus) maléficos, los espíritus del monte: el *palo jurubana*, el *malambo*, las *pasas negras*, el *palo batalla* y otros lo ayudan ya que ellos son los mismos, en Cuba como en Africa; lo mismo que el brujo hacía en Angola lo sigue haciendo en La Habana. Y así como lo están las estrellas, así están de unidas las fuerzas sobrenaturales que se van a confabular contra el enemigo que hizo el "daño".

Ahora sí que el coro llama a las otras divinidades para que les ayuden:

"Mariguanga viticolorá

....

Brega con Mamá Umbo
Brega con Chola Wéngue
Con Mamá Kéngue
Con Tata Funde
Los Tata-Guane
Encuyo Guatirimba" (168)

Así como *Mariguanga*, la centella, se viste de rojo para pelear, y ahora también lo hará para ayudar a la *gangolera*, también los *orishas* hermanos de Oggún vendrán en su ayuda. Entre ellos están Mamá Umbo (la Caridad del Cobre), Chola Wéngue (la Virgen de Regla), Mamá Kengue (Nuestra Señora de las Mercedes), Tanta Fundi (San Lázaro), los Tata Guane (los tres Juanes de la barca de la Caridad del Cobre), Encuyo Guatirimba (el mismo San Pedro, homólogo de Oggún), el cual sabemos que ha tomado posesión de la madrina de Erubú. Terminando así la "puya" de una forma didáctica:

"¡Cimarrón con Cimarrón
Prende Cimarrón!" (169)

la cual indica que sólo usando las mismas armas que un enemigo usa se le puede vencer.

Como indicio de que el momento del exorcismo ha llegado el santo golpea el suelo, dos veces, con las manos e invoca: "¡Dúndu yo tá pá Carire!" [yo estoy con el diablo] (169); "Yo güiri mambo" [y veo lo que ocasiona el mal] (169). Los cantantes, los viejos y el coro se callan. El santo se arrastra hasta donde se halla Erubú, lo olfatea, aulla, ruge, como un perro que encuentra a su presa. La barriga de Erubú esta ceñida por una faja del color de su *orisha* protector, la cual debe de protegerlo de todo mal; el santo se la arranca a mordiscos y le clava los dientes en pleno ombligo: "La boca que mordía y chupaba frenética, bañando el vientre de una baba espumosa y sanguinolenta, reanimó la llama mortecina de la pupila [de Erubú]... Al fin el santo dejó de chupar y de morder y escupió un sapo verde, grande, moteado de negro. El *bilongo*" (169).

El silencio ahora da paso a nuevos cantos, el Santo reanuda su rítmica "puya":

"Tango Yalembe Guisin Kángala
Yo wisinkángala ¡Mira indiambo!
Ñama Mayombe ¡Indiambo se vá!
So qui manda
Ió só qui manda
¡Pa la fin del mundo yo te manda!
....
¡Ié Kinpunguele bondan Kise ya
bondan güei!" (169-170)

y el coro de los presentes repite al unísono las tres últimas líneas. En su
cantar el *orisha* conjura al demonio, *Indiambo*, y comunica a la concurrencia que las fuerzas sobrenaturales a las que se han invocado han
obedecido y han hecho huir al diablo; han sido finalmente subyugadas y
ahora corren fugitivas hasta el fin del mundo.

El Santo ha proclamado: "¡Ié Kinpunguele bondan Kisc ya bondan
güei!", ¡con Sambia (el creador) todo se puede!

A todas estas Erubú, aunque inmóvil, parece poco a poco renacer a
la vida; pero sólo cuando la congregación, en silencio, lo hace sentarse:
"Erubú vomit[a]. Vomit[a] el 'daño'" (170). Así, alegremente, el cantu-
rreo recomienza con voces de "se acabó el diablo, se acabó el maleficio":

"Sacru Malongo Yá Santurió" (170)

y cantando alegremente, dando la mano a los dos viejos y al resto de los
fieles, el *orisha* "montado" sale de la casa de Erubú, despidiéndose rítmicamente:

" ¡Ie Cielo toca la mano con Cielo!
Cielo que yo me voy
Emboma kutere yá cayó
Se acabó Mayimbe
El diablo se acabó
Yo Kiaku Kiaku
Yo kiángana kianganiké
....
¡Me voy pá la Loma!
....
Buena noche pa tó lo mundo" (171)

De esta manera, Kiaku-Kiaku-kiángana, el espíritu que ha bajado a
la cabeza de la madrina de Erubú la abandona, se va, y vuelve al cemen-

terio, o a la misma Guinea. La madrina, que no se recuerda de nada, se sorprende de hallarse al lado de su ahijado, y de saber que lo ha salvado. El relato afirma que "el alma de Erubú volvía a encontrarse libre" (171). Su madrina le limpia las heridas con las yerbas necesarias, y también le limpia "la sangre que el *bilongo* le había ensuciado" (172). Oggún Arére lo había prometido, "Erubú no se muere de ésta" (173), y todo el mundo sabe bien que "el Santo... sólo tiene una palabra" (173).

Ahora bien, después de haber analizado atentamente el *bilongo* de Erubú, podemos hacer de nuevo la pregunta: si el *bilongo* no es una enfermedad, ¿qué es y quien puede curarla? Para el estudioso de la materia el *bilongo* tiene relación con lo que en el occidente se le llama "magia negra", a la que se le considera como el empleo egoísta y mal encaminado de las fuerzas universales. En su libro *Clave de la teosofía*, H.P. Blavatsky nos dice que la brujería o hechicería, otra forma de llamar a esas artes, "es el abuso de las fuerzas espirituales, el abuso de los secretos de la naturaleza" (Löbsack:18).

Sin embargo, la brujería, tanto europea como africana, también engolfa acontecimientos sobrenaturales, como hemos podido testimoniar en nuestro estudio. Tanto en las experiencias de Omí-Tomí con su hijita Belencita, como en el hechizo de Erubú, presenciamos acontecimientos incomprensibles, asombrosos, que conllevan todas las características de lo mágico-irracional. Sin embargo, tras lo aparentemente irracional o mágico siempre hay un grano de verdad. ¿Por qué no considerar que las prácticas aparentemente absurdas y grotescas con las cuales se prepara un brujo, un hechicero, en cualquier cultura, no son "otra cosa que métodos obtenidos por experiencia con los cuales activan sus facultades paranormales e inconscientes"? (Löbsack:19). Hay ciertos seres hipersensibles que pueden influir en el estado anímico de otros; su influencia es activada a distancia por el inconsciente y es transmitida en forma de "transmutación... de los fluídos o energías vitales" (19).

Parte del milagro de la curación milagrosa de los brujos buenos, o curanderos, recae en la actitud interna de un paciente y su "fe". El éxito de la empresa de un curandero, o de cualquier hechicero, con conocimientos especializados –aunque a veces sean escasos– se logra al obtener la profunda convicción del enfermo, o de los que le rodean, de que sus fuerzas psíquicas y mágicas son capaces de lograr lo que la medicina convencional no tiene a su alcance.

En la cura o curación ritual que poseen muchas culturas llamadas primitivas, como la africana, hay principios esenciales que coinciden entre todas. Por ejemplo, en las curaciones mágicas los cantos o cánticos son elementos críticos para el éxito de la cura; los curanderos, brujos, chamanes, todos creen que las enfermedades tienen en un principio causas espirituales, y que todo intento de curación debe actuar en concordancia, por lo que sus tratamientos siempre incluyen elementos mágicos. No podemos dejar de lado el profundo conocimiento de los curanderos en materia de hierbas medicinales, sangrías, empleo del calor y el frío, de masajes y compresas. No obstante, la mayor parte del tiempo el curandero se basa en el principio de que en la enfermedad interviene un espíritu maligno o las artes de un hechicero. Como hemos visto, se cree firmemente que "algo", un objeto o animal, se introduce en el cuerpo de la víctima para que ésta enferme y así ejercer el mal sobre la misma; es, entonces, tarea del que lo cura buscar ese objeto, donde quiera que se aloje, y extraerlo, para lo cual se hacen preparativos rituales seguidos de ceremonias de curación.

También hemos sido testigos de la inminencia del trance, durante el cual el "poseído" de un *orisha* opera desde un submundo que le hace fácil la entrada en la psiquis del enfermo; una lucha por el alma del mismo se entabla, y a veces ganan las fuerzas del bien, y en otras, las fuerzas del mal destruyen el alma que han secuestrado.

El psiquiatra estadounidense Robert Bergmann establece que no hay diferencia alguna entre el psicoterapeuta que tiene una pipa en la boca y aquel que usa una máscara que le cubre el rostro, si al fin de cuentas los dos logran el mismo resultado. "En ambos casos –según Bergmann– es probable que el paciente se cure, a condición de que éste crea en la explicación de su médico" (Löbsack: 39).

A las culturas desarrolladas nos es difícil aceptar lógicamente los procedimientos mágicos que persisten en algunas culturas subdesarrolladas, como la afrocubana, sin darnos cuenta que a la mayoría de los rituales mágicos se integran ciertas prácticas basadas en experiencias lógicas: "Quien se [golpea] y [frota] la parte afectada para encontrar alivio [practica] sin querer algo así como un masaje. Buscar el fuego, es decir, el calor, [encuentra] confirmación en todo tipo de males de espalda y nervios. Los fomentos fríos [pueden] detener hemorragias nasales, los baños de lodo y de agua [conservan] la lesión libre de parásitos y [favorecen] la circulación de la sangre. Quien [es] mordido por una serpiente y [chupa] la herida [hace] sin querer lo adecuado. La experiencia de que la súbita pérdida de sangre en enfermedades febriles proporciona a veces alivio [puede] haber llevado a la aplicación de ventosas y de la sangría" (Löbsack: 42).

Es interesante observar un particular elemento cultural que une a los pueblos que practican la curación natural en ligazón con sus prácticas religiosas: estos grupos carecen de una herencia cultural transmitida por escrito, por lo tanto sus prácticas mágico-médicas son transmitidas oralmente, de generación en generación, como el resto de sus costumbres. Desde la prehistoria, para estos pueblos, lo que no se explica con claridad, lo que no tiene una respuesta práctica a su ¿por qué?, se le coloca espontáneamente en la esfera de lo sobrenatural, la cual está gobernada por seres omnipotentes que a veces obran el bien y otras el mal, y a los cuales se debe mantener contentos con regalos, oraciones, rogativas, sacrificios y fiestas.

Entonces, es de suponerse que los pueblos primitivos consideran las enfermedades como dependientes de "lo invisible", y son combatidas, como todo lo inexplicable, por medio de ritos y ceremonias con los que se conjura el poder del mal que ha entrado en el cuerpo de la víctima para con ello expulsar al diablo causante del maleficio. He aquí que aparece la figura del curandero, del chamán, del sacerdote, o del brujo, dependiendo a que cultura pertenezcan.

Estos hombres y mujeres escogidos entre los mortales –como en nuestro cuento lo es la madrina de Erubú– son seres especiales, con características anímicas idóneas para el trato con "los invisibles". Ellos tienen a su cargo la responsabilidad y el sumo honor de dialogar con dioses y demonios, y con los espíritus de los muertos. Ellos dirigen los rituales de ofertorio, ceremonias de curación y exorcismos para conjurar a los espíritus malignos. Es notable ver como las fronteras entre la religión, la magia y la medicina no son totalmente claras, sino que más bien dependen unas de las otras, se mezclan entre sí, nunca se excluyen, y están en contacto directo con la naturaleza.

Bien lo dice Lydia Cabrera en *El Monte*, al explicar como árboles y ríos, el mar, la tierra, el cielo, los astros, son para los primitivos domicilio de los dioses, espíritus y demonios, a los que siempre se les debe tomar en cuenta. Los pueblos llamados primitivos viven con sus dioses a cuestas, y jamás pueden olvidar el respetarlos, obsequiarlos y mil veces conjurarlos en caso de enfermedad.

El *bilongo*, o sea el maleficio, no es sólo característico de los pueblos de raza negra; bajo otros nombres, el maleficio, la hechicería, el embrujo, anida en las costumbres de otros pueblos. El eje principal en muchas curaciones es el creer que "algo ha entrado en el cuerpo de la víctima", como les ha pasado a Belencita y a Erubú. Ese objeto puede ser una semilla, una espina, una pluma de pollo, un trozo de vidrio, un animal pequeño, etc., pero debe ser siempre "enviado" por el malefactor con una intención malevolente; acto seguido, sólo basta con que el fluído, el espíritu, del mal se interne en la víctima. Aunque a veces el mismo malhechor opera el *bilongo*, es de mayor costumbre que un curandero lo haga: a Belencita el que le hecha el *bilongo* es un *mayombero* consumado, quien es a su vez padre de la mujer que quiere hacerle mal a su mamá, Omí-Tomí, por haberle quitado el hombre que ella considera suyo.

Aparte de la magia ingerida, o sea la que penetra el cuerpo de la víctima, se da el caso de la magia mimética, o sea cuando el brujo forma una imagen de la persona a la que se va a transferir el maleficio; las imágenes pueden ser de cera, de hojas de árbol, de madera, de piedra. Lo importante es darle a la figura el nombre de la víctima y recitar con mucha fe fórmulas y conjuros que lleguen hasta la presunta víctima a través de lo que se le haga al muñeco. Esta creencia también se explica por la arraigada convicción "de que el alma de una persona no sólo debe buscarse en su cuerpo, sino también en representaciones de ella e incluso en partes suyas como uñas de los dedos de las manos, cabellos cortados, excrementos, saliva, huellas del pie, así como objetos de uso personal. Si un contrario logra apoderarse de alguna de estas cosas, el [implicado] será afectado en forma mágica" (Löbsack: 49).

Más extendido aún está el temor al poder del "mal de ojo". Se cree que si alguien capaz de hacer el mal con la vista mira a su víctima, le acarreará desgracias, enfermedades, pérdidas de posesiones, y aún la muerte. También se dice que los niños y los animales jóvenes son los más susceptibles al "mal de ojo". Sin embargo, lo que aterroriza más a la gente sobre el poder mágico del "mal de ojo" es que se le considera indestructible.

He aquí que los amuletos vienen a jugar un papel primordial actuando como elemento de rechazo contra el ojo portador de la desgracia.

Por ejemplo, Lydia Cabrera ha escrito mucho sobre el valor de las piedras preciosas como amuletos; en su libro *Otán Yyebiyé: Las piedras preciosas* ella hace hincapié en la importancia del azabache u ónice "como amuleto poderoso contra el mal de ojo y las brujerías... y [habla de] su gracia para evitar 'el aire' (el pasmo)" (101), agregando que el azabache pertenece a Elegguá "dios de las puertas, los caminos y encrucijadas" (16) y que junto con "el ámbar y el coral... el oro, la plata, el hierro, el cobre, y el asogue bendito, en la serie innumerable de resguardos, amuletos –*iches* y *makutos*– que preparan nuestros lucumís y congos criollos, santeros y paleros" (17) es un agente de resguardo, protección y suerte contra daños que son preferibles de evitar que de curar, porque "los *orishas* actúan en sus colores. Con ellos protegen a sus hijos y devotos en los *ileke-orishas* (collares de santos), collares de cuentas que tienen, como saben los adeptos de todas las sectas de origen africano, un gran valor místico" (14).

En resumen, podemos decir que entre los pueblos primitivos se cree en la existencia de dos formas de enfermedad, lo cual corrobora lo explicado en páginas anteriores en las que afirmamos que no hay para estos pueblos una separación entre religión, magia y medicina. Una de las formas de enfermedad se la cree provenir de la acción de espíritus o deidades, los que enferman a un individuo como castigo por haber violado algún *tabú* (prohibición) o por haber quebrantado las leyes de su pueblo. En la segunda forma, la responsabilidad del mal cae sobre el curandero o brujo que lo indujo, y también sobre la persona que desea el daño. Recordemos que la muerte de Belencita la ocasionan un *mayombero* y dos mujeres; no obstante, como en Santería se cree que el mal se vuelve contra quien lo hizo, "el brujo cogido en sus propias redes se [suicida]... su *nkiso* [lo obliga] a echarse al mar... la falsa amiga... presa de convulsiones [muere] a los nueve días de enterrada la niña... y aquella mala mujer, la antigua querida [del marido de Omí-Tomí muere] algunos meses después de un cólico miserere" (*El Monte* 46-47).

Por último, debemos tener en cuenta que, tal y como entre los pueblos desarrollados, en los grupos primitivos, al enfermo le pueden suceder dos cosas, o se le abandona a su destino, condenándolo a morir, si el enfermo ha sido castigado por los dioses, o se le ayuda a rebasar el mal, en el caso de los que han sido afectados por un maleficio, un *bilongo*, como en el caso de Erubú. No consideremos la primera reacción como inhumana; el hombre sano, lógicamente, tiene temor a la enfermedad en todas las culturas y si lo puede evita el contacto con el infectado. Sin embargo, cuando el que enferma logra vencer en su lucha contra los malos espíritus que se han posesionado de su ser vital, es considerado por los otros miembros del grupo como una figura de excepción; ahora se le cree inmune a cualquier otra amenaza del mismo tipo, porque existe la creencia entre muchos pueblos de que los espíritus respetan el alma de aquel enfermo que ha sido superior a ellos:

> "Se le había vaciado completamente el vientre: dejaba de ser un monstruo. Podía comer. Había repasado el río de los muertos y otra vez estaba en la orilla clara de los vivos... ¡Hay que verlo! No, Erubú no se muere de ésta. Lo dijo el Santo y Oggún Arére sólo tiene una palabra" (172-173)... "el alma de Erubú volvía a encontrarse libre, encima del cuerpo... El Santo, que sabía que Erubú quería siempre a su vieja madrina, la había traído a su lado y se lo había curado sin más ni más" (171).

El peligro ha pasado, todos han quedado felices y satisfechos; después de comer y celebrar la casi resurrección de Erubú todos regresan a sus respectivos *ilés* (hogares). Nadie comenta sobre lo acontecido; todos sienten que aunque parezca un sueño, lo que pasó tiene mucho de realidad, sólo que es una realidad diferente, sobrehumana. A veces sólo hay que doblar una esquina para ver que la vida es "infinitamente más profunda" (Murphy: 100) de como la conocemos. "Este es el secreto de la Santería, ese conocimiento y esa devoción, fe y amor, que nos muestran lo que nosotros no vemos. No hay secretos, sólo Dios"[105] (100).

Y es con una última salvedad que termino de hablar de hechiceros y *bilongos*, submundo impresionante y peligroso, que mora entre tres esferas, aparentemente diferentes, que colindan en el universo afrocubano: la magia, la medicina y las creencias.

> "*Burundanga* la gente del mundo con
> *Mayombe* todo se sabe" (*El Monte:* 67)

---

[105] La traducción es mía; el original lee: "This is the secret of santería, that knowledge and devotion, faith and love, show one what is already there. There is no secret, only God".

PARTE II

ESTRUCTURA Y SÍMBOLOS

FUNCIONES ESTRUCTURALISTAS Y SIMBÓLICAS DEL ELENCO CABRERIANO

El mundo es un objeto simbólico
SALUSTIO

La obra cuentística de Lydia Cabrera corresponde en su mayor parte, según el canon estructuralista, a la temática del llamado "cuento maravilloso", dentro de la cual la mayoría de sus relatos corresponden a las categorías 1 y 4 establecidas por Vladimir Propp en su *Morfología del cuento* (19). Sumariamente, podemos considerar los cuentos de Cabrera como fábulas mito-africanas o de esencia africana con un fondo mítico, en las cuales los hombres, los animales y los dioses forman parte de un universo en el cual todos cohabitan y en el que existe una interdependencia social y espiritual.

El mismo Propp corrobora nuestro planteamiento de que la coexistencia entre hombres, animales y dioses no debe ser relegada sólo al universo de la mitología ya que la historia hace contacto con lo maravilloso a través de la interconexión que ofrecen las creencias culturales: "es bastante posible que exista un vínculo, regido por leyes, entre las formas arcaicas de la cultura y la religión por un lado y entre la religión y los cuentos por otro. Una cultura muere, una religión muere y su contenido se transforma en cuento (...) Los cruces culturales y la extinsión de determinadas creencias [hacen] el resto (...) En las investigaciones sobre el cuento apenas se ha practicado hasta el presente la comparación del cuento y las creencias religiosas" (Propp: 123-124).

Cabe entonces decir que el íntimo parentesco morfogenético entre los cuentos maravillosos no debe de estudiarse por separado o aisladamente, la tradición universal los une y crea a su vez las variadas representaciones que aparecen dentro de la diversidad de las culturas mundiales. En un primer lugar, Aleksandre Nikolaevich Veselovskii, en su *Istori-cheskaia Poetika* establece que detrás del argumento hay un complejo de *motivos* que funcionan como temas, en forma variable (1-133); luego,

Claude Bremond, siguiendo las pautas estructuralistas establecidas por A. Aerne y S. Thompson, propone denominar *función inicial* o *motivema* a la primera narración conocida entre las variadas y diferentes versiones de una misma historia o leyenda y considerar, por consiguiente, a las diferentes variantes de esa misma función preliminar como *alomotivos* de la misma. Por su parte, Propp descubre treinta y una funciones, y según el escenario en que éstas se lleven a cabo habrá nuevas alternativas.

Para presentar la relación *motivema-alomotivos*, en el tercer capítulo de *Los cuentos negros de Lydia Cabrera: un estudio morfológico* doy como ejemplo un cuento en el cual «un hijo seduce a su madre»; es importante notar que, aunque el relato nunca varíe, esta seducción tendrá consecuencias diferentes dentro de la sociedad en que la acción se pase, ya que en ciertas culturas el intento de seducción se castiga cortándole la pierna al héroe, en otra castrándolo, en otras sacándole los ojos. En otras palabras, aunque los personajes cambien, aunque los medios o los elementos utilizados varíen, la *función inicial* o *motivema* será siempre la misma. También hablo de un relato en el que «el héroe es llevado a otro reino» por un animal o cosa; el relato en sí no cambia, pero el que lo lleva a veces es un águila, otras un caballo, o un barco, u otro hombre. Estos motivos son variantes, alternativas, de la *función inicial* o *motivema*, por lo que se convierten en *alomotivos* de la misma.

Habiendo esclarecido los anteriores términos estructuralistas en una forma breve pero que considero explícita y fundamental, ahora podemos pasar a enfocar la presentación de los *alomotivos* pertinentes a través de las funciones estructuralistas y simbólicas de los personajes de Lydia Cabrera en el marco de veintiséis relatos que han sido escogidos de entre sus tres colecciones de cuentos con alto contenido temático africano, las que llevan por título *Cuentos negros de Cuba*, *¿Por qué...?* y *Ayapá: Cuentos de Jicotea*.

Como punto de partida, es importante recordar que en la esfera de los personajes cabrerianos la *dramatis persona* de más envergadura es Jicotea, la pequeña tortuga de agua dulce de naturaleza andrógina o bisexual [106], la cual, en los relatos en que hace acto de presencia, juega in-

---

[106] Me parece necesario hacer incapié en la ambigüedad del género de Jicotea en los relatos de Cabrera, sobre la cual he enfatizado en profusión en el segundo capítulo de la Parte I. Con miras estructuralistas, se puede, además, estipular que el personaje

discriminadamente ambos roles de antagonista y de protagonista. Por su parte, los que hacen de protagonistas en relatos en los que Jicotea es "el" o "la" antagonista son casi siempre otros animales y a veces personas; sin embargo, lo interesante desde el punto de vista estructuralista es que éstos nunca son los mismos, no se repiten, al contrario siempre varían, a excepción del elefante quien privilegiadamente aparece como protagonista en dos cuentos: "La venganza de Jicotea" y "El juicio de Jicotea", en los que siempre se muestra ante todo monumental, un poco estúpido y goloso.

No obstante, dado a lo heterogéneo del elenco en los cuentos de Cabrera, como ya veremos a continuación, todos los personajes y sus diferentes roles han sido expuestos en detalle en las páginas que siguen. Las funciones o *alomotivos* que aparecen una y otra vez, como se puede constatar, son las de protagonista, antagonista, auxiliar, objeto y en alguna instancia destinador, siguiendo las pautas establecidas por Algirdas Julien Greimas en su *Semántica estructural.*

Además, sin desdorar en ningún momento la importancia estructuralista de las funciones, tampoco he olvidado darle cabida en este análisis a "la unión que existe entre el personaje, su función y su símbolo, que como dice Mircea Eliade es la unificación de un nivel con otro, porque bajo la fachada de las leyendas y los mitos se esconden los principios morales y religiosos y las leyes que gobiernan la vida del universo"[107].

Del volumen *Cuentos negros de Cuba,* el primer cuento que he escogido es "Taita Jicotea y Taita Tigre". En éste Jicotea ha dado muerte a su amigo el venado y con sus huesos ha hecho un instrumento musical que nunca presta, el cual produce una música de rara belleza.

Por supuesto, todos codician el instrumento de Jicotea. El buey lo quiere para sí; también el caballo, la urraca y la lechona desean robarse el instrumento. Finalmente, al tigre se le antoja apoderarse del instrumento a toda costa. El tigre, entonces, invita a Jicotea a la fiesta de su santo durante la cual le pide prestado el instrumento; no obstante, Jicotea en vez de prestárselo, toca para el tigre, quien, al oír música tan arrobadora, pierde el control mientras baila hasta olvidarse de quien es, cayendo en el ridículo delante de la concurrencia. Para colmos, Jicotea,

---

de Jicotea puede ser definido como femenino o masculino, únicamente, según la función o rol que ejerza el mismo personaje dentro del relato en cuestión.

[107] *Lo cuentos negros de Lydia Cabrera: un estudio morfológico,* p. 86.

siempre lista para hacer tretas, aprovecha esta ocasión para derramarle encima al felino chapapote hirviente para luego enviarlo a su casa medio muerto de lo maltrecho y adolorido.

Durante cinco años el tigre prepara en secreto su venganza, hasta el día que su amigo el conejo regresa de un largo viaje. El tigre recibe al conejo con alborozo, le cuenta todo lo sucedido con Jicotea por culpa de su instrumento y lo envía a sitar a una asamblea, a nombre del rey, a todos los terratenientes del lugar. Para el tigre lo único que importa es hacer que Jicotea asista, y así sucede, pero éste sólo va porque cree que el tigre ha muerto de sus quemaduras.

Como es de esperarse, Jicotea cae en la trampa del tigre. Este lo encierra en un baúl, para que se seque y muera, o para hacer un día de estos sopa de su carne deliciosa. Sin embargo, el astuto de Jicotea logra salirse de su encierro engatuzando a los curiosos hijos del tigre, los que abren el baúl mientras el padre está ausente. Ellos, pobres inocentes, a instancias del propio Jicotea, reviven al disecado cautivo en una palangana con agua y luego lo llevan al río, donde él logra recuperarse completamente de su larga y árida prisión.

Una vez en el río, Jicotea se aleja más y más de la orilla, y desde lo lejos les lanza a los tigrecitos una piedra que tiene su forma. Los incautos, creyendo que es Jicotea endurecido, lo vuelven a meter en el baúl; Jicotea, mientras tanto, ha recuperado su antigua libertad. Días más tarde, el tigre quiere hacer sopa de Jicotea, pero no puede conseguirlo, pues éste –el del baúl– se ha puesto duro como una roca.

En este primer relato, el protagonista es el rey, un rey poderoso a quien sobrenombran "cacique", o "animal grande que tiene en sus muelas la autoridad" (58). Este rey tigre, al empeñarse en querer apoderarse del instrumento de Jicotea, se obsesiona a tal punto que cae en el ridículo, lo que un rey debe evitar a toda costa. Y, así, de tanto tratar en vano, regresa a su casa, magullado física y psicológicamente. Es de esperarse que el tigre jure venganza si desea ejercer su poder y quiere limpiar la afrenta que se le ha hecho. Pero, el pobre rey no sabe cuán difícil es complotar y tener éxito cuando el antagonista es el astuto de Jicotea.

Simbólicamente el tigre es ambivalente, ya que puede ser símbolo solar o lunar, creador o destructor; sabemos que en China se le asocia con la oscuridad y la luna nueva y que en las culturas africanas y occidentales aparece en dos estados diferentes: a veces como fiera salvaje y en otras como fiera domada; no obstante, en ambos casos representa alegóricamente la fuerza y el valor militar puestos al servicio del derecho, tanto en la guerra como en la paz. Sin embargo, cuando el tigre aparece junto a otros animales modifica su significado según la relación jerárquica que exista entre ellos.

El antagonista, Jicotea, por su parte, tiene varias cualidades en este relato ya que es músico, es astuto y ante todo sabe proteger lo que es suyo hasta el punto de no tener límites en los medios que utiliza para impedir que se lo roben. Pensándolo bien, chapapote caliente y patadas han sido medios infalibles para alejar a los que le molestaban. Es, sin embargo, la astucia la cualidad sobresaliente de este personaje, y es gracias a ella que Jicotea puede al final encontrarse entre los vivos, tanto en ésta como en otras muchas ocasiones.

El auxiliar en el relato es el conejo, amigo y compinche del tigre, quien miente a Jicotea para que éste caiga en la emboscada que se le ha preparado. Es de notar que el conejo es, como el tigre, un animal lunar, desde el punto de vista simbólico; por eso se dice que el conejo y la liebre viven en la luna y están asociados con la diosa lunar y la Madre Tierra. Por su parte, el conejo puede simbolizar fecundidad, lujuria, renacimiento, rejuvenecimiento, resurrección, intuición, luz en las tinieblas; se le asocia frecuentemente con el fuego ritual del sacrificio y con la reencarnación. Además de todos estos, entre otros tantos simbolismos que se le atribuyen al conejo, en el plan universal se le ve como símbolo femenino de la fertilidad, del ciclo menstrual, la promesa de amor, sin olvidar su relación con la sabiduría y la velocidad.

Es importante el mencionar también las tan conocidas patas de conejo, que son en realidad un amuleto contra la hechicería; no obstante, en su totalidad, el conejo es en sí el compañero y sirviente de las brujas. Un buen ejemplo de esta última afirmación es la coneja Saga, inseparable compañera de la viuda Llorente, hechicera creadora de su propio doble en *Aura* de Carlos Fuentes.

Volviendo una vez más a nuestro cuento, por último nos encontramos a los tigrecitos, hijos del rey, quienes son auxiliares también al ayudar, sin querer, a que Jicotea se libere del baúl en donde se encuentra encerrado y reviva en el agua, su elemento vital.

En el cuento que sigue, "Arere Marekén" (*Cuentos negros*), leemos que Arere Marekén es la esposa de un rey que es viejo y celoso; Arere es, por el contrario al rey, hermosa y joven. Por su parte, el rey la cuida como a la más hermosa de las piedras preciosas y no permite que esté nunca lejos de él, a tal punto, que Arere Marekén únicamente puede salir sola cuando va al mercado, y Jicotea, que la ve pasar todas las mañanas, se enamora de ella.

El rey se siente más tranquilo cuando Arere va al mercado porque él posee una piedra mágica que le permite oír el canto de su amada cuando ella está lejos; sin embargo, cada vez que Arere Marekén se encuentra con Jicotea deja de cantar. Como podemos imaginarnos, cuando el rey no la escucha cantar se preocupa, pero ella, cada vez que el rey le indaga sobre sus silencios y pausas, le miente.

Finalmente, el rey se entera de la verdad, y celoso, terriblemente herido, le prepara una emboscada a Jicotea; éste cae en la trampa del rey, los guardas reales lo atrapan y es condenado a muerte. Al final del cuento, aparentemente, Jicotea muere a golpes, por el amor de Arere.

No olvidemos que Jicotea es un animal mágico, por lo que puede resucitar y, si se le despedaza, los pedazos de su cuerpo siempre se reunifican. En el relato, después de una muerte tan sufrida, Jicotea vuelve a la vida cubierto de cicatrices, todas recompensadas en el amor de Arere Marekén.

En "Arere Marekén", como en el cuento anterior, también tenemos como protagonista a un rey, esta vez humano, viejo y celoso. Este rey anciano del relato, tanto como el rey Lear de Shakespeare y otros tantos reyes ancianos del folklore, simbolizan la memoria del mundo, el inconsciente colectivo; sin embargo, el símbolo más general y abstracto del rey es el hombre arquetipo, poseedor de poderes sobrenaturales y mágicos, principio reinante y suprema consciencia, ejemplo del juicio y del autodominio.

No se nos dice en el relato que la mujer del rey es reina, pero sí sabemos que es más joven que él y que éste la cuida con extremado celo. Todos estos pormenores impiden la perfecta unión atribuida simbólicamente al rey y a la reina, permitiendo con este desequilibrio la posibilidad del adulterio. Sabemos que el rey y la reina unidos representan la unión del cielo y de la tierra, del sol y la luna, del oro y la plata, o sea, se crea la perfecta hierogamia. También Jung, por su parte, presenta al rey y a la reina como la unión armoniosa de la consciencia y el inconsciente.

La hermosa Arere es el objeto del cuento. Ella es como la Eva (la relación impulsión) y la Elena (la relación afectiva) de la psicología junguiana, y como ellas, representa los aspectos inferiores, lo instintivo y lo sentimental. También se nos dice que el rey tiene una piedra mágica, su auxiliar, porque con ella puede oír la voz de Arere en la distancia. Otros auxiliares son los guardias del rey, quienes llevan a cabo la emboscada y la aparente muerte del antagonista, Jicotea. La piedra mágica del rey nos recuerda las piedras que aparecen en el folklore tradicional, investidas de poderes para ayudar a quienes las poseen; también nos recuerdan el espejo simbólico reproductor de imágenes, conteniéndolas y absorbiéndolas, –como el de la bruja de Blancanieves– el cual refleja un personaje distante, sus acciones y su voz, porque la piedra del rey, es capaz de reproducir a distancia la voz de Arere, conteniéndola y absorbiéndola al mismo tiempo. Por otra parte, otros auxiliares del rey en el cuento son los guardianes, los que en el simbolismo general siempre son protectores o defensores de una posesión, por lo general mítica o espiritual, contra poderes contrarios o transgresores indignos.

Luego viene el relato "Osaín de Un Pie" (*Cuentos negros*), el cual comienza con una negra recién casada que tiene el antojo de comerse un ñame de su jardín y le pide a su marido que le traiga uno al instante. Lo que no saben los esposos es que el boniatal está habitado. Jicotea, quien ha tomado residencia en el boniatal, utilizando su astucia, les hace creer a todos que los ñames hablan para así proteger su refugio y fuente de alimento. En consecuencia, los esposos, el rey y todo el mundo llegan a creer que los ñames hablan.

Despavoridos de miedo ante un acto que parece ser obra del diablo, se toma la decisión de impedir que los ñames sigan hablando; el rey y todos los que le rodean les prohibirán a los ñames el uso de la palabra. La ardua labor de hacer callar a los ñames es dada a tres brujos famosos: Osaín de Tres Pies no puede; Osaín de Dos Pies tampoco puede; Osaín de Un Pie lo logra conjurando un grito: "¡Coge ñame!". Jicotea reacciona ante el conjuro, un soldado, entonces, se apodera de él y se lo lleva a Osaín. Lo dramático de la hazaña es que, una vez en poder del brujo, Jicotea es triturado con un pincho hasta la muerte.

Horas más tarde, cuando todos duermen, Jicotea va reconstituyéndose, y poco a poco vuelve a la vida. Como es de esperarse, Jicotea no muere en realidad; recordemos que él es un ente sobrenatural, quien,

al dejarse matar para luego resucitar invicto, se ríe de sus enemigos los
que, como en otras ocasiones, le han maltratado y dado muerte.

Al final del relato podemos ver como, en resumidas cuentas, Osaín
de Un Pie goza desde antes de la amistad de Jicotea, porque Osaín de
Un Pie sabe de siempre que él tiene el don de resucitar. Gracias a este
poder, Jicotea puede poner su corazón al fuego sin peligro de que se
abrase y, al final, ambos se echan a reír triunfantes, viéndolo saltar entre
las llamas, y bailan en el monte leyéndose "en los ojos el secreto de los
cuatro elementos" (155), mientras los hombres siguen creyendo que
Jicotea ha cesado de existir.

A diferencia de los cuentos anteriores, los protagonistas en "Osaín
de Un Pie" son varios y cada uno de ellos tiene sus propias características
individuales que lo acercan un poco más al lector, a pesar de que lo corto
del relato no les permita a cada cual alcanzar una mayor profundidad
dramática: la joven negra está recién casada y cansada y además es pere-
zosa, "con antojos, cual dama blanca" (150); su marido es complaciente,
hace el caldo, pero sólo va a recoger los ñames en segunda instancia,
mandando a la mujer primero; el rey es buen gobernante, reflexivo y terco, tiene control sobre su ejército, el cual está formado de hombres va-
lientes, que tratan de recoger los ñames a pesar de su miedo. En cuanto a
los auxiliares, hay tres: Osaín de Tres Pies es un *orisha* de yerbas, un santo
adivino; Osaín de Dos Pies es yerbero y adivino también, pero es más viejo que el primero y por lo tanto es más sabio; Osaín de Un Pie es al igual
que los otros yerbero y adivino. Indudablemente, los tres hechiceros, con
sus virtudes idénticas, claramente representan la trinidad, a menudo em-
pleada en el folklore tradicional, de la cual hablamos más detalladamen-
te en páginas posteriores dedicadas al cuento "Irú Ayé".

Por otra parte, ya que estamos en esta vena, el símbolo del hechicero o adivino está ligado al del gigante y al del brujo, o sea es la personificación junguiana del padre terrible de nuestra infancia, o del mito
de Saturno, padre devorador. El hechicero, como el gigante, puede aparecer en el folklore como protector de un pueblo, pero también puede
ser maléfico, puede ser defensor o enemigo, ya que simbólicamente representa las fuerzas de la naturaleza, el poder primordial, lo elemental,
la obscuridad, la noche y el invierno.

Después de párrafos como los anteriores, a quién tenemos como
antagonista si no es a Jicotea que como siempre hace su aparición lleno

de astucia, mintiendo –sin maldad esta vez– sólo para proteger su albergue. A su vez, digna de mencionarse como característica importante de Jicotea en este relato es su capacidad intrínseca de manipular a su gusto la naturaleza mágica con la cual ha sido dotado, por lo que puede resucitar al final, aún cuando ha sido despedazado.

Si nos detenemos ante el tema del despedazamiento o desmembramiento, el cual aparece en relación con el poder mágico de Jicotea de ser capaz de reunir sus miembros dispersos, vemos un símbolo que data desde la antigüedad. El más conocido es el mito de Osiris despedazado por Set, quien dispersó sus partes, las que Isis buscó y reunió de nuevo. Por supuesto, es común en las mitologías que los gigantes sean destrozados y luego sus pedazos se reúnan mágicamente; lo mismo sucede con la espada de Sigmundo, que hecha pedazos sólo Sigfrido puede recomponerla. Aún más, en la mitología de la India todo desmembramiento revela el proceso de la formación de la unidad primigenia que emanó de la multiplicidad, o sea la reintegración de todo en la unidad. Si mencionamos el cristianismo, por ejemplo, su meta ha sido convertir al hombre en un ser unitario espiritualmente.

Por lo tanto, el simbolismo básico del desmembramiento es el de la iniciación a través de la muerte y el renacimiento, haciendo necesaria la muerte del individuo antes de su reintegración. Podemos agregar que el despedazamiento está ligado también a la idea del sacrificio. Sabemos que muchos dioses, como Osiris o Dionisio, fueron descuartizados, sus pedazos dispersos y luego reintegrados a su forma inicial; de esta manera, este proceso representa la multiplicidad del universo en su creación y por consiguiente su retorno final a la unidad primaria.

Con todo lo antes dicho no podemos dejar de mencionar que en la mitología yoruba el desmembramiento y reintegración de un *orisha* (deidad) también significa el retorno a la unidad primordial; por eso Jicotea, quien, entre un sin fin de características, es también de naturaleza *orisha*, sufre desmembramientos en algunos relatos y siempre sus pedazos vuelven a reunirse.

Llegamos ahora al cuento "Vida o muerte" (*Ayapá*), en el que leemos de entrada que al principio del mundo no se sabe de la muerte; en él todo es nuevo, todo comienza. Jicotea, que todo lo sabe, es la primera en hablarle de ella al perro, quien, al enterarse de esta nueva situación, le replica diciendo que no quiere morir. Entonces, Jicotea le propone al

perro que vayan los dos a ver a Sambia, el dios creador: el perro le pedirá la vida para todos y Jicotea le pedirá la muerte.

El perro se siente seguro de que verá a Dios antes de que Jicotea lo
haga, pues él es más veloz y menos pesado que ella; el confía ciegamen-
te en su ligereza. No obstante, Jicotea, aunque lenta y pesada, es muy astuta, y por supuesto esto la tranquiliza. Jicotea, a escondidas del perro,
coloca a sus hermanas jicoteas en posiciones de relevo a lo largo del camino; por consiguiente, cada vez que el perro llega a un punto de descanso, Jicotea ya se encuentra en éste. Utilizando esta fórmula tan efectiva, Jicotea logra llegar primero ante la presencia de Sambia, y una vez
allí le pide la muerte para todos. Extenuado de tanto correr, el perro llega el segundo y cae muerto a los pies del dios, perdiendo así la apuesta.

Por su lado, Jicotea sale triunfadora porque ve a Dios y le habla, y
junto a él aprende lo que son la vida y la muerte, al presenciar de cerca
la muerte del perro, el primer ser terreno en morir. Sin embargo,
Sambia, conocedor de la amoral acción de Jicotea hacia su compañero,
la castiga para enseñarle lo que es la humildad, poniéndola bajo una pesada piedra por mucho tiempo, por jactanciosa.

Como bien podemos ver, en este cuento tenemos al perro como
protagonista y a Jicotea como su antagonista. El perro se obstina ante la
idea de la muerte cometiendo un acto de rebeldía, porque no quiere
morir. Lo que el can desea, nada más y nada menos, es la inmortalidad,
y como se siente lleno de vanidad al saberse ligero y veloz ya se cree vencedor de la apuesta que hace con Jicotea; pensándolo bien, su principal
error es el confiar demasiado en sí mismo.

El simbolismo más conocido que se le otorga al perro es el de la fidelidad y la nobleza, como guardián y guía del rebaño; otro símbolo importante que se le atribuye es el de ser acompañante –como lo es también el buitre– del muerto en su último viaje, además de estar asociado a
los símbolos de la maternidad y de la resurrección. Conste que también
hay otros simbolismos importantes en relación con el perro en cada ám-
bito particular de las diferentes culturas mundiales, pero no entraremos
en éstos aquí en detalle.

Simbólicamente, las características de Jicotea, en oposición a las
del perro, son la lentitud y el peso; sin embargo, su astucia una vez más
hace acto de presencia, esta vez como elemento cruel, aunque positivo,
del personaje. Por otra parte, sus características negativas, mencionadas

anteriormente, la expondrán a ser víctima posible de las intenciones del perro; no obstante, su singular ingenio la hará triunfar y llegar primera a la meta señalada.

Nada menos que el creador, Sambia, es el objeto en este cuento, ya que la meta que se han propuesto el perro y Jicotea es la de llegar "junto a Sambia" (21), siendo éste uno de los tantos nombres del dios creador en Angola, con sus atributos de hacedor de todo, influenciador de todo y creador de la vida y de la muerte. Hay otra conocida cualidad del creador que es de suma importancia para los yorubas, la cual se encuentra explícita en este cuento, y es la de mantenerse voluntariamente apartado de su creación; sin embargo, aunque él permanece ausente, todo el universo le obedece.

Pasando al siguiente relato, "La venganza de Jicotea" (*Ayapá*), vemos que esta vez Jicotea envidia al elefante porque, como es de esperarse, él odia a todos los seres dotados de gran estatura.

Un día, sin razón alguna, Jicotea decide jugarle una treta al elefante; y lo hace haciéndole creer al pobre paquidermo que se está comiendo con sumo gusto uno de sus propios ojos, cuando en realidad no es más que una bola de coco y miel. El crédulo y golozo elefante, que por supuesto quiere probar este suculento manjar, le pide de favor a Jicotea que le arranque uno de sus ojos para comérselo. Acto seguido, Jicotea le arranca un ojo al elefante y le pone en la boca, en su lugar, una bola de coco y miel.

Pero la cosa no se queda así, aunque le está doliendo la falta de un ojo, al elefante le apetece comer su otro ojo y, sin darse a esperar, Jicotea ejecuta magistralmente una vez más la misma operación. Cuando el elefante comprende que se ha quedado ciego, Jicotea no parece encontrarse por ningún lado.

Sin embargo, no todo se ha perdido para el pobre burlado; un servicial gusano le presta al elefante sus pequeños ojos y se los coloca en las cuencas vacías de los suyos con la ayuda de un pájaro carpintero para que éste pueda llegar a su casa en donde podrá empezar a ejercitar a su hijo en las artes de lazarillo. Desafortunadamente para el buen samaritano del gusano, los nuevos ojos prestados del elefante han quedado tan sólidamente fijados en sus órbitas temporales que al día siguiente no puede devolvérselos; aún forcejeando, el gusano y el pájaro carpintero no logran sacarlos de su nuevo lugar.

Finalmente, al gusano, aunque ahora ciego, le queda el consuelo de haber dado luz a los ojos de un ser tan grande, admirado de todos. Mientras, la historia en sí nos enseña que Jicotea, con su innoble fechoría, sólo logra demostrarles a todos la impotencia de su envidia ante la grandeza del elefante.

Por fin, en "La venganza de Jicotea" tenemos, por vez primera en esta colección, a Jicotea como protagonista del relato. Como tal, sus atributos son diferentes de cuando hace el papel de antagonista. Sabemos que Jicotea siempre se la juega de astuto, pero en este caso su astucia es malvada, sin razón; en este relato él es amoral porque hace el mal sólo para satisfacer un deseo o capricho, rayando en la perversidad. Sus mentiras son parte de su juego de hacer el mal para aliviar una carencia innata, ya que el elefante no es culpable de la pequeñez de Jicotea.

Como antagonista, el elefante está dotado de atributos que molestan a Jicotea, y es obvio que el elefante es un obstáculo para la felicidad de Jicotea. El es grande, "inmenso, imponente como una montaña, inaccesible" (33) a la pequeñez de Jicotea, pero cae en la trampa de éste por ser goloso.

El elefante tradicionalmente simboliza fuerza, fidelidad, memoria, paciencia, sabiduría, y no podemos negar que atributos como éstos lo convierten en supremo rival del perverso Jicotea. Por otra parte, el que Jicotea ciegue al elefante es un acto simbólico relacionado con el simbolismo del Ojo Divino o Místico como facultad omnisciente, luz, poder, conocimiento, infalibilidad. Al quedar ciego el elefante, su ceguera física le abre las puertas a la visión intuitiva, facultad que está ligada con el poder del Ojo Divino.

Un insignificante gusano de tierra es el auxiliar en el cuento; pero nuestro gusano no tiene ninguna relación con su simbolismo tradicional de muerte, disolución y energía reptante y anudada. Sin embargo, es de notar que por contraste con el elefante el gusano tiene la misma característica notoria que aflige a Jicotea: ser pequeño; en revancha, ésto le sirve de virtud y no de falta, devolviendo, con su generoso gesto, un bien por un mal.

En el hermoso relato intitulado "Ncharriri" (*Ayapá*) encontramos belleza y emociones a cada paso. Tal y como hemos visto en el capítulo dedicado a las aguas[108], el monstruo Ncharriri roba doncellas, una cada

---

[108] Algunos relatos son analizados en más de un capítulo en este libro; sin embargo, cuando esto sucede se debe a que el cuento en cuestión posee las características ne-

siete años; cada siete años viene al pueblo y se roba a la más bella doncella del lugar. En este cuento, Jicotea, quien con el poder de la palabra
puede encantar los ojos, hace que Ncharriri lo vea como si fuera una bellísima doncella. Al encontrarse delante de una doncella tan hermosa,
Ncharriri quiere apoderarse de ella, pero un hilo de agua corre entre
los dos. Jicotea lo convierte en un cerco de llamas, impidiéndole acer-
carse.

En su papel de bellísima doncella, Jicotea le pide a su pretendiente
que le entregue sus uñas de tigre, sus cuernos, sus dientes, su nariz y sus
orejas, y sólo así ella le seguirá. También le pide que le entregue sus
pies; por fin le pide que le entregue su corazón y sus manos. Ncharriri
accede a todo esto con tal de poseer a tan hermosa joven; sin embargo,
muere al entregarle su corazón. Esta vez ninguna doncella desaparece
antes de la llegada del amanecer.

En este relato nos encontramos en el papel de protagonista a un
monstruo increíble llamado Ncharriri, al cual se le describe dotado de
cuernos admirables, uñas de tigre, dientes de marfil, una nariz larga
pintada de amarillo, grandes orejas redondas ornadas de caracoles, una
cola flexible y airosa que termina la copa de un arbolito lleno de flores
extrañas y cocuyos fulgurantes, con pies en vez de patas, ojos de cuentas
rojas, cuatro manos inmensas, y... un corazón. No es preciso decir que
nuestro monstruo es un digno ejemplar entre las bestias fabulosas del
folklore mundial.

El antagonista es Jicotea, quien una vez más, en el rol de animal
mágico, posee ciertos poderes que utiliza en el cuento para vencer a
Ncharriri. Por ejemplo, tiene el don de la palabra para encantar los
ojos; Jicotea también transforma un hilo de agua en un cerco de llamas
y él mismo se transfigura, ante los ojos encantados del monstruo, en una
bellísima doncella. Por otra parte, al eliminar el peligro de Ncharriri,
Jicotea hace una buena acción, ya que salvando a las doncellas del pueblo su actuación cobra calidad humana.

Ncharriri, como cualquier otra bestia fabulosa, posee una combi-
nación de diferentes características físicas que sugieren otras posibilidades de la creación y la liberación de los principios convencionales que
rigen los fenómenos del universo. Tengamos en cuenta que los mons-

---

cesarias para ser analizado en varios niveles. No obstante, cuando esto sucede, en los diferentes análisis se evita toda posible duplicación que no sea necesaria o válida.

truos compuestos de variados atributos son símbolos del caos primordial o de los poderes aterradores de la naturaleza y que, ante todo, los
monstruos aterradores representan el mal y las fuerzas caóticas del
mundo o de la naturaleza humana.

Es interesante recordar que algunas bestias fabulosas del folklore
tienen como adversario a un dios o a un héroe, como es el caso de
Marduk, el creador, que vence a Tiamat símbolo del caos primordial;
también tenemos a Teseo quien vence contra el Minotauro. Sin ir más
lejos, recordemos que muchos caballeros matan dragones. Hazañas de
este tipo siempre representan el triunfo del orden sobre el caos, del
bien sobre el mal, de la luz sobre las tinieblas.

Así pues, en el relato que analizamos Jicotea puede ser comparado
con uno de estos héroes al salvar a las doncellas de las garras de
Ncharriri. Y, qué hermoso héroe es Jicotea, en su personaje hay la magia
que todo héroe debe poseer, y hay el espíritu de la contienda –en este
caso mental y sobrenatural– que se lleva a cabo entre él y el monstruo
que amenaza a las doncellas del pueblo. Jicotea es el héroe de las doncellas y del pueblo, triunfando sobre el caos y los poderes aterradores de la
naturaleza simbolizados en el personaje de Ncharriri.

Nuestro próximo cuento es "Irú Ayé" (*Ayapá*); tengamos en cuenta
que Ayá, el brujo Jicotea, ha comprado tres esclavas bellísimas pero tiene
miedo de perderlas, así que las convierte en tres semillas blancas que parecen perlas del mar. El brujo nunca se separa de sus semillas; aún más,
por temor a que se las roben, labra una casa escondida en el bosque.

Un malhadado día, el brujo se queda dormido en un claro del bosque y el nefasto pájaro Burubú, aprovechando la situación, le roba las
semillas y se las traga. Días más tarde, en el bosque, un rey cazador acierta el corazón de Burubú y se lo lleva como trofeo a su casa. Una vez en
ésta, la reina, quien es estéril, le devuelve la vida al pájaro, pidiéndole a
su vez a Burubú que le dé tres hijas "lindas e iguales" (58). El pájaro le
concede el deseo a la reina, pero las hijas no son sino las tres semillas, las
tres esclavas de Ayá, el brujo Jicotea.

La reina, entonces, siembra las semillas junto a un pozo y de éstas
crece un árbol; también nos enteramos de que de ese pozo junto al árbol sólo puede beber el rey Latikua Achikuá, y que de sus frutos nadie
puede comer, ni siquiera el rey. Por supuesto, hay centinelas invisibles
que custodian el pozo contra toda intrusión.

Mientras tanto, el brujo Ayá sigue buscando sin descanso a sus tres semillas, por todas partes, sin tener éxito. Sin embargo, al llegar junto al pozo del rey, algo extraño sucede; Ayá arranca tres hojas del árbol prohibido mientras nadie lo ve y baja con ellas al fondo del pozo. A pesar de todo esto, los guardianes nunca lo atacan.

Por su parte, la reina Omoloyú tiene un sueño premonitorio en el cual se le anuncia que perderá a sus tres hijas. Ante tal profesía la reina cree no tener otra alternativa que esconder celosamente a sus hijas en lo más profundo de un pasadizo subterráneo. Desde ese día el pobre rey Latikua Achikuá no puede ver más a sus hijas; de tristeza, el rey enferma, envejece y se siente morir. Sus tierras también se secan; sólo el árbol, que es un limonero, florece.

Como el rey siente que su fin se acerca, entonces ordena que se le traigan a sus tres hijas, a quienes quiere ver una vez más. Yendo contra su corazón, Omoloyú las desentierra, y éstas aparecen frente a su padre feas, blancas por la falta de sol y aire, renegando a su madre una y otra vez. Al presenciar todo lo sucedido la reina se vuelve loca. Acto seguido, el rey maldice a su mujer, la manda a acuchillar y a que las mujeres del reino le escupan la cara. Después de todas estas vejaciones, esa misma noche, queman a Omoloyú en la hoguera.

Mientras arde Omoloyú, entre el humo de la hoguera aparece el espectro del pájaro Burubú, quien con su cola roza los ojos del rey y éste pierde la vista instantaneamente. No obstante, Latikua Achikuá vuelve a recobrar la visión en cuanto se desvanece el pájaro de humo y al volver a ver se encuentra con sus tres hijas que han vuelto a ser otra vez tres bellas jóvenes. En ese momento, la tierra vuelve a renacer, todo reverdece, y el rey ya no se siente viejo ni moribundo. Todo parece haber vuelto a la normalidad.

Como solían hacer, a la mañana siguiente las tres hermanas se dirigen al pozo a buscar agua, esta vez para nunca más volver. En el fondo del pozo, Ayá, el brujo jicotea, se reúne de nuevo con sus tres esclavas, quienes le pertenecen desde siempre. Al no regresar las jóvenes, el rey se vuelve loco de dolor y desde entonces siempre está junto al pozo, y desde su altura mira al fondo del agua, llamándolas, sin saber como llamarlas, porque lo ha olvidado todo.

En "Irú Ayé" los reyes tienen el papel de protagonistas. El relato nos dice que el rey Latikua Achikuá es cazador y que la reina Omoloyú, su esposa, no puede tener hijos propios. Desde el principio reconocemos a los reyes como una unión simbólica que no es perfecta porque la reina es estéril. Pero esta unión llega al desastre cuando la reina esconde a sus hijas-semillas, se vuelve loca y muere en la hoguera. La reina debería representar el principio femenino, la Gran Madre, la Reina del Cielo, el espíritu; no obstante, en este caso, es todo lo contrario, porque la reina no puede dar a luz, y las hijas que cría y esconde no le pertenecen. En consecuencia, su locura es su castigo; sin embargo, el que sea acuchillada es símbolo de sacrificio, y el que sea quemada es su purificación, ya que el fuego es, simbólicamente, agente de transformación.

En el caso del rey, aparecen la enfermedad y por consecuencia la vejez prematura. El "rey enfermo" simboliza el castigo que sigue a la culpa, y la esterilidad espiritual. No cabe duda de que todo lo que le sucede al rey va ligado estrechamente a la suerte de la reina Omoloyú, además de ser él mismo quien le trae el pájaro Burubú a la reina, propiciando con su regalo toda la gama de desventuras que recae sobre su familia; por eso, aunque el rey se libra de su enfermedad y de su vejez prematura, al final pierde la razón para siempre. Es pertinente mencionar que el "rey loco" representa todo lo contrario del rey como principio reinante, suprema conciencia, virtud del juicio y del autodominio.

El antagonista es Jicotea, quien es a su vez brujo y propietario de tres bellísimas esclavas. El brujo Ayá es un personaje paciente y perseverante, que recorre el mundo sin descanso hasta recobrar lo que le han robado, sus esclavas convertidas en semillas, las cuales son el objeto en el cuento.

Como bien sabemos, las tres esclavas no son completamente humanas, siendo a veces semillas –símbolo de la potencialidad, o representación de lo que la mítica llama el Centro, del cual nace el Árbol Cósmico–; a veces son árbol –el *axismundi*–, otras veces doncellas. Aún más, ellas no parecen tener vida propia, porque son idénticas en todo, física y mentalmente, y siempre están juntas, en una trinidad inseparable. Ellas muestran atributos que las ligan a simbolismos tanto europeos como africanos al aparecer como una unidad en la diversidad. Por ejemplo, ellas son tres y en el folklore en general hay siempre tres deseos, tres pruebas, tres princesas o príncipes, tres brujas, etc., porque el número tres es equivalente a la síntesis, a la plenitud. Tengamos también en cuenta que en la mayoría de las tradiciones existe al menos una trinidad y a veces, como se observa en el cristianismo, surgen diversas trinidades, por ejemplo la del Padre, Hijo y Espíritu Santo, las tres virtudes teologales de Fe, Esperanza y Caridad, los tres reyes magos, entre otras. En las creencias africanas, por ejemplo, la trinidad está representada por Olodumare el creador, por Obatalá su hijo y ejecutor de sus designios en la tierra, y por los *orishas*, santos intermediarios entre los hombres y el dios creador.

En la página 59 de *Ayapá* se nos dice que las tres semillas se han convertido en tres muchachas núbiles, bellas e idénticas, con una ramita en flor que brota y da olor en medio de sus cabezas, con una luna minúscula en cada seno, con una serpiente alrededor de la cintura, con una misma voz, una misma risa, y un mismo extraño silencio. Esta breve descripción nos recuerda ante todo la trinidad cósmica donde el principio de unidad se divide en tres inseparables puntos. También estas jóvenes –que también son tres semillas, convertidas en un árbol que las hizo sus frutos– en sus cuerpos conmemoran y simbolizan su procedencia, porque sus cuerpos son símbolos del tradicional principio unitario del árbol y la serpiente, como unión del principio femenino (serpiente) con el masculino (árbol).

El árbol y la serpiente, en unísono, tienen simbolismos variados; por ejemplo en el cristianismo el árbol y la serpiente prefiguran míticamente a Adán y a Eva. En otras tradiciones, por el contrario, se les ve como símbolos de la unión de poderes contrarios. Sin embargo, en Africa, la serpiente es considerada como vehículo de la inmortalidad, encarnación de los muertos, y el árbol como *axismundi*, tal como sucede en otras tradiciones.

En el relato hay varios auxiliares, pero el más importante es el pájaro Burubú, el cual posee el don de resucitar, además de tener poderes mágicos que le permiten conceder a la reina su deseo; con esto último nos percatamos que Burubú es capaz de anular la magia del brujo Jicotea con la suya propia.

Otros auxiliares son los centinelas invisibles quienes, noche y día, custodian el pozo de Latikua Achikuá velando para que nadie se acerque. Sin embargo, los guardianes permiten que Ayá arranque tres hojas del árbol que irriga el agua del pozo y que descienda a esperar a sus esclavas al fondo insondable, el que generalmente simboliza la salvación y la sublimación, aún entre los pueblos primitivos.

Cuando llegamos a "El vuelo de Jicotea" (*Ayapá*) ya no nos sorprende nada de lo que haga esta tortuguita de agua dulce. Abreviando deliberadamente el tema central del cuento, digamos que Mayimbe, el aura tiñosa, también conocida por zopilote o gallinazo, decide complacer un día a Jicotea quien quiere volar y se lo lleva a dar un paseo por las alturas. Durante el vuelo, Jicotea le hace saber al aura que su cuerpo, especialmente su boca, huele mal. Al oír tales insolentes verdades, la enfadada de Mayimbe deja caer desde el cielo a Jicotea, quien, al tocar tierra, se descalabra y se rompe el carapacho.

La verdad es que Mayimbe no es tan fea si se la mira bien, pero huele mal y produce repugnancia porque siempre come animales muertos, contra los cuales también se restriega en acto ceremonial. Es reconocido que ella siempre empieza comiéndose las tripas, luego despedaza a su víctima y deja sin falta para el final el delicado manjar de sus ojos.

Por su parte, Jicotea, después del mal rato que ha pasado, decide jugarle una treta al aura, para lo cual le pide ayuda a su compadre el mulo Masango. Entre ellos deciden que Masango se va a hacer pasar por muerto para provocar el hambre de Mayimbe para que así ésta caiga en la trampa. Al ver a Masango tan rígido en la tierra, Mayimbe lo cree muerto y se apresura a ir en busca de sus compañeras de banquete, las otras auras.

Una vez congregadas todas las auras tiñosas alrededor del mulo, Mayimbe, en ritual legendario, hunde su cabeza en las entrañas del animal, para sacarle las tripas. Mientras tanto, el mulo, que está bien vivo, aprieta dentro de sí el cuello de Mayimbe, mientras ésta se muere de asfixia. Por suerte Mayimbe se salva, pero en la operación de destrabar su cuello pierde todas la plumas del mismo y de la cabeza también. Vale decir aquí que, desde ese día, Mayimbe se ha jurado que comerá siempre primero los ojos y que dejará para el final las tripas.

Jicotea es el antagonista de este relato, que tiene por protagonista al aura Mayimbe, fea y maloliente, pero servicial. Es importante recordar que el aura tiñosa es un ave sagrada en varias de las creencias africanas, ya que es la mensajera de los hombres ante el dios creador, como lo es la paloma del arca de Noé en la mitología cristiana; Mayimbe es el nombre congo que recibe el aura tiñosa, pero los *lucumís* o yorubas la llaman Kanákaná. En este cuento se enfatiza la cualidad que hace del aura un ave sagrada en estas culturas: su habilidad de volar a gran altura, pausadamente, con majestad. Sin embargo, no podemos olvidar que un aura tiñosa también es voraz y repugnante a la vista, se alimenta de animales muertos y tiene la cabeza pelada y roja y un maloliente plumaje negro, defectos que no afectan, gracias a Dios, su renombre de ave sagrada entre congos y yorubas.

Jicotea, como en otras ocasiones, es audaz, irreverente, aprovechador, y por sobretodo astuto y amigo de burlas; Jicotea, que no es ave, no puede volar, por lo que engatusa a Mayimbe, con falsos halagos, para que lo lleve con ella a las alturas, en donde la llena de improperios, que ésta no se merece, sólo porque el empecinado de Jicotea no desea regresar a tierra. Más tarde, su misma amoralidad lo lleva a desquitarse de Mayimbe por haberlo arrojado desde tan alto, jugándole una treta a quien, ante todo, ha sido gentil y servicial con él, haciéndole perder el plumaje de su cabeza y cuello, y casi con ello la vida.

El mulo Masango, como auxiliar, va a ayudar a Jicotea a jugarle la treta a Mayimbe, haciéndose pasar por muerto, para así apretar la cabeza de ésta dentro de sí hasta casi asfixiarla, cuando el aura despreocupada comience por comerse los intestinos. Sus atributos en el cuento son el tener el sentido de la justicia (por lo que Jicotea tiene que mentirle para hacerlo su compadre de aventura), y su hermosura corporal; su gran falta es la de ser terco. Es de notar que al mulo muchas veces se le conceden las características simbólicas del asno, aunque bien sabemos que no están emparentados. Ambos simbolizan la terquedad, la humildad, la paciencia, la paz, la estupidez, la obstinación, y la fertilidad.

Las compañeras auras de Mayimbe son auxiliares también, ya que se encuentran presentes, listas para ayudar a comerse el mulo, y ser testigos una vez más de la siempre brillante operación de Mayimbe de sacar las tripas del muerto en un santiamén.

Es, sin duda alguna, en "El ladrón del boniatal" (*Ayapá*) donde resalta más la maldad de Jicotea, como antagonista del relato, frente al dueño del boniatal, quien, en sus veces de protagonista, no sabe ya que hacer para atrapar al ladrón de sus boniatos.

En este cuento somos testigos de la maldad de Jicotea en su *summum*, de su falta de moral y de caridad para con su prójimo, de sus mentiras, y de su sangre fría ante la ejecución de un inocente. El es el ladrón de los boniatos, pero, con tal de salvar su pellejo, Jicotea utiliza su astucia y sus mentiras, su falsa amistad, para encontrar un chivo expiatorio que sea inmolado en su lugar. Y así, como si no tuviera sangre en sus venas, presencia la muerte de un inocente que muere con los ojos llenos de lágrimas.

El relato comienza con una conversación entre Jicotea y su madre. Jicotea le dice a su progenitora que desea hacerse ladrón; su emocionada madre, entonces, lo bendice y Jicotea sale a robar un boniatal. Como están desapareciendo sus boniatos, el dueño del boniatal primero llama a la guardia civil y luego pone un espantapájaros pegajoso en medio del boniatal como último recurso para atrapar al astuto ladrón.

Jicotea, antes de ponerse a robar boniatos, haciéndose el educado, le habla al espantapájaros, porque lo cree humano y le tiene miedo; cuando éste no le responde a sus preguntas lo ataca, dándole una patada, quedando así preso contra la pierna pegajosa del muñeco. Afortunadamente para él, un hermoso y caritativo venado lo libera de su aprieto; sin embargo, Jicotea le paga su servicial ayuda pidiéndole que él también le dé una patada al espantajo. Y así queda pegado el venado, sin poderse liberar, contra la pierna del espantapájaros. El venado ha caído en la trampa de Jicotea; en su inocencia, el pobre venado le suplica a Jicotea que lo ayude a soltarse, pero éste no se digna a escucharle.

Las horas pasan, llega el amanecer y el estanciero se va al boniatal en su caballo, en cuanto lo ve Jicotea le grita que él ha encontrado al ladrón. El hombre le cree su mentira, apunta, entonces, su rifle y mata al inocente venado que cae muerto con los ojos llenos de lágrimas.

El auxiliar en el cuento es un hermoso y servicial venado que libera a Jicotea de su pegajosa prisión. El inocente venado cae en la trampa de Jicotea dándole una patada al espantajo, quedando a su vez en las mismas circumstancias en que había encontrado a Jicotea. Entonces, suplica y no se le escucha; por último, él ve venir su muerte y la recibe sin una queja, sólo sus lágrimas denotan el pesar de su buena acción frustrada.

El sentido simbólico del venado, o ciervo, está estrechamente ligado con el árbol de la vida, ya que sus cuernos crecen como las ramas en los árboles. El ciervo también simboliza la renovación y el crecimiento cíclicos, otra vez a causa de sus cuernos. Recordando que Jicotea pertenece a la familia de los reptiles quelonios, es importante hacer mención de que el ciervo, tanto como el águila y el león, es enemigo secular de la serpiente, lo que nos indica el carácter favorable del simbolismo del ciervo. Por ejemplo, el ciervo se relaciona con el cielo y con la luz, mientras los reptiles se asocian con la noche y la vida subterránea. El ciervo tiene prestigio también por sus atributos físicos: belleza, gracia y agilidad, todas cualidades dignas de la envidia de Jicotea.

En el cuento "La rama en el muro" (*Ayapá*) tenemos a dos hechiceros que al parecer son peritos en lo que concierne a la brujería. Uno de ellos, el mentiroso y ladrón de José Asunción es el protagonista; el otro brujo es Jicotea, quien hace las veces de antagonista.

A Jicotea en esta ocasión le ha tocado que le hagan mal, pero, siempre astuto, y excelente hechicero en este relato, llega a obtener lo que se propone, o sea, hacerse propietario de la cuartería en donde reside.

¿Y qué hace Jicotea para apoderarse de la propiedad? Pues, nada más ni nada menos que pinta una rama seca en un muro. La rama reverdece y ante el asombro de todos amenaza con derrumbar la casa de huéspedes. Sin embargo, cuando Jicotea vence a su contrincante y toma entera posesión de su nueva propiedad, la rama desaparece.

En el relato se nos dice que Jicotea ha jugado el número 115 en la lotería, junto con su compadre José Asunción; el número gana, pero José Asunción se guarda todo el dinero para sí, dejando a Jicotea sin un centavo. Para colmos, con el dinero de la lotería José Asunción compra la casa de huéspedes en donde vive; esto, como es de esperarse, al principio acarrea la envidia entre los otros inquilinos de la casa, pero con el paso del tiempo todo retorna a la normalidad.

El compadre Jicotea, dolido, reta a José Asunción a una contienda entre brujos; por supuesto, vale decir que los dos son consumados hechiceros. Con su brujería Jicotea hace que José Asunción se hinche como un sapo; José Asunción, por su parte, hace que Jicotea se vaya paralizando poco a poco. Ninguno se da por vencido.

Como la cosa va para no acabar, el astuto de Jicotea le propone un negocio a José Asunción. Jicotea ha pintado una rama seca en el portón de la casa; si la rama reverdece la casa pasará a manos de Jicotea. José Asunción, para no seguir hinchándose, acepta y le quita su embrujo de encima a Jicotea. Verdaderamente, por arte de magia Jicotea deja de cojear y José Asunción empieza a desinflarse.

La rama seca reverdece el 8 de mayo, día de la aparición de San Miguel Arcángel a la virgen María; sin embargo, el milagro no se detiene allí, la rama crece y crece y llega a ser una verdadera enredadera, la que, como hemos dicho, amenaza con derrumbar la propiedad en cuestión.

En resumidas cuentas, José Asunción se tiene que dar por vencido y le entrega la casa a Jicotea antes de que ésta se venga abajo; Jicotea, entonces, se hace dueño de la propiedad, ganando así la apuesta. No obstante, después de todo lo vivido, los otros habitantes del lugar deciden mudarse de domicilio, quedándose Jicotea sin vecinos, como a él le gusta. Es únicamente en esa primera noche que Jicotea duerme solo en su nuevo hogar que la rama desaparece.

El simbolismo general del brujo se relaciona con el mito de Cronos, o sea el del padre primordial que devora a sus hijos; sin embargo, en este relato se le pone más énfasis al encantamiento que a los encantadores, por esa razón hablamos de la rama.

La rama, en su significado simbólico, cuando ha reverdecido o ha florecido, tiene el mismo significado que la guirnalda, representando el universo encadenado, el cordón unificador, los elementos de conexión. También la rama está relacionada con el símbolo del árbol, ya que muchas veces el Arbol de la Vida aparece representado por una sola rama, simbolizando siempre la fertilidad. Sin embargo, es preciso recordar que en ocultismo y en hechicería la rama puede simbolizar el mal, como símbolo estático de la serpiente.

Sin desdorar los otros cuentos estudiados, podemos alabar sin ambages el muy hermoso relato llamado "Jicotea y el árbol de güira que nadie sembró" (*Ayapá*) que tenemos a continuación; a través de él aprendemos la lección de paciencia, humildad y perseverancia que ofrece la protagonista ante los embates físicos y mentales de su agresora.

A pesar de los embates recibidos, la martirizada planta de güira crece y alcanza una altura majestuosa; su propia voluntad indómita la ha hecho crecer por encima de todas las güiras de su comarca. Aún más, su fortaleza se hace cada día mayor y es en uno de sus frutos que crece su pesada venganza.

Todo empieza un buen día, cuando Jicotea, pasando por un camino, se topa con la güirita. Desde ese entonces, Jicotea la humilla todos los días, porque ésta es pequeñita y más débil que ella. Sin embargo, con el tiempo la güirita crece y comienza a dar flores y frutos; al ver la hermosura de la güira, Jicotea se llena de envidia.

Mientras tanto, la sufrida güira sigue creciendo, llena de inquebrantable voluntad, pero, de entre sus frutos un güiro crece más que los otros, llegando a obtener proporciones asombrosas. Hasta que un día la güira se da cuenta de lo fuerte que se ha puesto; Jicotea también lo ve y se llena de estupor, ofuscación y miedo, perdiendo por esto su usual sonrisita. Como por acto de magia, el güiro enorme que cuelga entre las ramas le cae encima a Jicotea, al ceder el tallo que lo sujeta; entonces, a golpes certeros, la güira comienza a perseguir a Jicotea hasta su morada, el río. Es de saber que la güira no sólo ataca a Jicotea sino que persigue a todas sus compañeras del río, aún hiriendo a la reina de las jicoteas. Muchas mueren, otras quedan maltrechas y adoloridas.

La güira ha llegado así a vengar su orgullo herido y ya serena regresa a su estado estático de árbol de güira; y a propósito, del güiro vengador se nos dice que con el tiempo llega a ser una hermosa jícara para el baño de una hermosa dama.

Jicotea, obviamente, es la antagonista en el relato, esta vez llena de atributos negativos; al principio, su crueldad hacia la güira emana de un sentimiento de superioridad –del cual no disfruta a menudo Jicotea– al sentirse más grande que aquella plantita venida de ningún lado y disfrutando impunemente de su maldad, la humilla de palabra y de obra.

Sin embargo, cuando la güira alcanza proporciones majestuosas, el sentimiento de superioridad de Jicotea se torna en uno de inferioridad, que es el que más se le hace insoportable. Pero, a partir de ahora, sólo le queda a Jicotea el injuriar a la güira de boca para afuera, ya que, en dos palabras, se siente inferior, está celosa, sobrecogida por la majestuosidad del árbol.

Ahora bien, simbólicamente, una planta es la imagen de la vida; cualquier planta al crecer toma el carácter del desarrollo del cosmos. La posición erecta de toda planta la aproxima indudablemente al hombre, ya que los animales guardan una posición a ras de tierra. Además, no olvidemos que el ciclo anual de las plantas está en conexión con el misterio de la muerte y de la resurrección.

Es por eso que la altanera güira adulta aparece galana ante el pobre cuadrúpedo arrastrado que es Jicotea. La güira crece y desafía todo martirio con su estoicismo y su paciencia. Por consiguiente, Jicotea es castigada, como en otras oportunidades, con el despedazamiento de su carapacho, que como bien sabemos es simbólico de todo proceso degenerante y destructor, sobre todo porque la mutilación corporal es siempre equivalente a la mutilación espiritual.

Al llegar a "Jicotea una noche fresca" (*Ayapá*) nos encontramos delante de toda la fauna cubana. Los protagonistas son muchos en este cuento, como ya sabemos, y el antagonista es nuestro amigo Jicotea, quien esta vez sólo desea divertirse, sin maldad alguna. En este relato nos enteramos de que Insambia[109], el creador, ha creado el día para laborar y la noche para bailar; es por esas razones irrefutables que Jicotea improvisa una fiesta, pero lo hace sin pedirle permiso al rey. Por supuesto, todos vienen a bailar.

En el desenfreno del baile, los unos y los otros comienzan a atropellarse, haciéndose mutuamente daño. Por último, seguido de todos los que han estado en la fiesta, el señor cocodrilo se va con sus quejas al juez, quien, al no saber que partido tomar, se lava las manos diciendo que este asunto es muy complicado.

Como siempre en la vida, las cosas se complican porque el mosquito Mbi, al enterarse de todo lo sucedido, se va con el chisme al rey. Ante tal desacato el rey declara que es una insolencia hacer una fiesta sin su venia y decide castigar al culpable haciéndole ir a juicio. Presentes en el juicio están: el rey, el juez, todos los implicados y también la reina Maklé, quien es la hermosísima esposa del rey.

En presencia de todos el mosquito delator vuelve a contar lo sucedido, esta vez de una forma más esclarecedora y así el juez llega a comprender que Jicotea es el culpable. Pero a todas estas, durante su propio juicio, Jicotea no pierde su tiempo, llenando de alabanzas a la reina; de más está decir que la reina queda encantada con Jicotea.

Por su parte, el rey, que ya se empieza a aburrir con tantas horas de juicio y que está deseoso de irse a tomar café, decide que todos sean castigados, unos por proponer y otros por disponer. Por supuesto que todos protestan su inocencia haciendo tremendo escándalo; mientras, aprovechando el alboroto, la reina Maklé esconde a Jicotea entre sus encajes, lo saca de la audiencia y lo deja en el patio al borde del pozo. De esta manera, una vez más, Jicotea logra salvarse del castigo que se le tiene deparado.

Jicotea, en este relato como en tantos otros, conserva su singular

---

[109] Uno de los derivados del apelativo Sambla.

virtud de la astucia; sin embargo, por lo demás, en el cuento se le presenta como perezoso, sin otro deseo y razón que bailar y divertirse. Los otros animales aparecen con las características propias de su especie y nada más.

Sin embargo, los animales, en general, desempeñan un papel muy importante en el simbolismo tradicional, por su relación con el hombre. Los animales ante todo representan la jerarquía de los sentidos y, por el contrario del hombre, son constantes en sus cualidades negativas y positivas, por lo tanto no varían o esconden sus virtudes o defectos, como sucede en el caso del ser humano. Los animales también están en relación con los cuatro elementos del universo. Es importante mencionar que en las tribus primitivas se les valoriza tanto como a los antepasados humanos.

En relación con este cuento debemos notar, en el nivel antropomórfico, la variedad de especies que protagonizan el relato, y su relación de obediencia para con el rey y la reina, que son seres humanos. Sin embargo, la astucia de Jicotea le sirve a éste para ganarse la simpatía de la reina, y así poder salirse de apuros una vez más; lo que nos permite deducir que Jicotea, entre todos los animales del relato, es el único que posee el don de captar la atención de los humanos, haciendo desaparecer la relación de superior a inferior que generalmente existe entre hombres y animales.

Al leer "En el río enamorado" (*Ayapá*) nos encontramos con un Jicotea enamorado, que como antagonista del relato va a pasar por las mismas pruebas que los protagonistas del relato, los pretendientes de las hijas de Fendindé Bomba.

Sin embargo, en este cuento hay dos historias que pertenecen a un mismo relato pero que pueden ser presentadas separadamente. Los dos primeros párrafos de la síntesis corresponden a la primera historia, los que integramos a ésta para llegar a una mejor comprensión de la segunda historia. Desde el tercer párrafo en adelante entramos de lleno en la historia que analizamos en las próximas líneas.

Las tres hermosas hijas del guerrero Fendindé Bomba se están bañando una mañana en el río; Jicotea las ve y al instante se enamora de ellas. Desde entonces, siempre las mira y las cuida en el río.

Por otra parte, Fendindé Bomba, el gran guerrero dueño de la mágica flecha Yilo, no quiere separarse nunca de sus hijas, para lo cual propone a todos, y son muchos, los que pretenden casarse con sus tres preciadas hijas que sólo el que adivine el nombre de cada una de ellas –lo que en sí es un secreto– podrá casarse con ellas. Por supuesto, todos quieren casarse con las hijas del guerrero, aún el hijo del rey; no obstante, Jicotea decide que él será el vencedor. Mientras tanto, todos recurren a la magia, a los sueños, a la adivinación, con tal de lograr llegar a conocer los nombres de las tres doncellas, todos, excepto Jicotea.

Lo que sí hace el astuto de Jicotea es cavar un subterráneo que lo lleve hasta el recinto de Fendindé Bomba; desde allí, escondido, escucha mentar los nombres de las hijas del guerrero. Cabe decir que ninguno de los pretendientes logra adivinar los nombres de las jóvenes; el último en participar es Jicotea, quien pronuncia cada nombre correctamente, mientras un tamborcillo va repitiendo lo que él dice como un eco aprobador. En ese preciso instante, como por encanto, las tres hijas de Fendindé Bomba se enamoran de Jicotea, a quien ven, hechizadas, como un hermoso y gentil galán.

Al ver lo sucedido, los otros pretendientes, por odio y celos, quieren matar al favorecido Jicotea. Jicotea escapa, pero se lleva consigo toda el agua de la comarca; la sequía es total, insoportable. Sin embargo, gracias a la magia de Jicotea hay agua siempre en la jícara de la familia de Fendindé Bomba. Esta vez todos, angustiados ante el peligro de morir de sed, piden perdón a Jicotea y lo aceptan como esposo de las tres doncellas.

Algo maravilloso, entonces, sucede; Fendindé Bomba, al oír la voz de Jicotea, atraviesa con la flecha Yilo una calabaza en la cual toda el agua de la región se encuentra escondida. La flecha Yilo desaparece en el cielo y el agua vuelve a correr a torrentes por la tierra. Por último, sin dar sus razones y motivos, Jicotea, triunfante, se lleva consigo a sus tres esposas, a su suegro Fendindé Bomba y a su esposa Oyó, con él, al fondo del río.

En cuanto a las funciones de los personajes *per se*, los pretendientes vienen de todas partes, atraídos por la fama de Fendindé Bomba y la belleza de sus tres hijas; unos recurren a la adivinación, otros a la brujería, muchos hablan a duendes y espíritus. Los pretendientes son hombres y animales, aún está entre ellos el hijo del rey, algunos son ilustres, otros pobres, pero todos tienen algo en común, el desear casarse con las tres jóvenes.

Jicotea, aunque feo, pequeño y arrastrado, tiene el valor que nace del deseo para ir a pasar la prueba que impone el gran guerrero; y vence, por su astucia. Su magia lo hace aparecer ante las jóvenes como "un joven gallardo de nobles facciones, ágil y esbelto" (233), todo lo contrario de lo que Jicotea es en realidad. Sabemos que él vive en el río y que su elemento vital es el agua; su relación con el río es íntima, porque ambos se conocen y ambos aman a las tres doncellas. Jicotea tiene cualidades buenas en este cuento y en todo momento sus acciones son respaldadas por el noble sentimiento que le domina, el amor. No podemos olvidar tampoco que él es un ser mágico, y que su magia gobierna las aguas.

El objeto en el cuento son las tres hijas de Fendindé, hermosas, reservadas, distantes, sin nombres conocidos, envidiadas de las mujeres y codiciadas por los hombres. En este cuento como en "Irú Ayé" hay tres doncellas, otra vez relacionadas con la trilogía en el folklore tradicional, que simbolizan la unidad en la diversidad, la síntesis, la plenitud.

Fendindé Bomba es ante todo un padre amante, que quiere a sus tres hijas, lo cual lo hace destinador en el relato. Fendindé es también un famoso guerrero, venerado en toda la tierra y es propietario incontestado de la mágica flecha Yilo.

El río y la flecha Yilo, los auxiliares, son sumamente interesantes. El río está personalizado, siente como un humano, y por eso se enamora de las hijas de Fendindé Bomba; en el relato se le describe sensualmente, con brazos oscuros, que rozan la imagen de las tres muchachas. El río también castiga la envidia de las otras mujeres perdiéndoles algún lienzo del lavado en sus aguas; sin embargo, él intima con las jóvenes y siempre corre tierno y transparente cuando ellas se bañan en él, las acaricia y cuida. Por otra parte, como aliado de Jicotea, desaparece a la mañana siguiente del atentado contra éste.

Por fin, cuando Jicotea es aceptado de todos, da orden al río de volver a correr por la tierra; y es en su caudal que desaparecen para siempre Jicotea, sus tres esposas, Fendindé Bomba y Oyó, la esposa del guerrero.

Tenemos además la flecha Yilo, objeto mágico, propiedad de Fendindé Bomba. Con su flecha Fendindé atraviesa la calabaza en donde se esconden las aguas de la región; y ésta, después de cumplir su misión, se pierde en el cielo para jamás regresar a la tierra.

El cuento del que hablamos a continuación, "El juicio de Jicotea" (*Ayapá*), es verdaderamente ameno, la astucia de nuestro amigo Jicotea nos hace reír, y una vez más olvidamos cuando sus acciones son indignas y malévolas. En el relato se nos dice que un día el elefante está comiendo cuando Jicotea llega gritando "¡fuego!" (251). El elefante, que es una buena persona, lo deja todo para ir a apagar el fuego, sin darse cuenta de que en realidad no hay ningún fuego; es un embuste más del astuto Jicotea, quien mientras el elefante se ausenta se queda comiendo toda la comida del confiado paquidermo. Entonces, al pasársele la furia, el ofendido elefante congrega a todos los animales para juntos encontrar un castigo apropiado para el goloso ladrón.

Después de que han hecho preso a Jicotea, cada animal da su sentencia; sin embargo, se encuentra como la más apropiada la del licenciado Loro, el cual ha sugerido que Jicotea muera ahogado en el mar. En su defensa, Jicotea sólo dice que él no es ladrón para luego permanecer callado durante el resto del proceso. No obstante, el mar se encuentra muy distante de ellos, entonces, al encontrar en su camino una laguna, a todos les parece que ésta es el lugar indicado para hacer las veces de mar. Como es de esperarse, al agraviado elefante se le concede el honor de echar al mar -laguna- a Jicotea, para con esto remediar su agravio. El elefante así lo hace.

⌐ Jicotea, después de hundirse en las suaves aguas de la laguna, reaparece lejos, muy lejos de los animales que lo juzgaron, cantando y bailando en la superficie, disfrutando de su propio elemento, el agua, mientras que los asombrados animales se tienen que ir "corridos" (256) una vez más por la bien conocida astucia de la tortuguita de agua dulce.

El astuto y mentiroso Jicotea es el protagonista del relato porque le ha jugado una treta al siempre grande elefante, el cual, junto con otros animales que no encuentran divertidas ninguna de sus actividades, se aúnan para castigar la última hazaña del inventivo Jicotea; de esta forma el elefante y los otros animales se convierten en sus antagonistas.

Jicotea ahora está en prisión y el silencio es su arma. Sabemos que la acusación es justa porque él sí se ha comido toda la comida del elefante. Sin embargo, su robo tan ingenioso esta vez nos hace sentir simpatía por él, ya que en realidad no le ha hecho un gran mal a nadie. En toda honestidad su mala acción más bien nos hace sonreír y apreciar su argucia. Aún más, es un alivio para el lector el que no lo lleven al mar caudaloso, sino a una laguna verde y tranquila donde Jicotea pueda seguir viviendo su vida feliz.

Por su parte, el elefante, "comerciante en grande" que siempre "come bien" (251), y los otros animales, de una forma u otra, o por una razón u otra, le quieren hacer pagar a Jicotea por esta mala treta, y por otras tretas pasadas que no han olvidado. Cabe aquí decir que los antagonistas están representados en el cuento con defectos más bien que con virtudes. El elefante es rico, grande, goloso, aunque sí se le llama sabio (252). Los otros, principalmente son sus amigotes, o adulones de su riqueza, o compinches por interés. El que nos hace sonreír más es el licenciado Loro, que lo sabe todo, que le teme al agua, y que "raciocina hablando" (254). Pero, en realidad, es justo decir que todos estos animales no parecen llegarle al tobillo a Jicotea, en este relato.

Acto seguido, el cuento de "La herencia de Jicotea" (*Ayapá*) se nos presenta como un ejemplo significativo de la literatura afrocubana. Este relato respira el espíritu africano por cada uno de sus poros, ya que en él se encuentran la veneración de la astucia, como virtud, y varios de los simbolismos que están en relación con la muerte y la inmortalidad de Jicotea.

Desde un principio aprendemos que Jicotea muere de viejo dejando a su viuda, Mamá Ayé, sola, desconsolada y sin un céntimo. La viuda jicotea, sin embargo, en su español africanado que no hay quien la entienda, les hace creer a todos que su marido le ha dejado un par de cientos de pesos al repetir desaforada "Un chiento (261), do chiento na má é mi deja"(262), en vez de lo que en realidad son, un asiento, dos asientos.

Entre tanto, el avaro bodeguero Gómez, creyendo oír bien lo que dice a gritos la viuda Jicotea, se ofrece para ayudarla con el entierro de su marido. Ella, al instante, acepta su ayuda, sin decirle ni palabra de la verdad de su miseria. Baste decir que Gómez paga velorio, entierro, alimentos para la viuda; al fin y al cabo, Gómez se ocupa de todo.

Después de dejar pasar "los nueve días de duelo reglamentario" (263), por fin llega la hora de que Gómez reclame el dinero que le ha prestado, según él cree, a la viuda Jicotea, ésta solo le da las gracias por lo que él ha hecho por ella y por supuesto no menciona el dinero. Como es de imaginarse, Jicotea no puede devolverle a Gómez su dinero porque su marido no le ha dejado nada, como también es verdad que ella en ningún momento le ha pedido nada al bodeguero; él, por razones muy suyas, ha sido el que se ha ofrecido.

Mamá Ayé, la viuda del viejo Jicotea, es la protagonista en este cuento. En cuanto a los detalles que más resaltan podemos decir que aunque Mamá Ayé está vieja aún le queda su astucia; además, en el relato, Mamá Ayé siempre habla español con acento *lucumí*. También, en este último cuento del volumen *Ayapá: cuentos de Jicotea*, ocurre por primera vez lo que nunca antes ha sucedido en ningún otro libro de cuentos de Lydia Cabrera: una Jicotea muere. La inmortalidad de que se encuentra investido este animal en la tradición yoruba se pone en duda con la muerte del marido de Mamá Ayé; ni ella misma puede creerlo, al principio.

Sin embargo, no podemos descartar el hecho tan fácilmente sin analizar el simbolismo tradicional, tanto europeo como africano, de Jicotea como reptil quelonio. La tortuga tradicionalmente simboliza la longevidad, la astucia, la lentitud, la lujuria, la fecundidad, la regeneración, el comienzo de la creación, el tiempo, y en ciertas instancias la inmortalidad. Como símbolo cósmico se relaciona con la inmortalidad, pero como símbolo de la realidad existencial se relaciona con la longevidad. Por eso el marido de Mamá Ayé puede morir, él es sólo una representación terrena del símbolo, que nunca muere: no puede morir la tortuga negra de la cultura china, símbolo del caos primordial; no puede morir la tortuga taoísta, símbolo del cosmos, con su carapacho redondo representando el cielo, su interior gelatinoso representando la tierra o el hombre, y su bajo vientre son las aguas. Los símbolos no mueren, sólo sus representaciones. La Jicotea simbólica de la cultura yoruba es un genio o duende que maneja las fuerzas secretas de la naturaleza; su nombre *lucumí* es *Ayapá*. En su forma existencial se le atribuyen como cualidades principales el poder de la resurrección –por lo que se le cree inmortal– , una astucia inconmesurable y el honor de ser vehículo y alimento ritual del dios del trueno, Changó; también los *lucumís* dicen que puede hablar con los hombres como lo hacen los espíritus.

Por último si consideramos que la muerte en el simbolismo tradicional precede al renacimiento espiritual, entonces Jicotea sólo muere para renacer de otra forma; su período terreno termina para comenzar otro de reintegración al cosmos. Esta idea de regeneración continua, asociada también a la filosofía y a las creencias africanas, puede tomarse en consideración ante la muerte de Jicotea.

Por otra parte, el antagonista en el relato no es un ser sobrenatural, es el bodeguero Gómez, hombre servicial, pero con la doble intención de que todo servicio debe ser recompensado. A Gómez se le describe como buen bodeguero, buen regateador de precios, con la costumbre de alisarse el bigote, siempre con alpargatas cómodas, y un poco metido en donde no lo llaman. Su personaje nos trae a la memoria al bodeguero español, típico de las bodegas cubanas.

Por supuesto, como hemos podido ver a través de los relatos anteriormente analizados, el estilo de Lydia Cabrera ha llegado al *sumum* de su perfección en la colección *Ayapá: Cuentos de Jicotea* (1971). Sin embargo, los próximos cuentos que presentamos y que forman parte del volumen *¿Por qué?* (1948) se caracterizan por una cierta madurez de estilo, la cual ya los separa de los primeros relatos de Cabrera, recopilados en *Cuentos negros de Cuba* (1936;1940) en los cuales los personajes no alcanzan aún el peso y la profundidad de los que disfrutan los personajes de las dos otras colecciones de cuentos antes mencionados. Otro elemento que sobresale en *¿Por qué?* es la variedad de las *dramatis personae* en comparación con, por ejemplo, *Ayapá*, en el cual constatamos que Jicotea es siempre la figura clave, tanto en el rol de protagonista como en el de antagonista.

Entramos de lleno en el relato "Por qué... se cerraron y volvieron a abrirse los caminos de la isla" el que nos cuenta que un buen día los caminos que existen en la isla se cierran misteriosamente. Cada viajero que parte lo hace para no regresar jamás y desde ese entonces la comunicación se hace impracticable. Al menos sabemos quien es el culpable de lo sucedido, el diablo Okurri Borokú.

Desde ese entonces muchos hombres valerosos salen en busca de un camino, pero todo intento es en vano porque ninguno retorna. Tenemos el ejemplo de un hombre y su mujer quienes envían a sus veinte hijos e hijas y ninguno regresa. En realidad, los viajeros no regresan porque el diablo Okurri Borokú se los come; primero, el diablo los encuentra en un camino y les pone la siguiente prueba: tocar la guitarra sin cansarse mientras él baila si no quieren ser comidos. Los viajeros, por supuesto, siempre se cansan antes de que se canse el diablo, por lo tanto, el diablo siempre gana.

Al cabo de veinte años, la mujer que ha perdido sus veinte hijos e hijas da a luz mellizos a quienes les da por nombre Taewo y Kainde –los nombres de los sagrados *ibeye–*, lo que inmediatamente nos trae a la mente el hecho de que en la cultura yoruba a los mellizos se les tiene por protegidos de los *orishas*. Es importante aquí agregar que, al nacer, cada mellizo trae al cuello un collar de perlas de azabache con una cruz de asta. Con el paso del tiempo, bajo la protección de sus padres y de los dioses, los mellizos crecen fuertes y saludables; sin embargo, llega el día, en el que como otros tantos jóvenes, los mellizos desean partir en busca de un camino.

Y así, parten a la aventura los mellizos; caminan siete días por el bosque y siete días por la sierra y la llanura. Al cabo de tanto andar, por fin se encuentran con el diablo, dormido, inmóvil sobre una pila de huesos humanos. Cuando el diablo se despierta se encuentra delante de sí a uno de los mellizos y lo pone a prueba, sin saber que ellos son dos y que uno está escondido.

Tal y como muchos antes que ellos, los mellizos tocan la guitarra para que el diablo baile, intercambiándose sin que el diablo se dé cuenta, mientras éste da vueltas y vueltas; de esta forma, mientras uno toca el otro descansa. Por su parte, el diablo no cesa de bailar y se cansa al fin y al cabo cayendo de espaldas, exhausto, cara a la luna. Acto seguido, los mellizos van a arrancarle las entrañas para quemarlas en la hoguera, cuando sus collares, que son mágicos, les indican que es lo que deben hacer para que el diablo infaliblemente muera.

Como es de esperarse, los mellizos siguen el consejo de sus collares y dan muerte al horrible diablo Okurri Borokú; desde ese mismo instante, todos los caminos de la isla vuelven a aparecer.

En "Por qué... se cerraron y volvieron a abrirse los caminos de la Isla" tenemos al Diablo Okurri Borokú como protagonista del relato; a éste se le describe como un "viejo gigantesco, horroroso, de cara cuadrada, partida verticalmente a dos colores, blanco de muerte y rojo violento de sangre fresca. La boca sin reborde, abierta de oreja a oreja; los dientes pelados, agudos del largo de un cuchillo de monte" (20). También sabemos que Okurri Borokú es cruel, caprichoso, con el don de poder ser uno, y mil a la vez; su capricho durante los últimos veinte años es de salirles al paso a los caminantes, ponerles a prueba, sabiendo que no la pasaran y comérselos después. Él cierra todos los caminos, los atajos, trillos y veredas del país y su acción de comerse a los aventureros ansiosos de reabrir los senderos no deja esperanza alguna de movimiento para el resto de los habitantes. No obstante, debemos explicar aquí que el personaje de Okurri Borokú es únicamente un producto de la imaginación de la autora, al que presenta como uno de los muchos espíritus, malignos y buenos, que pueblan los bosques.

Taewo y Kainde, los mellizos, son los antagonistas. Ellos son los hijos de un hombre y una mujer que, después de perder veinte valerosos hijos e hijas buscando caminos, tienen a los mellizos en su vejez. De Taewo y Kainde se dice que son idénticos como dos granos de café, que tienen una luz vivísima que les brilla en el pecho, marca divina de Obatalá, el dios creador del género humano, la cual los hace sus protegidos. Cada mellizo lleva al cuello un collar de perlas de azabache; son hijos milagrosos que vienen enviados del cielo.

Entonces, tomemos en consideración que estos hermanitos pueden ser en realidad la personificación de los mismos *ibeye* que han venido a la tierra para ayudar a los pobres habitantes de esta isla a luchar contra el diablo Okurri Borukú. En la tradición yoruba, los *ibeye* son divinidades de gran poder, los que, como dice el relato, "son una gracia de Olorún. Príncipes, hermanos, o hijos de Lúbbeo, Changó Orisha –el que es Fuerte entre los Fuertes, heredero universal de Olofí, el Creador de vida–; son ellos, los únicos niños que acaricia Yansa, la lívida Señora de los cementerios" (18). Cabe agregar que los gemelos del cuento, si por el contrario son sólo seres humanos, llevan muy a propósito los nombres de los sagrados mellizos yoruba por su parecido físico con éstos y por la protección divina de la que gozan en el relato.

Los auxiliares en este cuento son dos collares de perlas de azabache. En las mitologías tradicionales un collar está ligado siempre al concepto de la unificación de lo diverso, es símbolo de relación y ligazón, cósmico y social, su colocación en el cuello tiene relación astrológica con el sexo, lo que lo hace símbolo erótico. Sin embargo, en las creencias africanas un collar de cuentas tiene un gran valor místico, y no es de olvidar que los *orishas* actúan a través de sus colores. Es necesario notar que el azabache, como piedra preciosa pertenece al dios Elegguá (dios de las puertas, los caminos y las encrucijadas), por lo que se hace comprensible que los mellizos del cuento lleven collares de azabache. Además, un collar de azabache, aparte de ayudar a su portador en los caminos y encrucijadas, sirve de talismán contra el llamado "mal de ojo" –producto de la envidia– y contra las malas corrientes de aire.

En el cuento, los collares de azabache de Taewo y Kainde tienen una cruz de asta, la cual en la mitología africana va unida a la protección durante el parto y está estrechamente ligada a la divinidad. Además, como si esto fuera poco, los collares del cuento –como sucede a menudo con los objetos mágicos en el folklore– les hablan a los mellizos y les dicen exactamente que hacer con el brujo para que el país vuelva a la paz. Después, en el relato "Por qué... cundió brujería mala" se nos cuenta que Brancundé es un leñador y tiene una hermosa esposa llamada Diansola, la cual, acompañada de su fiel perro Bagarabundi, todos los días va al bosque para llevar de comer a su marido. Se nos dice también que en el bosque donde Brancundé corta leña vive un brujo llamado Indiambo, el que se enamora de la bella Diansola al verla pasar cada día y se propone raptarla. Con esta intención, el brujo Indiambo hace un maleficio para deshacerse de Bracundé.

El maleficio hace su efecto y, por obra del mismo, dos hombres vienen un día a llevarse al leñador preso. Desde entonces Diansola le lleva su comida a la cárcel, llevando siempre consigo a Bagarabundi; sin embargo, todos los días, camino a la cárcel, Diansola debe pasar delante de la puerta del brujo Indiambo, pero el fiel Bagaradundi la protege, porque los brujos le temen a los perros ajenos.

No obstante la vigilancia y protección del perro, Indiambo rapta finalmente a Diansola el día que liberan a Bracundé; el leñador ha pasado mucho tiempo en la prisión, pero sólo entonces el brujo logra raptar a su mujer porque ese día Bagarabundi no la ha acompañado. Bracundé, que nada sabe, al llegar a su hogar se encuentra con que Diansola no se halla en él. Sin titubear, Bracundé desata a su perro; su hacha que cuelga de un clavo cae al suelo por su propio peso y rebota en las manos del hombre.

Es entonces que Bagarabundi lo guía hasta el bosque, mientras el viento trae consigo gritos de la pobre mujer y el hacha va cortando, por sí sola, la arboleda que les impide el paso. Por fin llegan al lugar donde se encuentra Diansola, y allí está, gimiendo, en los horribles brazos de Indiambo. Sin tiempo que perder, Bagarabundi apresa al brujo entre sus dientes, Bracundé lo ahoga con sus manos y el hacha enrojece con la sangre del brujo que ella misma ha hecho pedazos. Bracundé, sabiendo lo que se debe hacer con los restos de un hechicero, recoge los pedazos del brujo con la intención de diseminarlos por el mundo para que no se unan jamás. Y así lo hace.

Indiambo ha muerto y sus pedazos han sido dispersos por el mundo, pero, en cada lugar donde ha sido arrojado uno de ellos, irremediablemente renace la brujería mala.

En el caso de "Por qué... cundió la brujería mala" tenemos a un brujo como protagonista, pero éste es un brujo congo, reconocido en Africa como el más dañino de los brujos del continente y no exageramos al decir que la brujería conga está considerada entre los expertos como la más fuerte y maligna que existe. Indiambo es "brujo congo, congo malo del Congo Real" (30). También leemos que Indiambo, además de brujo, es diablo; o sea, en el relato se nos hace ver que sus poderes están relacionados con lo sobrenatural y con lo maligno.

Se nos dice que Indiambo es feo, que en su cara sobermeja de diablo hay dos ojos verticales y que de cada lado de su cabeza salen unos cuernos de chivo. Pero, para colmos, este diablo es también viejo y se ha enamorado de la mujer del leñador Bracundé. Sin embargo, por ser ante todo diablo, Indiambo debe mantenerse alejado de Diansola, porque los diablos les temen a los perros que tienen amo. Más tarde, cuando Indiambo muere, su muerte es merecida, porque aparte de sus malas artes, él ha violado a la mujer. Sin embargo, lo fatal de la historia es que, aún después de muerto, los poderes de Indiambo son tan fuertes que –al igual que sucede con Jicotea– si se dejan sus pedazos enterrados en un mismo lugar, se unen. Indudablemente, tal es su poder, que los pedazos de su cuerpo, aunque se han esparcido por el mundo, siguen vivos y sirven de semilla para que la brujería se propague por todas partes.

Bracundé el leñador, esposo de Diansola, es el antagonista del relato; el es tomado prisionero por obra y gracia de la magia del brujo, y ella –objeto en el relato– es raptada por el mismo Indiambo. Por otra parte, por ser elementos salvadores, el perro Bagarabundi y el hacha de Bracundé son los auxiliares en el relato.

Bagarabundi, como auxiliar, es fiel a su amo y da protección a todo lo que le pertenece, sin olvidar a Diansola; recordemos que en la tradición europea el perro simboliza la fidelidad, la nobleza, la vigilancia; sabemos también que en la tradición helénica el perro es el vigilante de las fronteras entre este mundo y el de los muertos. Sin embargo, en las tradiciones africanas el perro es considerado como uno de los varios mensajeros entre los hombres y los dioses; a veces se le considera como héroe cultural o antepasado mítico y en otras como el descubridor y aportador del fuego. En el relato, Bagarabundi es el único que oye los gritos de Diansola mezclados con el viento, y al encontrarla en los brazos del brujo no pierde un minuto en hacer que la sangre del diablo se derrame a dentelladas.

El otro auxiliar, el hacha del cuento, es un objeto mágico y como tal, siendo aliado de Bracundé, al llegar al monte cobra vida propia para rabiosamente hacer pedazos al brujo, lo que nos trae de nuevo a la memoria el popular rito yoruba del desmembramiento. Tradicionalmente, el hacha es el símbolo del poder de la luz; también puede simbolizar la muerte enviada por la divinidad. En la mitología africana el hacha está en relación con el poder y con el trueno y si es un hacha de doble filo simboliza el poder mágico y el trueno sagrado del dios Changó.

A continuación, en "Por qué... Jicotea lleva su casa a cuestas, el majá se arrastra, la lagartija se pega a la pared" se nos muestra cómo la envidia ajena puede hacer daño, al menos que se tenga como protector a un dios. El cuento dice que Fékue es huérfano y no tiene a nadie en el mundo. Fékue es también un joven que ama la naturaleza y detesta la maldad de los hombres; no obstante, los hombres, por su parte, se aprovechan de la juventud de Fékue, de su fuerza física y de su pobreza, abrumándole de trabajo.

Fékue sabe que en el monte —morada de los dioses— se encuentran las almas de sus padres muertos, dentro de dos árboles contiguos; en el monte también habitan los dioses, los espíritus de los muertos, diablos, animales fantasmales y muchas hierbas, unas medicinales y otras maléficas. Lo bueno y lo malo conviven en el monte. Fékue que es un buen hijo siempre lleva ofrendas al monte al lugar donde moran las almas de sus padres y el monte enternecido se hace su amigo y protector. Sin embargo, un buen día, Fékue no tiene que ofrecerles a los dioses del monte y les da su sangre en ofrenda; ese día los dioses deciden recompensarlo.

Camino de su casa, Fékue siente sobre sus hombros el peso de un bulto; sigue caminando, pero al llegar a su casa ve que el bulto se ha convertido en una alforja llena de dinero. Por supuesto, Fékue esconde bien su tesoro. Por desgracia, una lagartija lo ve todo y le cuenta el secreto de Fékue al majá[110] y a Jicotea la tortuga, y así, entre todos, deciden despojar a Fékue de su tesoro.

---

[110] Tipo de serpiente oriunda de Cuba.

Como parte del plan, Jicotea va a pedirle hospitalidad a Fékue y éste se la da de buen grado. Sin perder tiempo, cuando Fékue sale de su casa, Jicotea escudriña hasta el último rincón de la humilde morada sin encontrar el tesoro y por fin, con las manos vacías, tiene que despedirse sin haber encontrado lo que tanto ansía.

Entonces, los tres ladrones colocan al gallo Ofetilé-Ofé como espía de la casa de Fékue. Tan pronto como el gallo anuncia que el joven ha salido de su hogar, Jicotea, el majá y la lagartija le siguen para matarle, después de hacerle confesar el paradero del tesoro. Pero las cosas no les salen como ellos quieren, cuando los tres asaltantes creen ser dueños de la situación y poder robar y asesinar a Fékue se les aparece el dios del monte, Osaín, y acto seguido empiezan a experimentar cambios dolorosos en sus cuerpos, quedando finalmente petrificados sin poder tener el chance de huir. En consecuencia, el majá pierde todos sus miembros y a Jicotea se le traba la lengua y se le paraliza la pata que sostiene la piedra mortífera; por su parte, los dedos de la lagartija se engarrotan de dolor mientras aprietan el cuchillo traidor.

El castigo del dios Osaín, entonces, no tarda en llegar. A Jicotea le impone llevar por siempre su carapacho a cuestas, como casa y prisión a la vez; al majá lo obliga a arrastrarse por tierra por toda la eternidad; a la lagartija le inflige el vivir pegado toda una vida a las paredes. De esta manera, con su justiciera mediación, Osaín salva de las garras de esos malhechores a su protegido Fékue, maldiciéndolos, cambiándoles sus formas y torciéndoles sus destinos.

El protagonista del cuento, como es de esperarse, es Fékue, un joven hermoso y fuerte que es huérfano. Es importante aquí mencionar que su padre muerto ha sido yerbero, por lo tanto en vida ha sido conocedor del poder de las plantas y de la naturaleza en sí. Fékue ha heredado de su progenitor el amor a la naturaleza y sólo en el bosque se encuentra bien, junto al árbol donde habitan las almas de sus padres. El joven tiene relaciones secretas de amistad con ciertas plantas y árboles del bosque; en éste siempre ofrece tributos a los dioses, hasta un día en el que no tiene nada que ofrecer y entonces riega la tierra con su sangre en ofrenda. Recordemos que la sangre simboliza en todas las tradiciones el principio de la vida, el alma, la fuerza –la fuerza rejuvenecedora sobre todo–; de ahí que existan en las diferentes tradiciones los sacrificios de sangre, como el de Fékue.

Por otra parte, los tres personajes, Jicotea, el majá y la lagartija, pertenecen a los tres órdenes más importantes de los reptiles: Jicotea, la tortuga, es un reptil quelonio, el majá es un reptil ofidio y la lagartija es un reptil saurio. Sabemos, además, que estos tres tipos de reptiles se asocian simbólicamente en la mayoría de las tradiciones, incluyendo la africana, presentándoseles como animales andróginos, vehículos de la inmortalidad: la tortuga simbolizando la longevidad, la lentitud y la lujuria, el majá la longevidad y la encarnación, la lagartija la longevidad y el silencio. Los tres están relacionados con la luna, la tierra y el agua, con los comienzos del mundo y con la regeneración. Además, porque se arrastran, se les relaciona con las bajas pasiones y el mal.

En nuestro cuento, los tres reptiles hacen las veces de antagonistas; ellos, como elementos negativos del relato, forman una trinidad maligna, dañina. Lo presentimos desde un principio porque los tres animales tienen atributos poco favorables desde el comienzo del relato; no obstante, es la premeditación del crimen lo que los liga plenamente a la maldad. Es interesante notar que aunque los antagonistas son ladrones y asesinos virtuales de un inocente, su castigo emana ante todo por atentar contra un protegido de los dioses.

Cabe aquí decir que Osaín, dios dueño del monte, y el gallo Ofetilé-Ofé son los auxiliares en el cuento.

Las características físicas de Osaín, el dios protector, son las siguientes: El dios es manco, cojo y tuerto; sólo tiene el brazo derecho, una mano mutilada de la que brotan tres dedos y la pierna izquierda. También es sordo de la oreja izquierda, la cual es muy grande, con un lóbulo que casi le roza el hombro; su oreja derecha es graciosa, pequeña y bruñida como una concha, con una excelente percepción auditiva. Como si esto fuera poco, Osaín goza de un único ojo bizco, media nariz sana, media boca torcida y su piel es rugosa como la corteza de un árbol viejo; también tiene el poder de hacerse visible o invisible, a su guisa. Osaín es, pues, el protector de Fékue y con sus poderes salva a su protegido, castiga a sus asaltantes y los maldice para siempre. Es importante mencionar que en las creencias africanas Osaín no es un dios; el personaje del dios es producto de la imaginación de la autora, quien nos lo presenta como uno de los tantos espíritus que pululan el bosque.

Por su parte, el gallo Ofetilé-Ofé es un auxiliar del crimen pues, haciendo las veces de espía, les brinda su ayuda a los tres asaltantes y con su canto les indica a los tres cómplices que Fékue ha salido de su casa para que ellos le sigan.

El próximo relato intitulado "Por qué... el chivo hiede" ya ha sido analizado en detalle en el capítulo 2, desde la perspectiva temática de las aguas; sin embargo, es interesante una vez más traerlo a colación por su valor morfo-simbólico, como explicamos a continuación. El cuento comienza alabando la belleza de la diosa Ochún; porque la diosa del amor, Ochún-Yeyé-Kari, es bellísima y todos los hombres la adoran y viven enamorados de ella.

Un día, con ganas de bailar, la diosa se va al *bembé* (fiesta) donde dioses y hombres se aunan por medio del baile y del canto. En el *bembé* se encuentra con el chivo Aukó, un macho cabrío lleno de intenciones tenebrosas, quien ante todo codicia el poder de seducción de la diosa.

Tan pronto como la ve llegar, Aukó, lleno de irreverencia, aspirando el aire fuertemente, le pide a la diosa Ochún que le dé su olor, su perfume, el cual enamora y embriaga a la gente. La diosa Ochún-Yeyé-Kari, como si no se fijase en tal falta de respeto de la parte de un mortal, le ofrece al chivo un ungüento y le dice que éste le dará el mismo perfume y frescura que ella posee. En realidad, Ochún miente y el ungüento que le da a Aukó no es lo que él le pide.

Por supuesto, Aukó se apresura feliz a oler el ungüento; sin embargo, el olor también engaña y el chivo respira flores, canela y delicias. Después de olerlo bien, se unta la olorosa crema por todo el cuerpo; al cabo de la operación todo su ser empieza a apestar fétidamente, y desde ese instante se verá condenado a oler mal por siempre en castigo a su atrevimiento.

En el cuento "Por qué... el chivo hiede" el atrevido chivo Aukó se enfrenta, como protagonista, a la diosa del amor, Ochún-Yeyé-Kari. Se nos dice que el chivo Aukó es compinche del diablo, sus ojos son amarillos y luscos, su piel negra y sus intenciones son siempre tenebrosas como su alma vil; su principal deseo es el apoderarse del poder de seducción de la diosa del amor, Ochún. Sabemos también que es depravado y presuntuoso y que ha mancillado a su madre. No es de juego su relación con el diablo, la cual es muy estrecha; también, el chivo posee mucho de los atributos del demonio, aparte de ser su mayordomo y su compañía. Es conocido que el diablo de las culturas occidentales toma la apariencia de un chivo cuando quiere hacerse visible.

Sin duda alguna, el personaje del chivo Aukó parece emanar de la tradición cristiana, ya que en la misma el chivo, o macho cabrío, es la encarnación del demonio. En el cristianismo el chivo también representa a los malditos, a los pecadores, está relacionado con la lujuria y los excesos, es el emisario del diablo y portador del mal. Sin embargo, en las creencias africanas, por el contrario, no existe una relación entre el diablo y el chivo que se asemeje a la cristiana.

La antagonista, la diosa Ochún-Yeyé-Kari –diosa del amor– es bella, color de azúcar morena, mulata virgen, vanidosa, fiestera, coqueta, más bella que Yemayá, la dueña de los mares, que huele a flor, a canela, que exhala un perfume embriagador que enamora a todos los dioses y a los hombres. Bien podemos decir que esta descripción parece ser la de la Venus romana, o la Afrodita helénica, sin embargo, es en realidad la de la diosa del amor de la mitología yoruba. Recordemos que Ochún, para los afrocubanos, es la favorita de Changó, dios del trueno y de la guerra, y es la diosa de los ríos; Ochún, además, es dueña de dos metales, el cobre y el oro, y de una piedra preciosa, el coral.

La inocente planta del algodón es la antagonista del próximo relato que lleva por título "Por qué... el algodón ciega a los pájaros", en el cual los protagonistas son los pájaros. Este cuento nos recuerda que Olofí, el dios creador y padre de Obatalá, es el más grande de todos los *orishas*; también leemos que la diminuta planta del algodón, Oú, tiene el honor de haber sido escogida para vestir a Obatalá –padre del género humano, de las cabezas y de todo lo blanco– con la suavidad y blancura de su vello. No es de extrañarse que todos la envidien, pero Oú, que es sencilla, jamás se jacta de su suerte.

Más que cualquier otra criatura, los pájaros la envidian enconadamente y llevados por este sentimiento malsano traman deshacerse de Oú; a Chomuggé, el cardenal y a Agutté, el pavo real, les envenena la existencia el honor que se le confiere a la modesta planta del algodón. Chomuggé daría su corona y Agutté sus plumas con tal de ser un mero copo de algodón.

El plan consiste en ir con embustes al sol y a la luna para predisponerlos contra Oú. A la luna se le dice que Oú es un farsante fanfarrón que se cree superior y más blanco que Obatalá, el cual se hace pasar por Obatalá mismo –confundiendo a sus devotos con su conducta–. La luna, al oír tales historias, juzgando necesario castigar la pretensión de Oú, decide invadir sus copos con un frío tan intenso, día a día, hasta hacerlo morir.

Al sol se le dice que Oú, envanecido por ser la capa que cubre a Obatalá, va diciendo por el mundo que él mismo la ha fabricado y que, por supuesto, Obatalá y su persona son el mismo. No cabe duda, el sol quiere castigar también a Oú y promete que va a castigarlo convirtiéndolo en un montón de ceniza. La pajarería entera, por su parte, está determinada a picotear sin compasión las hojas de Oú y comerse sus retoños.

Casi muerto de tantos sufrimientos inmerecidos, el inocente Oú va a ver a Orula, el más viejo de los *orishas*, quien, como buen adivino, le revela toda la intriga y le sugiere que haga un sacrificio y una ofrenda propiciatorios. Obediente, Oú va a la loma a dejar su ofrenda para Obatalá. El destino parece estar de la parte de Oú porque al mediodía Obatalá desciende el senderito que baja por la loma y se mancha su hermoso vestido blanco. Consternado por la suciedad de su atuendo mira a su alrededor y con gran sorpresa se encuentra con la ofrenda que ha dejado Oú; se pone esta ropa blanca, limpia y fresca, se come las palomas blancas que Oú también le ha dejado e inmediatamente quiere saber quien ha hecho *ebbó* (sacrificio).

Llenos de miedo, los pájaros, creyendo que Obatalá está enfadado con el que ha hecho *ebbó*, niegan el haberlo hecho, sin embargo, Oú, advertido de antemano por Ifá, se apresura a confesar que él es quien ha dejado esta ofrenda en el camino de Obatalá. De esta manera, Obatalá se entera por la boca de Oú de todo lo que ha ocurrido.

Conmovido por el martirio sufrido por la plantita de algodón, el gran *orisha* se prepara a castigar eternamente la envidia y la perfidia de los pájaros y, a su vez, colocar para siempre entre sus protegidos a la blanca planta de algodón. En consecuencia del castigo, los pájaros, se vuelven ciegos cada vez que, desmemoriados, hunden su pico irreverente en la sagrada cápsula de la planta de algodón y mueren, en su ceguera, estrellándose contra "una oscuridad más dura que la piedra" (73).

Por supuesto, como ya sabemos, la pajarería está llena de envidia, odio y celos porque Oú es la capa de Obatalá, sentimientos que llevan a los pájaros a tramar un plan maligno. Entonces, desde ese momento, gracias a la calumnia, obtienen el apoyo de aquellos quienes tienen el poder a su alcance para poder hacer desaparecer a Oú de la faz de la tierra. Debemos destacar aquí a que grado los pájaros del cuento cuentan con todos los defectos humanos que engalanan a los envidiosos; sus reacciones son puramente humanas ante la ventura de alguien afortunado, se retuercen de envidia, aún cuando el favorecido es un escogido de los dioses.

Oú, por su parte, es blanco, suave, con la digna tarea de vestir con su vello a Obatalá. Sin embargo, lo que lo salva de los ultrajes y vejaciones que recibe es su fé de creyente. De esta forma, como un buen creyente yoruba, Oú visita al adivino Orula –llamado también Ifá– y siguiendo sus recomendaciones hace *ebbó*, sacrificio y ofrenda propiciatorios que se hacen para conquistar la protección de un *orisha*. Ifá también le recomienda al inocente Oú presentarse ante Obatalá para contarle toda la verdad. Es indudable que todo este folklore mitológico que se encierra en las acciones de Oú a través del cuento aporta un valor humano, religioso y social al relato, junto con la hermosa descripción de ciertos ritos religiosos yorubas.

Obatalá, de quien depende el desenlace del cuento, es el destinador en el mismo. En el relato, el dios aparece, siguiendo la tradición yoruba, siempre vestido de algodón blanco y gobierna por sobre los demás *orishas* y todas las criaturas de la tierra. Por otra parte, no olvidemos que su nombre significa rey y es hijo unigénito de Olofí, el creador. Obatalá es dueño de todo lo blanco, de todo lo puro; también es creador del cuerpo humano, principalmente del cerebro en el hombre y de los sesos en los animales y los albinos son vistos como sus hijos espirituales legítimos. Otro aspecto de Obatalá ya mencionado es el ser andrógino, lo que le permite dar vida a los hombres por sí solo, separándose así de la potencia creadora de su padre Olofí.

Volviendo al relato, debemos mencionar que entre los auxiliares de la pajarería se encuentran elementos de la naturaleza que por lo general son positivos. Queremos decir que la luna, el sol, el viento fuerte y el gusano Kokore actúan sin maldad contra la planta de algodón; ellos tienen la sola idea de proteger a su dueño Obatalá y es por eso que hacen sufrir todo tipo de torturas al inocente Oú.

El adivino Orula es, por su parte, el auxiliar de Oú, porque en la religión yoruba Orula –o Ifá– es el gran *orisha* dueño de la adivinación, el que todo lo ve, digno consejero del creador Olofí.

Luego sigue el relato "Por qué... Susudamba no se muestra de día", una hermosa narración que trata de los amores ilícitos entre los lechuzos y las gallinas. Todo ocurre porque las lechuzas siempre han vivido solitarias, tristes, aisladas de todos los otros animales. A ellas no les gusta el sol y al sol no le gustan ellas, por esa razón sólo salen de noche; tampoco ellas conocen nada de lo que pasa fuera de la periferia de su mundo, hasta un día, en el que un lechuzo curioso comprende, cuando ve una nube viajera, que el mundo se extiende mucho más lejos de lo que ellos piensan. Intrigado, el joven lechuzo quiere saber de donde vienen y a donde van las nubes. Sin embargo, sólo el viejo y sabio pensador de la tribu, Obkó-Alase, guardador de las historias y secretos de la tribu, puede ayudarle a esclarecer el misterio ya que los otros sabios de la tribu se empeñan en callar y no comunicar lo que saben.

Enterado de todo y lleno de un nuevo vigor, el joven lechuzo decide subir al sitio más alto de la región y dejar que Afén, el viento ancho y libre de las alturas, lo lleve muy lejos. El viento lo lleva al país de las gallinas y los gallos; las gallinas, al verlo, quedan fascinadas ante tan espléndido visitante, al cual consideran venido de la luna. Baste decir que durante toda la media noche que dura su visita el lechuzo rompe corazones y hace promesas abrasadoras a las gallinas. No obstante, antes de que amanezca el día el lechuzo regresa a su tierra.

De vuelta a su país, el joven habla mil encantos de las gallinas y de su mundo. Todos sus congéneres le escuchan y se les contagia su felicidad; todos lloran ansiosos de alegría y gritan: "¡Todos queremos ser felices! ¡Todos queremos gallinas!" (106). Así que, a las ocho de la noche, media tribu de lechuzos blancos vuelan al país de las gallinas. Las gallinas no caben de gozo al ver a tantos extranjeros que las visitan; los gallos, a su vez, protestan y no son oídos. Esa noche las gallinas se abandonan en los brazos de los lechuzos, en amorosa entrega.

Durante varios días las gallinas ven a sus galanes todas las noches, mientras que los gallos se sienten postergados, escarnecidos y olvidados. No es para menos, los zaheridos gallos, entonces, se reúnen secretamente para afrontar un problema común; luego, una delegación de entre ellos va a visitar a Ño Pedro Animal, hombre bien respetado del lugar que siempre impone su voluntad, para pedirle consejo.

Sabedor de muchas cosas, Ño Pedro Animal les recomienda que den un baile y que éste se pase sin que se den las horas, para con ello confundir a los lechuzos y que, de esta manera, les agarre el alba. La idea detrás del consejo de Ño Pedro Animal es que las gallinas puedan ver a los lechuzos de día, pues la noche es bruja, mentirosa y gran encubridora.

Esa noche, como tantas otras, parten los lechuzos hacia el país de las gallinas. Las lechuzas hembras, que ven a sus maridos volar cada noche en busca de aventuras, no se inmutan, ya que es bien conocida la imperturbable castidad genética (110-111) de las lechuzas hembras. Sin embargo, en esta ocasión, la reina lechuza decide asistir al baile porque quiere divertirse, bailar y disfrutar; a ella, como a las otras lechuzas hembras, no le importan los amoríos de los lechuzos. Más bien se nos da a entender que la reina es andrógina o asexual porque "si todo ha de decirse, esta reina no era varón ni hembra; nada más que reina y lechuza" (110).

La primera noche pasa feliz para los lechuzos y su reina, bailan toda la noche y luego se escapan antes de que amanezca el día, echando al suelo la coartada de los señores gallos. No obstante, a la siguiente noche la cosa cambia para los visitantes. Los gallos ofrecen otro baile en casa de Ño Pedro Animal; esta vez los lechuzos no logran escaparse y por primera vez a la luz del día aparecen ante las gallinas como una horrible visión.

Los visitantes se retiran acribillados de amenazas e improperios; las gallinas, quienes han sido públicamente burladas, vuelven a poner huevos y a someterse a los gallos. A las escarmentadas lechuzas, tanto machos como hembras, nunca más se les ha visto de día.

En el relato "Por qué... Susudamba no se muestra de día" tenemos como protagonistas a las lechuzas, machos y hembras, quienes poseen cualidades afines en la mayor parte de las tradiciones, específicamente en el sistema jeroglífico egipcio, simbolizando la noche, el frío, la pasividad, la muerte y lo malo; también la lechuza es símbolo ambivalente como pájaro de la noche y de la muerte. Como símbolo de la sabiduría se encuentra el personaje del viejo y sabio lechuzo pensador Obkó-Alase, guardador de las historias y secretos de la tribu. También se habla de otros sabios lechuzos quienes prefieren guardar silencio y no comunicar sus conocimientos.

Las lechuzas del cuento son feas, blancas, casi ciegas a la luz del día, que detestan el sol y aman la noche, que es cuando pueden ver. En el relato se las llama espantosas, repugnantes, fúnebres, siniestras, confabuladas con el diablo y con todo lo malo escondido, heraldos y portadores de desgracias.

Los antagonistas son los gallos, los cuales, tanto como las gallinas, son la antítesis de las lechuzas y su mundo, de ahí la atracción entre las gallinas y los lechuzos. Por su parte, las gallinas son el objeto en el relato. En el simbolismo tradicional las gallinas representan la procreación, la providencia, el amor materno; en el cristianismo la gallina con sus pollitos también es símbolo de Jesucristo y sus seguidores. Sin embargo, en el folklore de muchas culturas a las gallinas se las tiene por animales tontos, con poca inteligencia animal. Los gallos, por su parte, son tradicionalmente vistos como símbolos solares, aves de la mañana, emblemas de la vigilancia y la actividad; el gallo también es símbolo cristiano de vigilancia y resurrección, con tendencia a la eternidad y a lo relacionado con el espíritu. Sin embargo, en nuestro cuento, las gallinas y los gallos tienden a seguir más el simbolismo occidental que el africano, ya que en las creencias africanas estas aves son utilizadas por lo general como vehículos transmisores del hechizo de un brujo, destinado a una persona específica.

Las gallinas del cuento se dejan llevar por sus pasiones y por un error de cálculo al creer que los lechuzos son hermosos galanes. A los gallos no les queda más remedio que lavar su honor, que bien mancillado está; no obstante, la única solución para llevar esto a cabo está en desacreditar a los visitantes nocturnos, para volver así a tomar las riendas de sus vidas hogareñas.

Uno de los auxiliares es Ño Pedro Animal, de quien estamos en duda si es hombre, brujo, animal, o monstruo, ya que se le describe como un poco de todo, con "pelo de soga, canángano y canángano, diente de caimán, colmillo de diablo carabalí, con brazos y puños de hierro, costillas de quiebra hacha y el pecho de piedra dura" (108); él es valiente como un tigre y astuto, prudente y desconfiado "como Jicotea, que lleva su casa a cuestas por ser lo más seguro" (109), según afirma el relato. Por otro lado, también se nos dice que en el bosque es ceiba, en los aires gavilán, en el mar tiburón, siempre victorioso, siempre imponiendo su voluntad. Aún más, todos los animales le estiman "porque aún siendo animal, posee la palabra y la inteligencia del hombre, y sabiendo todo lo que saben los animales, sabe más que el hombre" (109). Además de que Dios lo tiene en gran estima, no olvidemos que Ño Pedro Animal es el único que puede ayudar a los gallos a restablecer su perdida supremacía en el país de las gallinas.

Afén, el viento de las alturas, es por su parte un auxiliar que no podemos dejar de mencionar, ya que gracias a él aquel primer lechuzo curioso del relato vuela al país de las gallinas y así, por un buen rato, se acaba la paz para todo el mundo.

Pero, es a continuación que vemos en acción la despiadada injusticia de los poderosos que se aprovechan de los humildes que nada pueden contra ellos. En el cuento "Por qué... dicen los *gangás*: Los grandes no pagan favores de humildes" aprendemos que el tigre en cuestión es ya de edad avanzada y no puede trepar como antes a un árbol de mangos para alcanzar sus deliciosos frutos. El viejo felino tiene ganas de saborear un mango y al ver un mono que pasa corriendo delante suyo le pide "por Dios" (144) que le alcance un mango del árbol. El mono va de prisa, pero, como es sabido, al mono no se le pide nunca un favor "por Dios" en vano; por lo tanto, el mono acepta y se trepa al árbol.

Cada vez que el mono sacude una rama del árbol, caen al suelo los deseados mangos; mientras tanto, entre sacudida y sacudida, el mono también se pone a saborear un mango. Desgraciadamente, el tigre considera al mono como su subalterno y su inferior; entonces, al verlo comerse un mango sin su permiso, se enfada a más no poder y quitándose una de las rayas del lomo se dispone a azotarlo.

Primero, el tigre amarra al mono y llevándolo delante de sí, como a un preso, le da una buena tunda de golpes; el pobre mono se echa a llorar. En el camino se encuentran con el buey, quien también considera al mono como su inferior, el cual, al presenciar lo que ocurre, se alegra de los golpes que el mono recibe por haberse comido un mango. Acto seguido, el tigre y el mono se encuentran con un valiente cazador que lleva su escopeta al hombro; éste, al enterarse del porqué el tigre le pega al mono, primero lo obliga a liberar a su víctima y después, aunque el tigre le implora piedad, lo mata, porque el cazador considera al tigre como su inferior. El mono, por su parte, se escapa de la muerte porque su ofensa no es del interés del cazador.

El tigre hace las veces de protagonista en el relato y, aunque se nos dice que es viejo, también sabemos que es tigre, el animal más poderoso de la selva, temido de sus enemigos, obedecido por sus inferiores. Este tigre usa su poder para abusar, lo cual recuerda el simbolismo dionisíaco de su especie: la cólera y la crueldad. El tigre también puede ser símbolo del principio superior (el poder) cuando se enfrenta con el mono, no obstante, es símbolo del principio inferior (la derrota) cuando se enfrenta con el cazador. En cuanto a las características que presenta el mono como antagonista, se le describe como insignificante, ligero, joven y respetuoso del tigre y de Dios. Simbólicamente los monos poseen un sentido general de fuerza inferior, sombra, actividad inconsciente, con una doble faz. Es de notar, por otra parte, que el mono en las creencias africanas es visto como astuto, pero carente de toda asociación con lo sobrenatural. El mono del cuento, por lo visto, no puede salirse de apuros por sí mismo y es gracias al cazador que puede salvarse de los ultrajes del tigre. Sin embargo, ante todo, el cazador del relato se nos presenta como superior al tigre y por esta razón es destinador en el relato, ya que él toma las decisiones pertinentes que culminan con la muerte del tigre y la salvación del maltratado mono. El valiente cazador del relato no está relacionado con el cazador del simbolismo tradicional y sus diferentes interpretaciones culturales, como es la de la muerte; más bien nuestro cazador representa al hombre, como ser superior a cualquier otro animal por poderoso que este otro sea.

Quizá no nos hemos dado cuenta de que muchas páginas han pasado sin que hayamos hablado de Jicotea. En el cuento "Por qué... esa raya en el lomo de la jutía" la tortuga de agua dulce de nuevo reaparece, pavoneando su conducta malévola. El relato comienza diciendo que la Señá Jutía es, aunque no tiene marido, una dama seria, con una vida muy ordenada. También leemos que Jicotea es comadre de la Señá Jutía, quien es a su vez amiga de la Ña Gata, buena señora y madre de tres hermosos hijitos.

Un buen día la Ña Gata tiene que ir en ayuda de su comadre y amiga la Barcina durante la gravedad de su marido [111]. Ante lo inevitable, la Ña Gata le pide a la Señá Jutía que le cuide a sus tres preciados hijitos; la Señá Jutía accede halagadísima.

Como este acontecimiento varía la rutinaria vida de la Señá Jutía, ésta, algo nerviosa, se lo va a contar a su comadre Jicotea. Jicotea, que algo planea mientras le escucha, al oír las noticias que le da su comadre,

---

[111] Aquí nos encontramos con el conocido escenario de "un cuento dentro de un cuento". El relato principal narra la triste historia de la Ña Gata quien pierde a sus tres hijitos por la maldad de Jicotea. El relato intercalado es el del *bilongo* de Erubú, al que dedicamos el cuarto capítulo por entero.

pone en duda la bondad de los tres gatitos, alegando que los gatos tienen parentesco con el diablo. Sin presentir el peligro, Señá Jutía, pensando que los tres gatitos tienen hambre, se va a comprarles un pescadito con los diez reales que la Ña Gata le ha dejado para la manutención de sus hijos. Irremediablemente, los gatitos se quedan al cuidado de Jicotea.

Cuando se queda sola, Jicotea degüella al primer gatito, le quita la piel con mucho cuidado para utilizarla más tarde como cuero de tambor y sin pensarlo más cuece al pequeñito en una cazuela. Al regresar la Señá Jutía, Jicotea logra convencerla de que la acompañe a almorzar y juntas se comen el gatito, beben vino y bailan. Cabe decir que, al principio, la Señá Jutía siente algunos remordimientos; sin embargo, el malestar del primer crimen cometido va perdiéndose poco a poco, triunfando sobre sus escrúpulos la mala influencia de Jicotea.

Las madres, por lo general, presienten todo lo que concierne a sus hijos y en el caso de la Ña Gata, sintiendo a los lejos que un hijo se le está muriendo, abandona al enfermo y parte ligera hacia la casa de la Señá Jutía para cerciorarse de que las cosas andan bien. Su comadre la convence de que todo está en orden y la exhorta a que regrese tranquila al lado del enfermo. De esta forma, sin esperar mucho, con el buen sabor del primer gatito aún en la boca, se comen los dos gatitos restantes, los que, de lo buenos, saben a conejo; acompañan su alimento con vino barato, el que llega a emborracharlas después de veinte y cinco botellas. Aquella noche no vuelve la consternada Gata, pero a lo lejos sigue sintiendo el peligro en que se encuentran sus hijitos.

Por fin, una vieja agorera previene a la pobre madre del peligro; ésta regresa al vuelo al lado de sus hijos, encontrándose por desgracia sólo con sus tres cabezas, cubiertas de gusanos, sobre el armario de la Señá Jutía. Mientras, tiene frente a sí el espectáculo de las comadres, Jicotea y Señá Jutía, borrachas perdidas, bailando indecorosamente. Jicotea, que está tocando el tambor, al ver a la Gata corre cobardemente a esconderse.

Sin más tiempo que perder, la furiosa Ña Gata, maullando desgarradoramente, se abalanza sobre la desprevenida Jutía y con su garra infernal le desgarra el lomo a lo largo. Milagrosamente, Señá Jutía logra escapar con vida, pero le ha quedado para siempre en el lomo una raya, vívido recuerdo del zarpazo de la Gata.

Sin embargo, Jicotea no es la protagonista en el relato, sino la Señá Jutía, una señora de pocos recursos, honesta, sin marido ni hijos, la cual es "comadre de papelito" (153) de Jicotea. Esto último tiene un gran significado en Cuba, ya que el compadrazgo es considerado como algo más que una amistad, se le tiene como un sacramento sin serlo. Este nexo sagrado une a una persona en solidaridad con su compadre o comadre en todo momento. Por eso la Señá Jutía se liga con Jicotea, aún en el crimen, porque son comadres.

Hoy en día, la tradición del comadrazgo en la isla de Cuba va desapareciendo, sin embargo, durante la colonia todas las clases del país se aprovechan de la importancia de este lazo. No obstante, es entre los afrocubanos que esta costumbre toma carácter religioso; tanto como en Africa, en la isla de Cuba el descendiente de africano da una importancia vital a este parentesco espiritual y es en Navidad cuando se celebra esta tradición con regalos y festejos religiosos.

De esta manera, sólo comprendiendo el significado del comadrazgo, tanto en el nivel social como en el histórico, es que llegamos a aceptar, aunque de malas ganas, la ceguera de Ña Jutía ante el crimen atroz que comete Jicotea, por tres veces consecutivas, como también su gustosa participación en el banquete, en el que las dos devoran la carne de los tres inocentes gatitos.

La madre de los tres gatitos, Ña Gata, es la antagonista del relato, la cual es también amiga, pero no comadre, de la Señá Jutía. A ésta se le describe como una buena mujer, buena madre, que adora a sus tres hijitos. Sin embargo, cuando Ña Gata se da cuenta del acaecido crimen al ver las tres cabezas llenas de gusanos sobre el armario, cambia por completo y furiosa, con sus garras infernales hacia afuera, ataca a la que ha dejado velando por su prole.

En cuanto al comentario de Jicotea en el que se menciona el parentesco de los gatos con el diablo, el mismo nos trae a la memoria que en la mítica los gatos negros, como el primer gatito sacrificado, están simbólicamente asociados con las tinieblas y la muerte. Por otra parte, en la brujería, blanca o negra, el gato negro es símbolo de lo malo y de la mala suerte. Sin embargo, relación o no con el diablo, vemos que la Ña Gata venga la sangre de sus hijos como cualquier otra madre transida de dolor.

Uno de los auxiliares es la vieja agorera del cuento, quien previene a Doña Gata de la suerte de sus hijos; el otro auxiliar, importantísimo, es Jicotea.

Jicotea sigue siendo tan astuta y aprovechadora como siempre. En el relato es comadre de la Señá Jutía, pero es más pobre que ésta y se encuentra falta de recursos, tiene todo hipotecado y es en casa de la comadre donde mata su hambre diaria haciéndose pasar por la buena comadrita. Por otra parte, su intransigencia para con los gatitos la lleva a degollarlos porque uno de ellos le dice en su misma cara a Jicotea que él desea que su mamá le corte la cabeza. En fin, si los gatos son el diablo, Jicotea no les tiene miedo y, como hemos visto, se los come también.

También, hay un momento en el relato en el que se nos recuerda que Jicotea es bruja. En esa ocasión, el narrador describe a Jicotea medio tapada con la piel de uno de los gatitos, tocando el tamborcillo que ha hecho con la piel de otro (158), acciones que nos traen a la mente una ceremonia de la brujería tradicional, en la que las brujas se cubren con la piel de los gatos para investirse de sus poderes.

Por último, cuando Jicotea ve a la gata furiosa y descontrolada por la muerte de sus hijos, se escapa y se esconde sin sentir remordimiento alguno. Ella parece estar convencida de que no ha nacido para asumir este tipo de responsabilidades y mucho menos para recibir un castigo merecido; aún más, Jicotea ni por un instante se digna a guardar el debido respeto al sagrado nexo que la une a la Señá Jutía, como comadres que son, abandonándola a la furia de la madre gata.

Después de un relato en el que la conducta de Jicotea no es digna de encomio, es agradable pasar al cuento titulado "Por qué... el carapacho a heridas de Jicotea", en el que Jicotea pone su astucia una vez más a prueba; pero la maldad que a veces lo caracteriza esta vez brilla por su ausencia. En el cuento, la reina Akeré, una garza hermosa, se parte una pata y Jicotea la cura con su ungüento mágico, impidiendo con su acción que los habitantes de la laguna tengan una reina coja. Desde ese día la reina Akeré no puede vivir sin las visitas de Jicotea, su amigo y salvador.

Un poco después nos enteramos de que las garzas se van siempre de fiesta al peñón de Efufúnla, el ventarrón, quien se comporta siempre tranquilo y blando entre las garzas aunque es dañino para con otros seres. Esta vez el día de la fiesta se avecina y la reina Akeré, temiendo por su pata quebradiza, no quiere remontar hasta el peñón del viento sin llevarse consigo a Jicotea.

Pero Jicotea no puede asistir, porque no tiene plumas; Jicotea no puede volar. La reina, baste decirlo, está muy contrariada de ver que Jicotea no tiene plumas y por lo tanto no puede de ninguna manera acompañarla a la fiesta. Entonces, como venida del cielo, una vieja garza, sirvienta de Akeré, susurra una solución en los oídos de la reina. Encantada con su secreto, Akeré llama a Olo-Kúbgo, su primer general y con él trama un plan, el cual básicamente consiste en arrancarle una pluma a cada ave de la laguna para con ellas disfrazar a Jicotea. Las grullas son las encargadas de traer las plumas y Kuékueyé el pato serrano, *petimetre* de la laguna (188), está a cargo de confeccionar la indumentaria; por último, las garzas visten con su traje de plumas a Jicotea para que no deje de asistir al peñón de Efufúnla.

Cabe aquí decir que Jicotea, en su nuevo atuendo, ha quedado transformado en un precioso plumífero extrañamente redondo, convirtiéndose bajo su plumaje en Ave-Nunca-Vista (189), el ave más lujosa y sorprendente que jamás visitara el peñón del viento. La feliz reina remonta a las alturas con su compañero Jicotea, quien causa con su presencia una profunda admiración general a la vez que un malestar lleno de inquietud y recelos se apodera de todos los presentes.

Las sorprendidas aves no reconocen sus propias plumas y mucho menos a Jicotea, engalanado dentro de su portentoso disfraz. El ave lagunera siente éxtasis, el sarapico envidia, la cuchareta se siente prendida de su propia pluma azul turquesa, olvidando que era suya; la garza se pasma ante su olvidada pluma blanca y al coco le duele no poseer una sola pluma que pueda competir con las del Ave-Nunca-Vista. El mismo viento observa azorado a Jicotea. Con todo lo que le pasa, es de esperarse que Jicotea se sienta triunfal; por ello, en este momento cumbre, le dedica fervorosamente a su madre un amoroso pensamiento. Sin duda alguna, Jicotea sabe que él es la única criatura de la tierra que ha sido elevada al cielo y por ello, más que nada en el mundo, desea que sus enemigos pudieran verlo en su gloria actual.

No obstante y por desgracia, Efufúnla dedica la fiesta diciendo "Es para todos" (190), palabras con las cuales los perplejos animales creen comprender que el Ave-Nunca-Vista se llama en realidad "Paratodos" y que la fiesta es en su honor, como lo son los manjares y las danzas que en ella se ofrecen. Nadie baila ni come, el único que hace de todo es "Paratodos".

Todo parece ir a la perfección para Jicotea hasta que, de tanto picar para poder comer, su pico impostor se transforma en otra cosa que un pico para luego caer al suelo. Los pájaros machos, ya enardecidos por la tirante situación en que creen estar, al ver el pico en el suelo, se tiran sobre Jicotea para arrebatarle las plumas a ese pájaro que no lo es. También Efufúnla, al ver a Jicotea desplumado, pregunta en voz alta "¿Qué bicho es éste?" (192), a la misma vez que lo lanza peñas abajo. Precipitado en el vacío, Jicotea lleno de euforia se siente volar.

La cosa no termina ahí, ya que el enfadado Efufúnla también barre con todas las aves de la cumbre. Por supuesto, las aves salen todas ilesas, pero Jicotea despierta varios días más tarde con su carapacho y su vientre rotos en pedazos; para colmos, también ha perdido su ungüento mágico. Por su parte, la muerte viene día a día a buscar a Jicotea, pero éste sigue, aunque sumamente averiado, vivo, terco y resistente. Con tal de ganar un poco de tiempo, Jicotea, humildemente, le pide a diario a la muerte un día más de vida y la muerte por una razón u otra se lo concede; por fin, de tanto venir la muerte por nada, un buen día no vuelve más.

En resumidas cuentas, Jicotea se restablece y su vida vuelve a la normalidad, aunque ahora conserva como recuerdo de su descenso a la tierra surcos y bregaduras imborrables en su duro carapacho y en su blanda panza.

En este cuento todas las aves de la laguna son las protagonistas y a través de la lectura nos damos cuenta de que las mismas, que de por sí son tan bellas, no dejan de caer en la envidia porque su reina favorece a Jicotea disfrazado y no se divierten en la fiesta del viento porque los celos les echan todo a perder. Sin embargo, no dejamos de preguntarnos porqué la ira indescriptible de las aves machos es tan exacerbada cuando descubren al impostor.

Por otra parte podemos decir que las aves, todas, son la antítesis de Jicotea, simbólicamente ellas son "altura", porque su elemento es el aire y por consecuencia representan la espiritualidad, lo cercano al cielo, lo transcendental. En realidad las aves siempre poseen valores simbólicos en las diferentes tradiciones, pero en este caso las distinguimos de Jicotea porque ellas vuelan y Jicotea no.

El antagonista es Jicotea, quien posee un ungüento mágico con el que se gana la confianza de la reina Akeré. Jicotea, a quien le fascina remontarse a las alturas, logra hacerlo esta vez gracias a la necesidad imperiosa que tiene la reina de su presencia. Sin embargo, Jicotea no fuerza la situación tratando de que lo lleven a la fiesta del viento, pero una vez que lo consigue se deja llevar por su triunfo a tal punto que en su momento de gloria piensa en su madre balbuceando en alta voz lo que pudiera ser un llamado o una invocación, y es interesante lo que grita: "¡Oh, madre arrastrada, si vieses a tu hijo!" (190).

El párrafo que sigue a esta cita es como una plegaria a la virgen; pero, con la diferencia de que en este caso el irreverente narrador hace el siguiente comentario al hablar de Jicotea: "Pobre chata criatura terrestre, tan poco alzada sobre el suelo, era la única que así se había elevado por encima de todos; la única de su raza que de tan alto contemplara a la tierra aplastada a sus pies" (190).

Debemos mencionar también el simbolismo del ritual cuando visten a Jicotea con traje de pájaro, ya que en algunas tradiciones como la africana, la amerindia, y entre los chamanes siberianos –entre otras– los hombres se visten con trajes de plumas para representar la peregrinación o el viaje maravilloso.

Bien sabemos que Jicotea en varios de los cuentos siente deseos de volar, quiere salir de su carapacho duro y terrenal para transcender, porque volar en el simbolismo tradicional es liberar el espíritu de las limitaciones terrenales, es el transcender a un estado suprahumano sin necesidad de la magia, de la cual se sirve Jicotea una y otra vez para llevar a cabo el resto de sus trastadas. Por eso, cuando Efufúnla lanza a Jicotea al vacío, éste cree volar y lo cierto es que por unos instantes verdaderamente él "vuela", antes de estrellarse contra la tierra.

El encuentro de Jicotea con la muerte requiere mucha astucia y paciencia por parte de Jicotea. El sabe que tiene que alejar y hacer esperar a la muerte para así dar tiempo a la naturaleza a que le cure las heridas de su carapacho, roto en pedazos, tanto como las del resto de su cuerpo. De esta forma, con humildad fingida, le pide a la muerte, una y otra vez, que aguarde y cuando ya se siente bien, la aleja a pedradas.

Efufúnla, el ventarrón, es uno de los auxiliares en el cuento; se le personifica de una forma poética, porque él puede enloquecerse y tener furias a veces y otras veces ser tranquilo y blando para con las aves de la laguna. Sin embargo, ante todo debemos tener en cuenta de que él es el responsable del despedazamiento del carapacho de Jicotea y de su consiguiente confrontación con la muerte.

Por último, la muerte es un auxiliar sobrenatural, que viene diariamente a buscar a Jicotea, hasta que se aburre; y así, con su permiso, Jicotea sigue viviendo, gracias a la terquedad y resistencia física que lo caracterizan.

En el próximo cuento los protagonistas son de nuevo dos hermanos gemelos, quienes otra vez nos traen a la mente a los sagrados *ibeye* de la cultura yoruba. De otra parte, tenemos como antagonista a un ser sobrenatural, Lukankansa, diablo alfarero que hace narices con arcilla bruja, el cual es producto neto de la imaginación de la autora. El relato se titula "Por qué... las nariguetas de los negros están hechas de fayanca" y en él descubrimos que Lukankansa, el diablo alfarero, ha ideado y puesto en boga las narices con el fin de llenar el vacío liso que existe de oreja a oreja y de ojos a boca (194). Como es de esperarse, las narices hacen furor entre los humanos y Lukankansa no da abasto modelándolas y plantándolas en los rostros de quienes pueden pagárselas.

El narrador admite que los principales favorecidos son los blancos y se nos explica que, desde luego, los hombres y las mujeres blancos pagan muy buen precio por sus narices de estreno "porque los blancos [han sido] ricos desde un principio" (194). Los negros, sin embargo, son muy pobres y no tienen tampoco fusiles sino arcos, por lo tanto, no pueden pagarse el lujo de comprarse narices. La lectura agrega que éstos sólo pueden contentarse con mirar, sin desear, las narices, los fusiles, la pólvora, la blancura, las cuentas claras de los ojos de los blancos; privilegios innatos de los afortunados descendientes de Manú-Puto. Sólo dos hermanos mellizos son los primeros negros que logran adquirir narices; ellos, desde su nacimiento, han vivido alimentando el deliberado propósito de pedirle a Lukankansa que les coloque una nariz en la cara.

Por fin, llega el anhelado día en el que los hermanos van a pedirle narices al diablo Lukankansa, quien se encuentra entregado a su trabajo mientras una fila de impacientes compradores está esperando su turno. También somos testigos de como Lukankansa ama su trabajo: mientras fija magistralmente la nariz en la cara del cliente le anuncia que la transmitirá a sus descendientes, aunque siempre recomienda cuidar de ella, con una conducta de moderación y templanza; al llegar a este punto cobra sus altos honorarios. De esta manera recibe cliente tras cliente.

Volviendo a los mellizos, ese día venturoso los dos se abren paso a la fuerza entre los clientes del alfarero y al llegar junto a Lukankansa no hay quien los mueva hasta que no se les prometa que van a tener una nariz. Por supuesto, el ofendido Lukankansa rehusa diciendo que lo que se le pide es una osadía; sin embargo, tanto molestan los hermanos y tanto tiempo pierde el alfarero que, por fin, accede a ponérselas, sólo advirtiéndoles que tienen que esperar su turno. En su picardía, el diablo alfarero sienta a los mellizos pensando que, una vez sentados, allí se pudrirán de tanto aguardar, y sin prestarles más atención continúa recibiendo a sus clientes.

Los inquebrantables mellizos que no se amedrentan con nada comienzan a cantar "Don Fáino, Fáino: ¡Chi! ¡Chi!" (197) soplando fuego por los ojos y llenando el taller de chispas; todos los clientes huyen creyendo que se van a quemar vivos. Esa tarde Lukankansa no puede hacer ni una sola venta. No obstante, a la mañana siguiente la fila de compradores es tan larga como siempre. Lukankansa se prepara a comenzar su labor cotidiana, pero los mellizos le prometen que se van a poner a cantar de nuevo si no les acaba de poner sus narices. Temeroso al fin, Lukankansa les concede el favor; hace dos narices a la carrera, en dos pellas, con dos agujeros en cada una y de un golpe certero se las planta en la cara mientras les dice "Ya está" (197).

Los agradecidos mellizos parten ufanos con sus toscas narices a enseñarlas por todas las naciones de piel oscura, explicándoles a sus hermanos de raza que aunque logren tener narices, al no poderlas pagar, éstas no serán hermosas. Sin embargo, con sus narices burdas podrán estornudar, sonarse y oler, sin lugar a dudas. Aconsejados por los mellizos, todos los hombres y mujeres negros van de inmediato, de dos en dos, a pedirle a Lukankansa narices de balde y el diablo alfarero tiene que ponérselas, si no, las parejas comienzan a cantar "Don Fáino, Don Fáino, Fái..." y el fuego siempre comienza a salírseles por los ojos. Sin tiempo que perder, el diablo que no quiere perder su buena clientela, los complace incrustándoles de un golpe una narigueta burda, que al fin de cuentas es siempre una nariz.

Es común encontrar la presencia del símbolo de los hermanos gemelos en la mayor parte de las tradiciones primitivas y en las mitologías relativas a las altas culturas, por ejemplo: los Ashwins védicos, Liber-Libera, Rómulo-Remo, Mitra-Varuna, Isis-Osiris, Apolo-Artemisa, Castor-Pólux, los *ibeye* yorubas, entre otros. Generalmente, los gemelos divinos son hijos de dioses que han sido enviados a la tierra y su sentido simbólico más generalizado es el siguiente: uno significa la porción eterna del hombre, herencia del padre celestial y el otro la mortal; sin embargo, en la mitología yoruba los mellizos o gemelos son deidades iguales y aunque uno es de naturaleza más débil que el otro se les debe venerar a ambos por igual. Los *ibeye* tienen el poder de retrasar la muerte de sus protegidos; por estas y otras razones los niños gemelos, para los yorubas, son la encarnación de las deidades gemelas llamadas Taewo y Kainde.

En este cuento específico los mellizos logran obtener del diablo Lukankansa que les dé narices porque su cántico que produce chispas es mágico y con él pueden prender fuego al taller del diablo alfarero y echarle a perder su negocio. Los gemelos utilizan el fuego como medio para asustar y aparentemente castigar, si fuese necesario, la testarudez de Lukankansa porque los pueblos primitivos consideran el fuego un demiurgo, procedente y representante del sol en la tierra, el que está íntimamente relacionado con el rayo y el relámpago. Entre otros de sus muchos simbolismos este elemento tiene una finalidad purificadora, destructora de las fuerzas del mal; también posee la dualidad de generar el bien aportando el calor vital y de producir el mal, destruyendo, incendiando.

En un sentido general, el fuego simboliza purificación, fuerza, energía, defensa, destrucción, entre otras cosas. Tengamos en cuenta, además, que el fuego y la llama son ambivalentes siempre, pudiendo ser divinos o demoníacos, creadores o destructores; por eso, al comenzar un fuego reactivamos el acto de la creación del universo.

Sin embargo, regresando al personaje de Lukankansa, éste es más diablo por darles narices a los que pueden pagárselas que por el mero hecho de serlo, ya que deja a los que no pueden comprárselas –los de raza negra– con ganas de tenerlas, creando así un mercado único para los blancos. Lukankansa es, en realidad, una crítica de la sociedad que siempre ha favorecido a unos cuantos en detrimento de otros muchos y es por eso que no se le describe a él, sino lo que hace. Sólo la astucia hace que el oprimido –en este caso representado por los mellizos negros– logre a veces obtener ciertos "lujos", que de otra forma le son inaccesibles.

Por último llegamos al relato intitulado "Por qué... el mono perdió el fruto de su trabajo", en el que un mono astuto es el protagonista y un hombre perezoso es el antagonista.

Este mono del que hablamos es también muy trabajador y siempre acaba por hacer todo lo que deja sin terminar el perezoso de Juan Gangá en su sembrado de arroz. Además, el mono sabe que, si juega bien sus cartas, su labor "invisible" producirá sus propios frutos. Todo comienza cuando Juan Gangá, el marido de Viviana Angola, quiere abrir un campo para sembrar arroz. Cabe decir que él es perezoso y nunca acaba lo que empieza. Esta vez, sin embargo, parece estar determinado y dispuesto a cultivar su arroz y así lo hace; no obstante, alguien "invisible" parece ayudarle cada vez que el labrador se va a descansar. Día tras día, el cultivo del sembrado va progresando para sorpresa del mismo propietario. El perezoso de Juan Gangá tan pronto como abate un árbol o dos se va a su casa; un mono viene entonces y termina el corte mientras él no está. Otra vez Juan quema un poco de leña y se va; un mono viene y termina de hacer la quema mientras él no está. En otra oportunidad Juan guataquea un poco la tierra, se cansa y se va; entonces viene un mono a terminar de guataquearla mientras él no está. Por fin, cuando el grano sale, Juan Gangá se siente orgulloso de haber terminado "su trabajo" y quiere enseñarle su obra a su mujer, Viviana Angola; pero, antes de poder hacerlo, un mono se le presenta en el sembrado y le pregunta que cuándo puede ir a recoger su parte del arroz, pues él también ha trabajado en la cosecha. Los dos se ponen de acuerdo para ir al siguiente día; Juan parece encontrar justo el trato hecho.

Parte del trato propuesto por el mono también conlleva el que cada uno de ellos tenga ayudantes; Juan traerá a sus trabajadores y el mono, por su parte, vendrá con otros cien monos. Cada cual comenzará por un extremo del campo hasta llegar al centro; el que más recoja, lo habrá hecho de manera justa. Juan también parece encontrar justa la segunda proposición del mono.

Sin embargo, Juan no se atreve a contarle lo sucedido a su esposa porque le duele el amor propio. Por otra parte, él sabe que si se lo dice a Viviana, ésta que es tan inteligente sabrá como arreglar el problema de los monos. Además, el sabe también que Viviana Angola es muy buena, alegre, de gran corazón y aunque le riñe a veces siempre sabe perdonar. No es de extrañar que cuando Viviana se da cuenta de la tristeza de su marido le obliga a contárselo todo; una vez enterada, ella se propone arreglar el asunto y hasta se ríe de la aventura de Juan.

Lo primero que hace Viviana es ir a buscar a cincuenta hombres de trabajo y los encuentra; acto seguido, se compra un manojo de cascabeles. Al día siguiente, Juan y los hombres se reunen con los monos en el campo para comenzar la cosecha; mientras tanto, Viviana se planta en el medio del sembrado, entre ambos bandos. El mono principal da la señal de partida y todos se lanzan a trabajar; pero los monos van más de prisa que los hombres ya que por naturaleza son más rápidos que éstos. Los hombres se sienten perdidos.

Es entonces que Viviana comienza a mover su cuerpo y a cantar; de su cuerpo sale un hermosísimo sonido que atrae de inmediato a los curiosos monos. Como si esto fuera poco, meciendo sus caderas, Viviana Angola se levanta la falda hasta la cintura, alborotando con su acción a los monos, quienes fascinados miran y remiran a la mujer sin lograr comprender de donde viene el incitador cascabeleo, dejando así de trabajar. Mientras tanto, los hombres trabajan sin descanso.

El tiempo pasa y los monos pierden más y más la cabeza viendo las partes escondidas de Viviana Angola y oyéndolas sonar. Por fin, todos ellos sueltan las gavillas de trabajo y se absorben en delirio, embobados con el cuerpo de la mujer de Juan. En consecuencia, los hombres pueden recoger hasta el último grano de arroz y los monos pierden la oportunidad de recoger lo que con sudor habían sembrado.

Ante todo debemos aquí recordar, como hemos dicho en páginas anteriores, que el mono del folklore africano no está ligado de ninguna manera con lo sobrenatural; su astucia y todas sus hazañas son bien de este mundo; en las creencias africanas, al igual que en las tradicionales, el mono es símbolo de la impudencia, la curiosidad, la malicia y los bajos instintos. Todos estos atributos los posee el mono de nuestro cuento, al igual que sus compañeros de trabajo: ellos son impúdicos porque miran y remiran el cuerpo de Viviana Angola; ellos son curiosos porque abandonan en insensato alboroto su trabajo con tal de tratar de averiguar que es lo que le brilla y suena a Viviana Angola; ellos son traviesos porque se meten donde no se les llama, aprovechándose de la haraganería del dueño del sembrado para sembrar su propio alimento.

El perezoso Juan Gangá es el dueño del sembrado. Indudablemente, a Juan lo salva la confianza que tiene en su mujer, Viviana Angola, quizá porque en ella ve todas esas cualidades que a él le faltan, sobre todo el empeno y el amor al trabajo. Viviana es el auxiliar en el cuento. Ella es una africana conga que quiere a su marido, pero que no le ciega la pasión. Nos percatamos de que las cualidades de Viviana son muchas; sin embargo, su más importante atributo es que ella es astuta y sabe aprovecharse de su belleza y sensualidad para no perder la cosecha de arroz que es en parte de su marido.

Llegamos al final de este capítulo con la certeza de haber puesto en relieve a los personajes cabrerianos según sus funciones estructurales, pero tampoco hemos olvidado enfatizar sus atributos innatos, ya que hemos establecido desde un principio que existen dos divisiones o esferas en el cuento maravilloso: la del autor de la acción (el personaje) y las acciones en sí mismas (las funciones).

En la esfera del personaje encontramos atributos que le pertenecen y que le dan colorido al relato, los cuales varían según la realidad histórica del momento, sin olvidar las influencias que aportan la religión, la tradición y las leyendas nacionales. O sea, según el lugar donde se encuentren nuestros personajes, según el escenario en el cual se desarrollen sus aventuras, tendrán cualidades y atributos diferentes, como bien hemos podido ver con personajes como Jicotea, el elefante, el mono y los dioses, entre tantos otros.

Sin embargo, las funciones siempre permanecen constantes y es por eso que todos los elementos que se agrupan alrededor de cada una de las funciones proppianas encajan sin dificultad en los diferentes esquemas estructurales de la cuentística de Cabrera. Por otro lado, aunque las funciones son siempre las mismas, lo que abre posibilidades sin fin son los atributos dados a los personajes, sus cualidades, características, a veces humanas o mágicas, otras ancestrales o divinas, sin olvidar las características rituales, míticas o religiosas que algunos de los personajes poseen, gracias a la repetición de perennes ritos ancestrales, los que mantienen siempre en el subconsciente colectivo del mundo ese pasado mítico de la humanidad.

Ya bien nos dice Propp en su *Morfología del cuento*, que desde el punto de vista histórico el cuento maravilloso en su base morfológica es un mito, a lo cual se puede agregar que el estudio morfogenético de los personajes y sus funciones en un cuento dado está relacionado sin lugar a dudas con el pasado mítico, religioso o épico de una cultura específica, o simplemente con el folklore de una nación, el cual siempre se establece como aliado de su historia, permaneciendo ligado a la filosofía y a la tradición del país que lo inspira.

A MANERA DE EPÍLOGO

EL ACHE: PIEDRA ANGULAR DE LA MITOLOGÍA YORUBA

Mientras más espiritual es el hombre,
más modelos paradigmáticos tiene
para guiar sus acciones en la tierra.

MIRCEA ELIADE

El ser humano es un fragmento que debe sentirse integrado a otras unidades más amplias, como lo son la sociedad, la cultura y el universo, para que su función terrena coincida con la del cosmos mismo. Mircea Eliade lo cree así, ya que "si el Todo puede aparecer contenido en un fragmento significativo, es porque cada fragmento repite el Todo. Un árbol se convierte en sagrado, sin dejar de ser árbol, en virtud del poder que manifiesta" (Cirlot 30). He aquí el parentesco esencial o la "relación intrínseca" de la que nos habla Erich Fromm, la cual existe entre todos los procesos universales, ya sean en el plano terrenal, espiritual, simbólico, mítico o religioso. O sea, el ser humano, siendo parte de una de las constantes o procesos rítmicos del universo, indiscutiblemente, está unido al Todo por una conexión espiritual, cualquiera que ésta sea, la cual traduce su realidad a otro plano más elevado de la realidad cósmica; a su vez, en el plano terrenal, las variadas conexiones espirituales que enriquecen las diferentes culturas del planeta están a la base de las mitologías y de los llamados sistemas espirituales o religiosos que las caracterizan.

En nuestro libro hemos tocado, a través de la cuentística de Lydia Cabrera, partes principalísimas de la mitología yoruba o *lucumí* –después de su traslado a la isla de Cuba a principios de la colonia– por medio de las cuales lo espiritual y lo humano se unifican para formar un complejo corpus socio-político-religioso el cual está dominado por la dinámica de una mítica fuente suprema de energía llamada *aché*, a la cual dedicamos las últimas páginas de este trabajo. El *aché*, cabe decir, es de gran importancia para el afrocubano por encontrarse a la base de una serie de reglas y leyes que dirigen la vida física y espiritual del pueblo *lucumí*.

Indudablemente, aún existen muchos aspectos de esta compleja cultura que se encuentran vedados al estudioso, en otros no se ha profundizado aún debidamente; por ejemplo, el proceso de valorización del poder terapéutico de los rituales religiosos y del efecto medicinal de las plantas y hierbas, *ewe*, que en ellos se utilizan sólo está en sus comienzos. En parte, podemos achacar esta carencia de información al obstinado recelo ante el blanco investigador que han profesado siempre los afrocubanos y los legítimos sacerdotes de sus creencias; por otro lado, es comprensible que algunos estudiosos carezcan de una visión espiritual más amplia, porque la complejidad de las estructuras del sistema occidental, del que son producto, inhibe hacer una mejor entrada en el universo, aparentemente sencillo, de la cultura afrocubana.

Otro aspecto primordial que comprueba el arraigo de la cultura *lucumí* en Cuba y lo ordenado de su sistema socio-litúrgico es la supervivencia del idioma que se utiliza en sus rituales, o sea el yoruba, lo que corrobora el hecho de que la aculturación yoruba en tierras cubanas haya sido indudablemente antiunitaria, el material lingüístico aportado por los *lucumís* nos hace reflexionar, cuatro siglos más tarde, sobre los medios de socialización y los rituales de este pueblo, los cuales siguen haciéndose en yoruba. Roger Bastide acierta al decir en su prólogo a *Anagó*, de Lydia Cabrera: "La antropología cultural se preocupa cada vez más de no separar el estudio de la cultura del de la personalidad, personalidad y cultura que son el derecho y el revés de una misma realidad, captada ya en lo exterior o en lo interior; en su exteriorización, o en la vida de las almas" (9). Por eso es fácil comprender porque los africanos transportados a Cuba en el período colonial se empeñan en no olvidar la patria ancestral, y una de las formas más acertadas de hacerlo, para ellos y sus decendientes, ha sido la de conservar su lengua materna, en proverbios, en cánticos, en el lenguaje de sus ceremonias religiosas y en su propia actitud mental hacia la vida.

Roger Bastide enfatiza que el hacer "un estudio estadístico de las palabras africanas que se han conservado [en Cuba] y de las que parecen olvidadas" (9) es siempre de gran interés sociológico. Bastide, en un párrafo de elocuente sabiduría, confirma lo que la realidad moderna nos presenta sin ambages: "El lenguaje nos muestra, de cierto modo, por la ley de mayor o menor resistencia al olvido, el paso de la familia extendida tal como existe aún en país yoruba, a la familia restringida sobre el modelo de la familia española de Cuba. Por lo contrario, la importancia del vocabulario religioso, cuantitativamente, por el número de palabras conservadas, y cualitativamente, por la existencia de palabras múltiples para designar cosas que en español no necesitan más que de una sola palabra, es una nueva prueba a añadir a tantas otras más, que la religión constituía el centro dominante de la protesta cultural del africano reducido a la esclavitud, bautizado y occidentalizado a la fuerza, o por su propia voluntad. El segundo centro de resistencia lingüística parece ser el de la anatomía del cuerpo humano o animal; del animal a causa de los sacrificios, lo que no nos aleja de la religión, pero, lo que nos interesa más, del cuerpo humano también, como si la personalidad del negro se confundiera con su cuerpo, y que el medio mejor de salvar esta personalidad, amenazada en sus fundamentos por el cambio de civilización, era el de agarrarse a las palabras" (9-10).

Según Bastide, las palabras han quedado, en increíble número, "salvadas por la fe infatigable, la devoción extraordinaria, que les inspiran sus antepasados y el apego que tienen a sus tradiciones los descendientes de aquellos *lucumís* que el tráfico negrero expatrió a Cuba" (13). Lydia Cabrera también lo constata entre 1928 y 1930, cuando tiene el privilegio de investigar de muy cerca la cultura afrocubana y sus creencias dentro de un círculo, por costumbre hermético, de viejos *lucumís*, quienes aún se conservan en vida en aquel entonces. Muchos años más tarde, la misma Cabrera vuelve a atestiguar en su libro *Anagó* que con el paso del tiempo nada ha cambiado, por el contrario, nietos, biznietos, y tataranietos de *lucumís* "siguen aferrados a su cultura ancestral, no dejan de hablar la lengua que aprendieron en su infancia y que deben emplear a diario para comunicarse con sus divinidades, la que llega a los *orishas* y escuchan los muertos complacidos (...) Los yorubas (...) no han muerto en esta isla del Caribe. Su idioma no se ha extinguido, ya lo había visto Bascom, y nos parece muy lejos de extinguirse" (16).

Tal y como los primeros cristianos se dejan torturar y devorar por las fieras, por amor a su naciente creencia, así es la obstinación del yoruba en Cuba, quien, por tradición, reconoce su cultura como valiosa y verdadera. Sus conciudadanos de descendencia española, por lo general, aun hoy día, miran con severidad y repugnancia lo que no pueden o quieren comprender, y esto les ha obligado a esconder sus tradiciones y sus liturgias desde su llegada a la isla. Cabrera comenta, por ejemplo, sobre "los días del gobierno del presidente Menocal (1916). Se confundía [entonces] al *babalao* con el hechicero y se creía que habitualmente los sacerdotes de los cultos africanos sacrificaban niños a sus 'voraces' divinidades" (15). Sin lugar a dudas, el obscurantismo del blanco en relación a esta cultura y su falta de tolerancia espiritual, aún entre los investigadores eruditos, que les permita aceptar bajo el mismo techo de la patria un sistema socio-político-religioso que no sea occidental, viven sus más peliagudos momentos en esos primeros veinte años de la república.

Aunque fuera y dentro de Cuba algunos trabajos de investigación, como *Los negros brujos* de Fernando Ortiz, preceden los estudios de Cabrera, es con la llegada de *El Monte*, en 1954, que comienza la reivindicación del pueblo *lucumí*. Lydia Cabrera, con este libro considerado como la biblia afrocubana y con muchos otros a través de su larga carrera de escritora y etnóloga, logra desentrañar lo que Rómulo Lachatañeré expone y advierte en su *O mío Yemayá*, y sobre todo en su ensayo "El sistema religioso de los *lucumís* y otras influencias africanas en Cuba", y saca a la luz lo que William Bascom postula en trabajos como "The Focus of Cuban Santería" o "The Yoruba in Cuba", entre otros. Además, Cabrera desenmascara fríamente la realidad doble del pueblo cubano, y sin remilgos revela lo que muchos quieren encubrir y con persistencia niegan: "Muchos en su afán de disimular los pronunciados rasgos africanos que en tantos aspectos muestra la isla, en lo físico y en lo espiritual, niegan esta realidad que les avergüenza; otros, libres de complejos, pero que jamás se han asomado a la vida de nuestro pueblo, piensan que exageramos" (20).

Ante la evidencia física, sólo nos queda responder al porqué espiritual de este poderoso arraigo de la cultura y la mítica afrocubana. La respuesta se encuentra en el *aché*, vocablo que encierra toda la fuerza espiritual y el conocimiento necesarios para alcanzar satisfacción anímica y divinidad interior; o sea, la cosmogonía yoruba tiene sus bases y sentido no su núcleo gracias a la dinámica del *aché*, el más alto grado de armonía espiritual y de dirección de todas las fuerzas del universo, según la ontología *lucumí*.

Joseph Murphy en su libro *Santería: An African Religion in America* exalta la supervivencia del pueblo yoruba durante su esclavitud cómo "un milagro del espíritu que nace del sufrimiento avasallador humano. Su historia enseña como un pueblo, sujeto a inimaginables condiciones difíciles, puede lograr crear un universo espiritual de belleza y esperanza", para luego hacerse una pregunta clave: "¿Cómo nosotros [los occidentales] podríamos llegar a comprender este milagro? [112]" (103).

El estudioso que haga una incursión en este mundo de rara belleza mitológica encontrará la respuesta a esta pregunta sólo si experimenta en sí mismo alguna dimensión de espiritualidad que le permita creer más fácilmente en otras posibilidades de la espiritualidad cósmica universal. Joachim Wach, al hablar del llamado "círculo hermenéutico" en el cual él que estudia una cultura específica debe de compartir interiormente el "sentido" espiritual –no la creencia– de lo que intenta comprender, ofrece este comentario: "Se necesita tener una vida interior y una apertura espiritual propias para verdaderamente entender otras [culturas] (...) La hermenéutica obliga a aquel que desea entender[las] a tener un sentimiento espiritual innato además de poseer un extenso conocimiento y entrenamiento posibles [en la materia] [113]" (128).

Por supuesto, el identificarse con lo estudiado es prerequisito para el investigador, ¿cómo podemos analizar lo que nos es extranjero sin tener las bases que nos permitan darle en todo momento el beneficio de la duda? Cuando estudiamos los cuentos de Lydia Cabrera tocamos el mundo de lo mítico ancestral afrocubano; ¿cómo estudiar dichos relatos sin el conocimiento y la empatía necesarios que nos ayuden a enten-

---

[112] La traducción es mía; el original lee: "[It] is a miracle of spirit brought out of crushing human suffering. Its history shows that a people placed under the most difficult conditions imaginable can fashion a spiritual world of beauty and hope. How are we to understand this miracle?" (103).

[113] La traducción es mía; el original lee: "An inner aliveness and broadness is necessary if we actually wish to understand other [cultures] (...) Hermeneutics demands that he who wishes to understand [them] must have a sense for religion and in addition the most extensive knowledge and training possible" (128). En cuanto a definir la hermenéutica en relación a la comprensión de lo que nos es extranjero, Wilhelm Dilthey estipula que: "Interpretation would be impossible if expressions of life were completely strange. It would be unnecessary if nothing strange were in them. It lies, therefore, between these two extremes. It is always required where something strange is to be grasped through the art of understanding" (*Pattern*: 77).

der mejor la mitología a la que éstos pertenecen? Los cuentos de Lydia Cabrera son como relatos ejemplares de esta mitología, y su contenido nos acerca al mundo sagrado de los *orishas* divinos, es como si en cada libro de la autora entrásemos por la puerta sagrada que nos lleva al *Ilé–Ifé*, recinto sagrado de los dioses.

Por ende, en el contexto afrocubano, ser capaz de reconocer el *aché* como piedra angular de la mitología yoruba es para el estudioso la respuesta sencilla a la pregunta de Murphy, porque, en resumen, la mitología yoruba tiene sus fundamentos en esta fuente ontológica dinámica llamada *aché*, de constante movimiento y crecimiento; de ahí que la importancia primordial del *aché* divino radique en que éste pertenece a los *orishas* y sirve a toda una cultura para alinear el universo físico con sus modelos míticos.

Al leer los cuentos de Lydia Cabrera nos damos cuenta de que, para los *lucumís*, con el *aché* se sobrelleva mejor la vida, porque si la vida humana la rige el *aché*, entonces todo lo que acontece es destino. Quizá por esto las aguas, como hemos visto en el largo capítulo que dedicamos a ellas, son destino, fluyen como el *aché*, arrastran, en su moción sin fin; la danza igual, los rituales afrocubanos, el *membé*, el *güemilere*, se basan en el ritmo, movimiento de dinamismo fundamental. Aún las hojas, las piedras, los animales, utilizados en los rituales yoruba son vibraciones del *aché* mítico. Podemos aquí decir que en la mítica afrocubana lo importante es obtener un nivel de consciencia *orisha*, llegar, como ser humano, a tocar espiritualmente el universo de los dioses, al repetir, al imitar, una y otra vez, las acciones mitológicas de los *orishas*, a través de los rituales celebrados en cualquier *Ilé–Ifé* de cualquier lugar del mundo.

Lydia Cabrera misma, como investigadora que practica, consciente o inconscientemente, la hermenéutica, confiesa sentirse "atraída por el estudio de [esta cultura], cuya asombrosa vitalidad y extensión estaba muy lejos de imaginarme en un principio (...) [cuando] no me guiaba deliberadamente en mis correrías por los campos de la mística y del folklore de nuestros negros" (*Anagó* 13). Más de sesenta años después de sus comienzos, ya no cabe duda que luego de un intuitivo principio, Cabrera ha logrado, como ningún otro estudioso hasta el presente, penetrar plenamente en la psique de la mitología afrocubana; a través de sus colecciones de cuentos tanto como en el resto de su obra antropológica y etnográfica, ella proyecta más de medio siglo de un riguroso estudio de la mítica y las costumbres *lucumís* de su tierra natal. No obstante, Cabrera logra este grado de compenetración con la cultura afrocubana porque ella sí posee ese "sentimiento espiritual innato" del que hablamos en páginas anteriores unido a "un extenso conocimiento y entrenamiento posibles" (Murphy 128) en lo que concierne a las culturas yoruba y bantú establecidas en suelo cubano.

Para la autora de tantos maravillosos cuentos negros no parece ser una aberración el que Cuba sea tierra del *aché* yoruba junto con su pasado hispano, y que su dinamismo espiritual sature la isla desde hace más de cuatro siglos; Cabrera nos muestra a través de toda su obra como las raíces yorubas han sabido ser profundas y su poder de adaptación en territorio cubano ha probado ser incuestionable; el paso del tiempo ha probado también que su nivel de crecimiento socio–religioso nunca ha disminuido. Todo esto sólo puede profetizar el que los investigadores y estudiosos de la materia prosigan con ahínco y esperanza la ardua y ejemplar tarea que Lydia Cabrera comenzó en 1928 y que sólo terminó con su muerte en 1991. Indudablemente, gracias a esta colosal investigadora el camino ha sido trazado para que la cultura afrocubana se posesione de su merecido lugar en los campos de la literatura, la lingüística, la antropología, la religión, la mitología, la historia, y en la misma medicina. La música, gracias al poderoso *aché* que la domina, ya ha logrado su consagración.

BIBLIOGRAFÍA

OBRAS DE LYDIA CABRERA

CABRERA, LYDIA. *Anaforuana: ritual y símbolos de la iniciación en la sociedad secreta Abakuá.* Madrid, Ediciones C.R., 1975.

—————. *Anagó: vocabulario lucumí* (El yoruba que se habla en Cuba). Prólogo de Roger Bastide. La Habana, Ediciones C.R., Col. del Chicherekú, 1957; Miami, Ediciones Cabrera y Rojas, Col. del Chicherekú en el exilio, 1970; Miami, 2a. ed., Ediciones Universal, 1986.

—————. *Ayapá: cuentos de Jicotea.* Miami, Ediciones Universal, 1971.

—————. "Babalú Ayé-San Lázaro. Mitos y Leyendas. (Ilustraciones de Hernán García): Guanaroca. La Tatagua. La cabeza de Patricio. San Félix, número 13. El diablo y la mujer". *La enciclopedia de Cuba.* San Juan-Madrid, Editorial Playor, Tomo 6 (Folklore), 1974, pp. 268-303.

—————. "Boloya". *La enciclopedia de Cuba.* San Juan-Madrid, Editorial Playor, Tomo 6 (Folklore), 1974, pp. 384.

—————. "Cholé la holgazana y su buena vecina Daraya". *La enciclopedia de Cuba.* San Juan-Madrid, Editorial Playor, Tomo 6 (Folklore), 1974, p. 388.

—————. "Como a Jicotea la coronaron Rey". *La enciclopedia de Cuba.* San Juan-Madrid, Editorial Playor, Tomo 6 (Folklore), 1974, p. 386.

—————. *Consejos, pensamientos y notas de Lydia E. Pinbán.* Miami Ediciones Universal, 1993.

—————. *Contes nègres de Cuba.* Traducido al francés por Francis de Miomandre. París, Gallimard, 1936.

—————. *Cuentos negros de Cuba.* Prólogo de Fernando Ortiz. La Habana, Imprenta La Verónica, 1940; La Habana, Ediciones Nuevo Mundo, 1961; Madrid, Ediciones C.R., Col. del Chicherekú en el exilio, 1972; Miami, Ediciones Universal, 1993.

—————. "Cuentos negros de Cuba". *Estudios Afrocubanos.* 2, 1938, pp. 58-71.

—————. *Cuentos para adultos, niños y retrasados mentales.* Miami, Ultra Graphic Corp., Col. del Chicherekú en el exilio, 1983; Miami, Ediciones Universal, 1996.

—————. "Cundió brujería mala". *Selección de cuentos cubanos.* La Habana, Ministerio de Educación, Ediciones Nuevo Mundo, 1962, pp. 29-31.

—————. "Damas". *Journal of Caribbean Studies.* v. 1., nº. 1, Winter 1980. pp. 1-2.

215

216 MARIELA A. GUTIÉRREZ

————. "De La Habana antigua. El quitrín o volante". *Diario Las Américas.* marzo 8, 1981, p. 5A.

————. "Eggüe o Vichichi finda". *Revista Bimestre Cubana.* La Habana, LX, 1947, pp. 42-120.

————. "El baile de las cucarachas y las gallinas". *La enciclopedia de Cuba.* San Juan-Madrid, Editorial Playor, Tomo 6 (Folklore), 1974, p. 394.

————. "El dueño de Ewe (Oluwa-Ewe)". *Memoire de l'Institut Français de l'Afrique Noire.* París, XXVII, 1963, pp. 169-180.

————. "El granito de arena". *La enciclopedia de Cuba.* San Juan-Madrid, Editorial Playor, Tomo 6 (Folklore), 1974, p. 383.

————. "El Indísime Bebe la Mokuba que lo consagra Abakuá". *Lunes de Revolución.* La Habana, nº. 2, marzo 30, 1959, pp. 5-6.

————. *El monte: igbo finda, ewe orisha, vititinfinda (Notas sobre las religiones, la magia, las supersticiones y el folklore de los negros criollos y del pueblo de Cuba).* La Habana, Ediciones C.R., 1954; Miami, 2a. ed., Rema Press, 1968; Miami, 3a. ed., Ediciones C.R., Col. del Chicherekú en el exilio, 1971; Miami, 4a. ed., Ediciones Universal, 1975; Miami, 5a. ed., Ediciones C.R., 1983; Miami, 6a. ed., Ediciones C.R., 1986; Miami, 7a. ed., Ediciones Universal, 1992.

————. *El monte: igbo finda, ewe orisha, vititinfinda (Notas sobre las religiones, la magia, las supersticiones y el folklore de los negros criollos y del pueblo de Cuba).* Primera edición pirata. Prólogo de Enrique Sosa Rodríguez. La Habana: Editorial Letras Cubanas, 1989. Segunda edición pirata de Ana María Muñoz Bachs. Prólogo de Raimundo Respall Fina. La Habana: Editorial Letras Cubanas, 1993.

————. *El monte. Piante e Magia: Religioni, medicina, e folklore delle culture afrocubane.* Traduccion y prólogo de Laura González. Milano, Rizzoli editore, Col. L'Ornitorinco, 1984.

————. *El Monte.* Traducido al inglés por Morton Marks. Introducción de John Szwed y Robert Thompson. New York, 1984.

————. "El sincretismo religioso de Cuba. Santos, Orishas, Ngangas, Lucumís y Congos". *Orígenes.* La Habana, nº. 36, 1954, pp. 8-20.

————. "El Socorro Lake". Traducido al inglés por Alfred Mac Adam (de *La laguna sagrada de San Joaquín*). *Review: Latin American Literature and Arts.* Nº. 52. Spring 1996, pp. 6-7.

————. Fragmentos de la obra de Lydia Cabrera: "Ukano Mambre", "Cómo se prepara una nganga", "Taita Hicotea y Taita Tigre", "Arere Marekén" (completo), "Refranes de negros viejos", "Refranes abakuás", en *La fiesta innombrable: Trece poetas cubanos.* México, D. F., eds. Victor Manuel Mendiola y Luis Soto, Ediciones El Tucán de Virginia, 1992, pp. 105-114.

————. *Francisco y Francisca: chascarrillos de negros viejos.* Miami, Peninsular Printing Inc., 1976.

————. "Francisco y Francisca". *Caribe,* nº. 2, otoño 1977.

————. "Francisco y Francisca". *Repertorio Latinoamericano.* v. 5, nº. 40, octubre-diciembre, 1979, p. 29.

————. "Historia de Elewá Echeún y de lo que aconteció con su hermano envidioso y Ekué Kekeré, la Jutía". *La enciclopedia de Cuba*. San Juan-Madrid, Editorial Playor, Tomo 6 (Folklore), 1974, p. 391.

————. "Historia de un perro callejero y un gato casero". *Journal of Caribbean Studies*. Coral Gables, Florida, Spring-Autumn, 1982, 3:1-2, pp. 1-7.

————. "Iemanjá en Cuba". *Iemanjá e Suas Lendas*. Río de Janeiro, ed. Zora A. Seljan, Gráfica Record, 1967, pp. 49-58.

————. *Itinerarios del insomnio, Trinidad de Cuba*. Miami, Ediciones C.R., Peninsular Printing Inc., 1977.

————. *Koeko iyawó, aprende novicia: pequeño tratado de regla lucumí*. Miami, Ultra Graphics Corp., 1980; Miami, Ediciones Universal, 1996.

————. "La Ceiba y la sociedad secreta Abakuá". *Orígenes*. La Habana, VII, nº. 25, 1950, pp. 16-47.

————. "La Jicotea endemoniada". *Orígenes*. La Habana, VI, nº. 24, invierno 1949, pp. 3-9.

————. *La laguna sagrada de San Joaquín*. (Fotografías de Josefina Tarafa). Madrid, Ediciones Erre, 1973; Miami, 2a. ed., Ediciones Universal, 1993.

————. *La lengua sagrada de los ñáñigos*. Miami, Ediciones Universal 1988.

————. *La medicina popular en Cuba*. Miami, Ediciones Universal 1984 y 1996.

————, *La Regla Kimbisa del Santo Cristo del Buen Viaje*. Miami, Peninsular Printing Inc., Col. del Chicherekú en el exilio, 1977; Miami, Ediciones Universal, 1986.

————. *La sociedad secreta Abakuá, narrada por viejos adeptos*. La Habana, Ediciones C.R., 1958; Miami, Ediciones C. R., Col. del Chicherekú en el exilio, 1970.

————. "La tesorera del diablo", en *Puerta abierta: La nueva escritora latinoamericana*, eds. Caridad L. Silva-Velázquez y Nora Erro-Orthman, México: Joaquín Mortiz, 1986. pp. 37-57.

————. "La virtud del árbol Dagame". *Antología del cuento en Cuba*. La Habana, Ministerio de Educación, Ed. Salvador Bueno, 1953, pp. 141-146.

————. *Los animales en el folklore y la Magia de Cuba*. Miami, Ediciones Universal, Colección del Chicherekú, 1988.

————. "Más diablo que el diablo". *Vuelta*. v. 5, nº. 60, nov. 1981, pp. 7-9.

————. "Música de los cultos africanos en Cuba". Notas de L. Cabrera para Burgay LP Records.

————. "Nota preliminar". *Trinidad de Cuba*. La Habana, Ed. Esteban de Varona, 1946.

————. "Notas sobre Africa, la negritud y la actual poesía yoruba". *Revista de la Universidad Complutense*. Madrid, vol. XXIV, nº. 95, 1975, pp. 9-58.

————. *Otán Iyebiyé: las piedras preciosas*. Miami, Ediciones C.R., Col. del Chicherekú en el exilio, 1970; Miami, Ediciones Universal, 1986.

————. "Oyé Ogbó. Refranes y ejemplos. Cómo enseñaban a sus hijos los viejos lucumíes y taitas criollos. Refranes criollos. Refranes Abakuá. Refranes Lucumí (Yoruba)". *La enciclopedia de Cuba*. San Juan-Madrid, Editorial Playor, Tomo 6 (folklore), 1974, pp. 349-382.

—————. *Páginas sueltas.* Edición de Isabel Castellanos. Miami, Ediciones Universal, Col. del Chicherekú en el exilio, 1994.

—————. *¿Por qué? Cuentos negros de Cuba.* La Habana, Ediciones C.R., Col. del Chicherekú, 1948; Madrid, Ediciones C.R., Col. del Chicherekú , 1972.

—————. *Pourquoi: Nouveaux contes nègres de Cuba.* Traducido al francés por Francis de Miomandre. París, Gallimard, Col. La Croix du Sud, 1954.

—————. *Refranes de negros viejos.* La Habana, Ediciones C.R., 1955; Miami, Ediciones C.R., Col. del Chicherekú en el exilio, 1970.

—————. *Reglas de Congo: Palo Monte Mayombe.* Miami, Peninsular Printing Inc., Col. del Chicherekú en el exilio, 1979; Miami, Ediciones Universal, 1986.

—————. "Religious Syncretism in Cuba". Traducido por O. R. Dathorne. *Journal of Caribbean Studies,* 10:1-2. Winter 1994–Spring 1995, pp. 84-94.

—————. "Ritual y símbolos de la iniciación en la sociedad secreta Abakuá". *Journal de la Societé des Américanistes.* París, LVIII, 1969, pp. 139-171.

—————. *Supersticiones y buenos consejos.* Miami, Ediciones Universal, Col. del Chicherekú, 1987.

—————. "Susudamba Does Not Show Herself By Day". Traducido al inglés por José Piedra (tomado de *¿Por qué? Cuentos negros de Cuba*). *Latin American Literary Review: Scent of Wood and Silence.* Special Issue, Vol. XIX, No. 37. Jan.-June, 1991, pp. 54-66.

—————. "Time Fights the Sun and the Moon Consoles the Earth". Traducido al inglés por Suzanne Jill Levine and Mary Caldwell (tomado de *¿Por qué? Cuentos negros de Cuba*). *Review: Latin American Literature and Arts.* Nº. 31. Jan.-April, 1982, p. 15.

—————. "Tres cuentos (El insomnio de un marinero; Romualdo Nalganes; ¡Se va por el río!)". *Escandalar.* v. 3, nº. 2, Apr-June, 1980, pp. 60-63.

—————. "Turtle's Horse". *From the Green Antilles.* New York, ed. Barbara Howes, MacMillan, 1966, pp. 275-276.

—————. "Un buen hijo". *Cuentos cubanos contemporáneos.* México, José Antonio Portuondo, Editorial Leyenda, 1947, pp. 93-104.

—————. *Vocabulario congo: el Bantú que se habla en Cuba.* Miami, Ediciones C.R., Col. del Chicherekú en el exilio, 1984.

—————. "Walo Wila". *From the Green Antilles.* New York, ed. Barbara Howes, MacMillan, 1966, pp. 277-279.

—————. "Y así fue...". *El tiempo.* New York (Página Literaria), 18 de enero, 1970.

—————. *Yemayá y Ochún: Kariocha, Iyalorichas y Olorichas.* Madrid, ediciones C.R., 1974; New York, 2a. ed. Prólogo y bibliografía de Rosario Hiriart. Ediciones C.R., Distribución exclusiva E. Torres, Eastchester, 1980; Miami, Universal, 1996.

LIBROS Y ENSAYOS SOBRE LYDIA CABRERA Y SU OBRA

ABELLA, ROSA. "Breve crono-bio-bibliografía de Lydia Cabrera". *En torno a Lydia Cabrera.* Miami, eds. Isabel Castellanos y Josefina Inclán. Ediciones Universal, Col. Ébano y Canela, 1987, pp. 321-324.

ACOSTA SAIGENS, MIGUEL. "El monte de Lydia Cabrera". *Revista Bimestre Cubana*. La Habana, LXXI, 1956, pp. 286-287.

ALZOLA, CONCEPCIÓN T. "Lexicografía de los *Cuentos negros de Cuba*". *En torno a Lydia Cabrera*. Miami, eds. Isabel Castellanos y Josefina Inclán. Ediciones Universal, Col. Ebano y Canela, 1987, pp. 204-211.

ANHALT, NEDDA G. de. "Lydia Cabrera: La Sikuanekua" (entrevista). *En Rojo y naranja sobre rojo*. México: *Vuelta*, 1991, pp. 35-60. Publicado originalmente en *Vuelta*, México D.F., México. Abril 1987, 11:125, pp. 35-44, 45.

————. "*Cunyaye* para Lydia Cabrera". *América Negra*. n°. 12. Pontificia Universidad Javeriana, Bogotá, Colombia, diciembre 1996, pp. 91-103.

ARCOCHA, JOSÉ ANTONIO. "Vislumbración de Lydia Cabrera". *Alacrán azul*. 1,1, 1970, pp. 6-7.

ARENAS, REINALDO. "Diosa instalada en el centro del poema". *En torno a Lydia Cabrera*. Miami, eds. Isabel Castellanos y Josefina Inclán. Ediciones Universal, Col. Ebano y Canela, 1987, pp. 27-28. Publicado originalmente en *Noticias de Arte*. Mayo, 1982, p. 15.

BALLESTEROS, MANUEL. "Mi imagen de Lydia Cabrera". *En torno a Lydia Cabrera*. Miami, eds. Isabel Castellanos y Josefina Inclán. Ediciones Universal, Col. Ebano y Canela, 1987, pp. 32-34.

BASCOM, WILLIAM. "Oba's Ear: A Yoruba Myth in Cuba and Brazil". *African Folklore in the New World*, ed. Daniel J. Crowley. University of Texas Press, 1977, pp. 3-19.

BEASLEY, KECIA HELENA. *Magic Realism in 'Yemaya y Ochún' (Lydia Cabrera, Cuba)*. Master's thesis, Arizona State University, December, 1995.

BEN-UR, LORRAINE ELENA. "Diálogo con Lydia Cabrera" (entrevista). *Caribe*. 2:2, 1977, pp. 131-137.

CACCHIONE, RICHARD D. "Lydia Cabrera: The Evolution of a Legacy". *En torno a Lydia Cabrera*. Miami, eds. Isabel Castellanos y Josefina Inclán. Ediciones Universal, Col. Ebano y Canela, 1987, pp. 325-335.

CAMPANA, MARIO. "Entre dioses festivos: El mundo afroamericano a través de Lydia Cabrera". *Quimera: Revista de Literatura* 134, Barcelona, España. 1994, pp. 63-67.

CASTELLANOS, ISABEL. "Abre kutu wiri ndinga: Lydia cabrera y las lenguas afrocubanas". *En torno a Lydia Cabrera*. Miami, eds. Isabel Castellanos y Josefina Inclán. Ediciones Universal, Col. Ebano y Canela, 1987, pp. 212-226.

————. "Lydia antes de París". *Linden Lane Magazine*. Vol. XI, n°. 4. Diciembre 1992, pp. 10-13.

————. "Lydia Cabrera: A Pioneer". *Review: Latin American Literature and Arts*. n°. 52. Spring 1996, p. 5.

————. "Otras conversaciones con Lydia Cabrera". *Linden Lane Magazine*. s. p.

————. *The use of language in Afro-American religion*. (tesis doctoral, Georgetown University, Washington, diciembre, 1976).

————. y Josefina Inclán editores. *En torno a Lydia Cabrera* (40 ensayos). Miami, Ediciones Universal, Col. Ebano y Canela, 1987.

CONDE, CARMEN. "A Lydia Cabrera". *En torno a Lydia Cabrera*. Miami, eds. Isabel Castellanos y Josefina Inclán. Ediciones Universal, Col. Ebano y Canela, 1987, pp. 35-36.

220 · MARIELA A. GUTIÉRREZ

"Congreso de Literatura Afro-Americana Homenaje a Lydia Cabrera". *Alma Mater.*
Vol.1, nº. 2. Noviembre, 1976.

CUERVO-HEWITT, JULIA. *Aché, presencia africana: Tradiciones yoruba-lucumí en la narrativa
cubana.* New York, Peter Lang, 1988.

DE ARMAS, JOSÉ R. "Carta no literaria a Lydia Cabrera". *En torno a Lydia Cabrera.* Miami,
eds. Isabel Castellanos y Josefina Inclán. Ediciones Universal, Col. Ebano y
Canela, 1987, pp. 29-31.

DE COSTA-WILLIS, MIRIAM. "Folklore and the Creative Artist: Lydia Cabrera and Zora
Neale Hurston". *College Language Association Journal,* Sept.; 27 (1), 1983, pp. 81-90.

DOPICO-BLACK, GEORGINA. "Exhibitionism and Woman's Voice: Lydia Cabrera's 'El mono perdió el fruto de su trabajo'". *Feministas Unidas.* Vol. 13, nº. 2. Noviembre-
Diciembre 1993.

ECHERRI, VICENTE. "Trinidad de Cuba: el sueño insomne de Lydia Cabrera". *En torno a
Lydia Cabrera.* Miami, eds. Isabel Castellanos y Josefina Inclán. Ediciones
Universal, Col. Ebano y Canela, 1987, pp. 73-79.

ESCARPANTER, JOSÉ A. "La memoria como salvación: *Itinerarios del Insomnio. Trinidad de
Cuba* de Lydia Cabrera". *En torno a Lydia Cabrera.* Miami, eds. Isabel Castellanos y
Josefina Inclán. Ediciones Universal, Col. Ebano y Canela, 1987, pp. 80-87.

ERRO-PERALTA, NORA y CARIDAD SILVa-NÚÑEZ. "Lydia Cabrera", in *Beyond the Border - A
New Age in Latin American Women's Fiction.* Pittsburgh: Cleis Press, 1991, pp. 34-44.

FERNANDEZ MARCANÉ, LEONARDO. "Semblanza de Lydia Cabrera". *En torno a Lydia
Cabrera.* Miami, eds. Isabel Castellanos y Josefina Inclán. Ediciones Universal,
Col. Ebano y Canela, 1987, pp. 37-42.

FIGUEROA, ESPERANZA. "Lydia Cabrera: Cuentos negros de Cuba". *Revista Sur.* Julio-di-
ciembre, 349, 1981, pp. 89-97.

————. "Tres vidas divergentes, Lydia, Enríquez y Carpentier". *En torno a Lydia
Cabrera.* Miami, eds. Isabel Castellanos y Josefina Inclán. Ediciones Universal,
Col. Ebano y Canela, 1987, pp. 278-299.

FLORIT, EUGENIO. "Medio siglo de *Cuentos negros*". *En torno a Lydia Cabrera.* Miami, eds.
Isabel Castellanos y Josefina Inclán. Ediciones Universal, Col. Ebano y Canela,
1987, pp. 43-44.

GARCÍA VEGA, LORENZO. "Entrevistando a Lydia Cabrera". *Escandalar.* v. 4, nº. 4, oct-dic.,
1981, pp. 80-86.

GONZÁLEZ, CELEDONIO. "Lydia Cabrera: una vida eterna". *En torno a Lydia Cabrera.*
Miami, eds. Isabel Castellanos y Josefina Inclán. Ediciones Universal, Col. Ebano
y Canela, 1987, pp. 45-47.

GONZÁLEZ, MANUEL PEDRO. "Cuentos y recuentos de Lydia Cabrera". *Nueva revista cubana.* 1, 2, 1959, pp. 153-161.

GONZÁLEZ-WIPPLER, MIGENE. *Santería: Magia africana en Latinoamérica.* New York, 2a. ed.,
Original Publications, 1990.

GONZÁLEZ, REYNALDO. "El monte nuestro de cada día". *Unión.* (Revista de la UNEAC, La
Habana). Nº. 10, Año III. Abril-Mayo-Junio 1990, pp. 87-90.

GORDO-GUARINOS, FRANCISCO. "El negrismo de Lydia Cabrera visto con perspectiva de

España". *Homenaje a Lydia Cabrera*. Miami, eds. Reinaldo Sánchez y José Antonio Madrigal, Ediciones Universal, Col. Ebano y Canela, 1978, pp. 25-30.

GRANDA, GERMÁN DE. "Un caso más de influencia canaria en Hispanoamérica (Brujería isleña en Cuba) ". *Revista de dialectología y tradiciones populares*. Madrid, XXIX, 1-2, 1973, pp. 155-162. (Referencias acerca de la brujería y la magia en *El monte* de Lydia Cabrera (La Habana, 1954), que indican la importancia de la migración de las prácticas y creencias africanas desde las Islas Canarias hacia Cuba).

GREENFIELD, CHARLES. "Cuba's Matriarch of Letters: Lydia Cabrera". *Nuestro*. Vol. 6, nº. 7. Septiembre 1982, pp. 13-15.

————. "Q & A with Lydia Cabrera". *Nuestro*. Vol. 6, nº. 7 Septiembre 1982, pp. 16-17 y 61-62.

GUTIÉRREZ, MARIELA. *El cosmos de Lydia Cabrera: Dioses, animales y hombres*. Miami, Ediciones Universal, Col. Ebano y Canela, 1991.

————. "El Monte: Cielo e Infierno del hombre afroamericano". *Revista Pasos*. Segunda Epoca, No. 23, San José, Costa Rica, Mayo-Junio, 1989, pp. 11-14.

————. "La armonía cósmica africana en los cuentos de Lydia Cabrera". *Encuentro de la cultura cubana*. Ns. 4-5, Madrid, España, Primavera-Verano 1997, pp. 202-209.

————. "La victoria del discurso semiótico kristevano en 'Ncharriri' de Lydia Cabrera". De muy próxima publicación en *Letras Femeninas*. Lincoln, Nebraska, Invierno 1998.

————. *Los cuentos negros de Lydia Cabrera: un estudio morfológico*. Miami, Ediciones Universal, Col. Ebano y Canela, 1986.

————. "Lydia Cabrera: Autora de cuentos negros", en *Las desobedientes: Mujeres de Nuestra América*, eds. María Mercedes Jaramillo y Betty Osorio, Bogotá, Colombia: Editorial Panamericana, 1997, pp. 254-271.

————. "Rediscovering Lydia Cabrera's El Monte, the Afro-Cuban Forest's Archive". *Diáspora: Journal of Afro-American Studies*, Vol. IV, Number 4, Spring 1995, pp. 158-174.

————. "The Forest: Afro-America's Holy See," in *Conexões*, Vol. 3, nº. 2, African Diaspora Research Project: Afro-Hispanic American Group, Michigan State University, U.S.A., November, 1991, p. 13.

————. "Un gran personaje de Lydia Cabrera". *En torno a Lydia Cabrera*. Miami, eds. Isabel Castellanos y Josefina Inclán, Ediciones Universal, Col. Ebano y Canela, 1987, pp. 88-94.

GUZMÁN, CRISTINA. "Diálogo con Lydia Cabrera" (entrevista). *Zona franca*, Caracas, Venezuela, nº. 24, 1981, pp. 34-38.

HASSON, LILIANE. "Lydia Cabrera en los Estados Unidos". *En torno a Lydia Cabrera*. Miami, eds. Isabel Castellanos y Josefina Inclán. Ediciones Universal, Col. Ebano y Canela, 1987, pp. 95-104.

HERNÁNDEZ MIYARES, JULIO. "Lydia Cabrera: Presencia y significación en las letras cubanas". *Revista de Cultura*, Círculo, Verona, NJ. 1989, 18, pp.129-132.

HERNÁNDEZ TRAVIESO, ANTONIO. "Lydia Cabrera: Su originalidad y estilo". *En torno a Lydia Cabrera*. Miami, eds. Isabel Castellanos y Josefina Inclán. Ediciones Universal, Col. Ebano y Canela, 1987, pp. 121-123.

HIRIART, ROSARIO. "Algunos apuntes sobre Cuentos negros". *Vida Universitaria*. México, junio 1976, XXV, nº. 1298, pp. 5-16.

————. *Cartas a Lydia Cabrera (Correspondencia inédita de Gabriela Mistral y Teresa de la Parra)*. Madrid: Ediciones Torremozas, 1988.

————. "El tiempo y los símbolos en *Cuentos negros de Cuba*" *Homenaje a Lydia Cabrera*. Miami, eds. Reinaldo Sánchez y José Antonio Madrigal, Miami, Ediciones Universal, Col. Ebano y Canela, 1978, pp. 31-34.

————. "En torno al mundo negro de Lydia Cabrera". *Cuadernos hispanoamericanos*. nº. 359, 1980, pp. 433-440.

————. "La experiencia viva en la ficción: Lydia Cabrera e Hilda Perera". *Círculo*. 8, 1979, pp. 125-131.

————. "Lydia Cabrera and the World of Cuba's Blacks". Traducción al inglés de "En torno al mundo negro de Lydia Cabrera". Washington: *Américas*. 32, 3, 1980, pp. 40-42.

————. "Lydia Cabrera, amistad y testimonio". *Linden Lane Magazine*. Vol. XI, No.4. Diciembre, 1992. s. p.

————. "Lydia Cabrera: Perfil Literario". *Círculo*, Verona N. J., 1989, 18, pp. 133-139.

————. "Lydia Cabrera: vida hecha amor y arte". *En torno a Lydia Cabrera*. Miami, eds. Isabel Castellanos y Josefina Inclán. Ediciones Universal, Col. Ebano y Canela, 1987, pp. 48-52.

————. *Lydia Cabrera: vida hecha arte*. New York, Eliseo Torres & Sons, 1978; Miami, Ediciones Universal, 1983.

————. *Más cerca de Teresa de la Parra*. Caracas: Monte Avila Editores, 1980.

IDUARTE, ANDRÉS. "Lydia Cabrera, *Cuentos negros de Cuba*". *Revista Hispánica Moderna*. New York, vol. III, nº. 3-4.

INCLÁN, JOSEFINA. *Ayapá y otras otán iyebiyé de Lydia Cabrera*. Miami, Ediciones Universal, Col. Polymita, 1976.

————. *En torno a "Itinerarios del Insomnio: Trinidad de Cuba" de Lydia Cabrera*. Miami, Peninsular Printing, Inc., 1978.

————. *Lydia Cabrera: Creación y Poesía*. Miami, Peninsular Printing, Inc., 1981.

————. "Tres criollas ejemplares". *En torno a Lydia Cabrera*. Miami, eds. Isabel Castellanos y Josefina Inclán. Ediciones Universal, Col. Ebano y Canela, 1987, pp. 105-120.

————. "Una polifacética y transformista historia de Lydia Cabrera". *Círculo*, Verona, N.J., 1993, pp. 38-44.

IRIZARRY, ESTELLE. "Lector y destinatario en dos libros de Lydia Cabrera". *En torno a Lydia Cabrera*. Miami, eds. Isabel Castellanos y Josefina Inclán. Ediciones Universal, Col. Ebano y Canela, 1987, pp. 124-134.

————. "Lydia Cabrera, fabuladora surrealista", *The contemporary Latin American short story*, New York, eds. Rose S. Minc, B. Fleischman- Wolfgang & N. Fulton, Senda Nueva, 1979, pp. 105-111.

————. "Review of *Lydia Cabrera: vida hecha arte* by Rosario Hiriart". Nivel. nº. 195, 31 de marzo, 1979, pp. 105-111.

JEHENSON, MYRIAM YVONNE. *Latin American Women Writers: Class, Race and Gender.* Albany: Suny Press, pp. 119-124.

JIMÉNEZ, JULIO. "Review of *Lo ancestral africano en la narrativa de Lydia Cabrera* de Rosa Valdés-Cruz". *Hispania.* V. 59, nº. 1, marzo, 1976, p. 181.

JIMÉNEZ, ONILDA A. (ed.) "Dos cartas inéditas de Gabriela Mistral a Lydia Cabrera". *Hispamérica,* Gaithersburg, MD, 1983, Apr.-Aug., 12:34-35, pp. 97-103; *Revista Iberoamericana,* Pittsburgh, PA., Oct.-Dic.1987, 53:141, pp. 1001-1011.

JOSEPHS, ALLEN. "Lydia and Federico: Towards a Historical Approach to Lorca Studies". *Journal of Spanish Studies: Twentieth century.* 6, 1978, pp. 123-130.

LABRADOR RUIZ, ENRIQUE. "Calidad del destierro". *En torno a Lydia Cabrera.* Miami, eds. Isabel Castellanos y Josefina Inclán. Ediciones Universal, Col. Ebano y Canela, 1987, p. 53.

LAMA, SONIA DE. "Review of *Homenaje a Lydia Cabrera*". *Hispania,* v. 63, nº. 1, marzo, 1980, p. 159.

LEÓN, ARGELIERS. "*El monte* de Lydia Cabrera". *Nuestro Tiempo.* 2, 7, 1955, pp. 15-16.

LEÓN, JULIO. "El tema afrocubano de Lydia Cabrera". Payne College, Raleigh, N.C., 1975 (Conferencia).

LEÓN, RENÉ. *Bibliografía sobre Lydia Cabrera* (ms.), noviembre, 1977. 11 pp.

LEVINE, SUZANNE JILL. "A Conversation with Lydia Cabrera" (entrevista), *Review: Latin American Literature and Arts.* Jan.-Apr., 31, 1982, pp. 13-15.

LEZAMA LIMA, JOSÉ. "El nombre de Lydia Cabrera". *Tratados de La Habana.* Universidad Central de las Villas, Departamento de Relaciones Culturales, 1958, pp. 144-148.

LINDEN LANE MAGAZINE. Edición *Homenaje a Lydia Cabrera y Enrique Labrador Ruiz.* Vol. XI, No.4. Diciembre 1992.

LORET DE MOLA, FLORINDA ALZAGA. "Lydia Cabrera: una anécdota desconocida". *En torno a Lydia Cabrera.* Miami, eds. Isabel Castellanos y Josefina Inclán. Ediciones Universal, Col. Ebano y Canela, 1987, pp. 25-26.

MADERA, MARGOT. "The Legendary Lydia Cabrera". *Latino Stuff Review.* nº. 6, 1991, s.p.

MADRIGAL, JOSÉ ANTONIO. "El mito paradisíaco y la poesía afrocubana contemporánea". *Homenaje a Lydia Cabrera. Miami,* eds. Reinaldo Sánchez y José Antonio Madrigal, Ediciones Universal, Col. Ebano y Canela, 1978, pp. 35-39.

MARKS, MORTON. "Exploring *El Monte.* Ethnobotany and the Afro-Cuban Science of the Concrete". *En torno a Lydia Cabrera.* Miami, eds. Isabel Castellanos y Josefina Inclán. Ediciones Universal, Col. Ebano y Canela, 1987, pp. 227-245.

MATIBAG, EUGENIO. *Afro-Cuban Religious Experience: Cultural Reflections in Narrative.* Gainesville, University Press of Florida, 1996.

MENDICUTTI, EDUARDO. "*Ayapá: Cuentos de Jicotea*". Estafeta Literaria. nº. 496, julio, Madrid, 1972.

MIOMANDRE, FRANCIS DE. "Introducción". *Contes nègres de Cuba* de Lydia Cabrera. Paris, Gallimard, 1936, pp. 9-15.

―――――. "Sobre *El Monte,* de Lydia Cabrera". *Orígenes.* n.º 39, 1955, pp. 75-78.

MONTERO, SUSANA A. "La narrativa femenina cubana (1923-1958)", *Cuadernos hispanoamericanos.* no. 544, octubre, 1995, pp. 19-42.

MONTES HUIDOBRO, MATIAS. "Itinerario del ebó". *Círculo*. 8, 1979, pp. 105-114; y en *Studies in Afro-Hispanic Literature* 2-3 (1978-1979), pp. 1-13.

————. "Lydia Cabrera: observaciones estructurales sobre su narrativa". *Homenaje a Lydia cabrera*. Miami, eds. Reinaldo Sánchez y José Antonio Madrigal, Ediciones Universal, Col. Ebano y Canela, 1978, pp. 41-50.

MORGADO, MARCIA. "Lydia Cabrera, la poesía del Monte". *Proyecto*. Año XII, nos. 11 y 12. 1986.

MURIEDAS, MERCEDES. *Años de Ofún*. Miami: Ediciones Universal, 1993.

————. "Lydia Cabrera: su espacio y su tiempo". *En torno a Lydia Cabrera*. Miami, eds. Isabel Castellanos y Josefina Inclán. Ediciones Universal, Col. Ebano y Canela, 1987, pp. 54-57.

MURPHY, JOSEPH M. "Lydia Cabrera and *La regla de Ocha* in the United States". *En torno a Lydia Cabrera*. Miami, eds. Isabel Castellanos y Josefina Inclán. Ediciones Universal, Col. Ebano y Canela, 1987, pp. 246-254.

————. *Santería: An African Religion in America*. Boston, Beacon Press, 1988.

NOULET, EDMOND. "Lydia Cabrera". *La Nouvelle Revue Française*, mai, 1936, p. 798.

NOVÁS CALVO, LINO. *"El Monte"*. *Papeles de Son Armadans*. Palma de Mallorca, n.º 150, septiembre 1968, pp. 298-304.

————. "Los cuentos de Lydia Cabrera". *Exilio*. New York, 3, 2, 1969, pp. 17-20.

NÚÑEZ, ANA ROSA. "Perfil de Lydia Cabrera". *En torno a Lydia Cabrera*. Miami, eds. Isabel Castellanos y Josefina Inclán. Ediciones Universal, Col. Ebano y Canela, 1987, pp. 21-22.

OCHANDO AYMERICH, CARMEN. "Antropoesía cubana: Lydia Cabrera". Catálogo de Sombras: Treinta Escritoras del Siglo XX en Lengua Castellana. *Revista Quimera*, n.º. 123. Barcelona, 1994, pp. 8-9.

ORTIZ, FERNANDO. "Dos nuevos libros del folklore afrocubano". *Revista Bimestre Cubana*. 42, 1938, pp. 307-319.

————. "Lydia Cabrera, una cubana afroamericanista". *Crónica*. La Habana, 1, 3, marzo, 1949, pp. 7-8.

————. "Prólogo". *Cuentos negros de Cuba* de Lydia Cabrera. Nuevo Mundo, 1961, pp. 9-12.

ORTIZ APONTE, SALLY. *"La virtud del árbol Dagame*, de Lydia Cabrera". *La esoteria en la narrativa hispanoamericana*. Puerto Rico, Editorial Universitaria, 1977, pp. 231-238.

PERERA, HILDA. "El aché de Lydia Cabrera". *Homenaje a Lydia cabrera*. Miami, eds. Reinaldo Sánchez y José Antonio Madrigal, Ediciones Universal, Col. Ebano y Canela, 1978, pp. 51-59.

————. *Idapó, el sincretismo en los cuentos negros de Lydia Cabrera*. Miami, Ediciones Universal, 1971.

————. "La Habana intacta de Lydia Cabrera". *Círculo*. Verona, N.J. 1984, 13, pp. 33-38; *En torno a Lydia Cabrera*, Miami, eds. Isabel Castellanos y Josefina Inclán. Ediciones Universal, Col. Ebano y Canela, 1987, pp. 58-64.

PICÓN GARFIELD, EVELYN. "Lydia Cabrera", in *Women's Fiction from Latin America: Selections from Twelve Contemporary Authors*. Detroit: Wayne State University Press, 1988, pp 15-27.

PITA, JUANA ROSA. "*Cuentos para adultos, niños y retrasados mentales* de Lydia Cabrera". *Vuelta*, V. 8, n.º 86, enero 1984, pp. 35-36.

PORTELL VILÁ, HERMINIO. "Los estudios africanistas en Cuba". *En torno a Lydia Cabrera*. Miami, eds. Isabel Castellanos y Josefina Inclán. Ediciones Universal, Col. Ebano y Canela, 1987, pp. 313-317.

R.B. "Los negros en Cuba". *Indice de artes y letras*. n.º 127, 24, 1959, Cabrera inter alios.

RESPALL FINA, RAIMUNDO. Prólogo a la segunda edición pirata de *El Monte*, de Ana María Muñoz Bachs. La Habana: Editorial Letras Cubanas, 1993, pp. 5-11.

REXACH, ROSARIO. "Lydia Cabrera, persona". *En torno a Lydia Cabrera*. Miami, eds. Isabel Castellanos y Josefina Inclán. Ediciones Universal, Col. Ebano y Canela, 1987, pp. 65-67.

RODRÍGUEZ-FLORIDO, JORGE. "La función del doble en los *Cuentos negros y Por qué...*". *Homenaje a Lydia Cabrera*. Miami, eds. Reinaldo Sánchez y José Antonio Madrigal, Ediciones Universal, Col. Ebano y Canela, 1978, pp. 61-71.

RODRÍGUEZ TOMEU, JULIA. "*Cuentos negros de Cuba*". *Cuadernos Americanos*. México, VII, 2, 1949, pp. 279-281.

ROMEU, RAQUEL. "Dios, animal, hombre o mujer: Jicotea, un personaje de Lydia Cabrera" *Letras Femeninas*, Lincoln, NE, Spring-Fall 1989, 15:1-2, pp. 29-36.

————. "Lo cubano en el sincretismo de Lydia Cabrera". *Mujer y sociedad en América: VI Simposio Internacional*, Northridge: California State University, 1988. Westminster, CA, ed. Juana Alcira Arancibia, Instituto Literario y Cultural Hispánico, 1990, pp. 133-141.

RUIZ DEL VIZO, HORTENSIA. "Algunos aspectos del universo religioso y mental del negro en dos colecciones de cuentos de Lydia cabrera". *En torno a Lydia Cabrera*. Miami, eds. Isabel Castellanos y Josefina Inclán. Ediciones Universal, Col. Ebano y Canela, 1987, pp. 135-142.

————. "La función del monte en la obra de Lydia Cabrera". *Homenaje a Lydia Cabrera*. Miami, eds. Reinaldo Sánchez y José Antonio Madrigal, Ediciones Universal, Col. Ebano y Canela, 1978, pp. 73-82.

SÁNCHEZ-BOUDY, JOSÉ. "Algunos aspectos de *Cuentos negros* de Lydia Cabrera: realismo mágico y lo mítico". *En torno a Lydia Cabrera*. Miami, eds. Isabel Castellanos y Josefina Inclán. Ediciones Universal, Col. Ebano y Canela, 1987, pp. 155-160.

————. "La armonía universal en la obra de Lydia Cabrera". *Homenaje a Lydia Cabrera*. Miami, eds. Reinaldo Sánchez y José Antonio Madrigal, Ediciones Universal, Col. Ebano y Canela, 1978, pp. 83-92.

————. "Review of *Lo ancestral africano en la narrativa de Lydia Cabrera* by Rosa Valdéz-Cruz". *Explicación de textos literarios*. v. 5, nº 1, 1976, p. 112.

SÁNCHEZ, REINALDO. "A los cincuenta años de *Cuentos negros de Cuba*". *En torno a Lydia Cabrera*. Miami, eds. Isabel Castellanos y Josefina Inclán. Ediciones Universal, Col. Ebano y Canela, 1987, pp. 143-154.

————. y J. A. Madrigal, R. Viera, J. Sánchez-Boudy (editores). *Homenaje a Lydia Cabrera* (34 ensayos). Miami, Ediciones Universal, Col. Ebano y Canela, 1978.

SIMO, ANA MARIA. *Lydia Cabrera: An Intimate Portrait*. INTAR Latin American Gallery. New York City, 1984.

SOSA RODRÍGUEZ, ENRIQUE. *Los ñáñigos*. La Habana: Ediciones Casa de las Américas, 1982.

―――――. Prólogo a la primera edición pirata de *El Monte*. La Habana: Editorial Letras Cubanas, 1989, pp. 7-13.

SOTO, SARA. *Magia e historia en los "Cuentos negros", "Por qué", y "Ayapá", de Lydia Cabrera*. Miami, Ediciones Universal, Col. Ebano y Canela, 1988 (DAI 46:12. Ann Arbor, MI. Junio 1986).

SZWED, JOHN F. AND ROGER D. ABRAHAMS. "After the Myth: Studying Afro American Cultural Patterns in the Plantation Literature". *African Folklore in the New World*, ed. Daniel J. Crowley. University of Texas Press, 1977, pp. 65-86.

TORRE, GUILLERMO DE. "Literatura de color". *Revista Bimestre Cubana*, 38, 1936, pp. 5-11, Lydia Cabrera. Inter alios.

VALDÉZ-CRUZ, ROSA. "African Heritage in Folktales". *Actes du VIIe. Congrès de l'Association Internatinale de Literature Comparèe*. Bieber, Stuttgart, 1979, pp. 327-330.

―――――. "El mundo del folklore en Lydia Cabrera: su técnica narrativa". *En torno a Lydia Cabrera*. Miami, eds. Isabel Castellanos y Josefina Inclán. Ediciones Universal, Col. Ebano y Canela, 1987, pp. 161-173.

―――――. "El realismo mágico en los *Cuentos negros* de Lydia Cabrera". *Otros mundos otros fuegos: fantasía y realismo mágico en Iberoamérica*. East Lansing, Michigan, Instituto Internacional de Literatura Iberoamericana, Michigan State University, Latin American Studies Centre, 1975, pp. 206-209.

―――――. *Lo ancestral africano en la narrativa de Lydia Cabrera*. Barcelona, Editorial Vosgos, 1974.

―――――. "Los cuentos de Lydia Cabrera: ¿transposiciones o creaciones?". *Homenaje a Lydia Cabrera*. Miami, eds. Reinaldo Sánchez y José Antonio Madrigal, Ediciones Universal, Col. Ebano y Canela, 1978, pp. 93-99.

―――――. "Mitos africanos conservados en Cuba y su tratamiento literario por Lydia Cabrera". *Chasqui*, 3, 1, 1973, pp. 31-36.

―――――. "The Short Stories of Lydia Cabrera: Transpositions or Creations?". Traducción al inglés de "Los cuentos de Lydia Cabrera: ¿transposiciones o creaciones?". *Latin American Women Writers: Yesterday and Today*. Pittsburg, Latin American Literary Review, 1977, pp. 148-154.

VERGER, PIERRE FATUMBI. *Cuba: 196 photos de Pierre Verger*. Prefacio y notas de Lydia Cabrera. París, P. Hartmann, 1958.

―――――. "Lydia Cabrera A Quasi Iyaloricha". *En torno a Lydia Cabrera*. Miami, eds. Isabel Castellanos y Josefina Inclán. Ediciones Universal, Col. Ebano y Canela, 1987, pp. 68-70.

VIERA, RICARDO. "Arte visual en la palabra de Lydia Cabrera". *Homenaje a Lydia Cabrera*. Miami, eds. Reinaldo Sánchez y José Antonio Madrigal, Ediciones Universal, Col. Ebano y Canela, 1978, pp. 101-108.

WEIS, JASSON. "Story of a Friendship: Teresa de la Parra and Lydia Cabrera in Europe". *Linden Lane Magazine*, Vol. XVI, n⁰. 1, Primavera, Marzo 1977, pp. 6-9.

ZALDÍVAR, GLADYS "La fabulación poética de los *Cuentos negros de Cuba*". *En torno a Lydia*

Cabrera. Miami, eds. Isabel Castellanos y Josefina Inclán. Ediciones Universal, Col. Ebano y Canela, 1987, pp. 174-189.

——. *Lydia Cabrera: de mitos y contemporáneos.* Miami: Publicaciones de la Asociación de Hispanistas de las Américas, Primavera-Verano, 1986.

ZAMBRANO, MARÍA. "Lydia cabrera, poeta de la metamorfosis". *Orígenes.* La Habana, VII, n.º 25, 1950, pp. 11-15.

ZIELINA, MARÍA DEL CARMEN. "Lydia Cabrera", en *La africanía en el cuento cubano y puertorriqueño* (Gerardo del Valle, Lydia Cabrera, José Luis González, Antonio Benítez Rojo, Carmelo Rodríguez Torres y Ana Lydia Vega).Ediciones Universal, Col. Ebano y Canela, 1992, pp. 56-72. (DAI, Ann Arbor, MI, April 1992).

ARTÍCULOS PERIODÍSTICOS SOBRE LYDIA CABRERA

ABREU, JUAN. "Lydia Cabrera, La Isla". *Noticias de Arte.* Mayo 1982, p. 20.

——. "Lydia Cabrera, magia y obstinación". *Diario Las Américas.* Enero 13, 1990, pp. 5A y 13A.

ALFARO, MARÍA. "Novela". *El Sol.* Madrid, 14 de marzo, 1936, s.p.

ALVAREZ BRAVO, ARMANDO. "Con Lydia Cabrera. Palabras de magia y sabiduría". *El Nuevo Herald.* Marzo 6, 1988, pp. 1C y 5C.

——. "Cuba roba 'El Monte' a Lydia Cabrera". *El Nuevo Herald.* Mayo 13, 1990, p. 40.

——. "El espíritu popular de lo cubano en Lydia Cabrera". *El Nuevo Herald.* Agosto 1, 1993, p. 5E.

——. "El mundo de Lydia Cabrera". *El Nuevo Herald.* Septiembre 29, 1991, p. 4D.

——. "Los eternos 'Cuentos Negros de Cuba'". *El Nuevo Herald.* Marzo 4, 1990, p. 6D.

——. "Lydia Cabrera nos dejó a los 92 años". *El Nuevo Herald.* Septiembre 21, 1991, pp. 1A, 4A.

——. "Lydia Cabrera: retrato a los noventa". *El Nuevo Herald.* Mayo 21, 1989, p. 4D.

——. "Páginas para iluminar a Lydia Cabrera". *El Nuevo Herald.* Octubre 30, 1994, p. 4E.

ALZOLA, CONCEPCIÓN T. "Sin tierra prometida". *Diario Las Américas.* Septiembre 25, 1991, p. 5A.

ANHALT, NEDDA G. de. "Cartas a Lydia Cabrera, de Rosario Hiriart". *Sábado. Uno más Uno.* México. Julio 1, 1989, pp. 1-3.

——. "Lydia Cabrera: La estrella solitaria". *Sábado. Uno más Uno.* México. Octubre 26, 1988, pp. 1, 3-4.

ARROYO, ANITA. "Las aguas mágicas". *Diario Las Américas.* Noviembre 12, 1993, pp. 4A y 13A.

——. "Lydia Cabrera: 'El Monte'". *Diario Las Américas.* Octubre 15, 1991, p. 4A.

BAQUERO, GASTÓN. "Carta para Lydia Cabrera". *Noticias de Arte.* Mayo de 1982, pp. 5 y 6.

——. "Lydia Cabrera en Madrid". *Pueblo.* Madrid, 1971. s.p.

BEN-UR, LORRAINE ELENA. "Los cuentos de Lydia Cabrera". *Carteles*. La Habana, 28, 41, 1936, p. 40.

BRAGADO, REINALDO. "La fuente de identidad afrocubana". *Exito*, Abril 22, 1992. pp. 38-39.

CARNEIRO, LEVÍ. "El movimiento afrocubano enjuiciado en el Brazil". *El Nuevo Mundo*. La Habana, marzo 30, 1941, s.p.

CARPENTIER, ALEJO. "Los *Cuentos Negros* de Lydia Cabrera". Revista *Carteles*. La Habana, 28.41, 1936, p. 40.

CASANOVA, JUAN MANUEL. "El monte mágico de Lydia Cabrera". Revista *Exito*. Abril 22, 1992, p. 38.

CASTELLANOS, ISABEL. "¡Pobre Lydia Cabrera!". *Diario Las Américas.* Julio 17, 1992, p. 5A.

CLAVIJO, UVA. "Réquiem por una era". *Diario Las Américas*. Septiembre 26, 1991, p. 5A.

CONDE, CARMEN. "Lydia Cabrera y sus admirables insomnios". *Diario Las Américas*. Agosto 2, 1978, p. 5.

CONNOR, OLGA. "El otro rostro de Lydia Cabrera". *El Nuevo Herald*. Septiembre 22, 1991, pp. 1D y 6D.

COSTA, OCTAVIO R. "La singular posición histórica de Lydia Cabrera". *Diario Las Américas*. Octubre 2, 1991, p. 5A.

————. "Los noventa mágicos años de Lydia Cabrera". *Diario Las Américas*. Junio 1, 1990, p. 5A.

CRUCET, VIVIAN. "Honran a Lydia Cabrera en su cumpleaños", *Diario Las Américas.* Junio 3, 1984, p. 3B.

ECHERRI, VICENTE. "El inquebrantable patriotismo de Lydia Cabrera". *El Nuevo Herald.* Septiembre 26, 1991, p. 11A.

ESQUIROZ ARELLANO, LUISA. "Jicotea en el Viscaya: Un homenaje a Lydia Cabrera". *El Nuevo Herald.* Marzo 31, 1987, p. 8.

ESTÉNGER, RAFAEL. "Chascarrillos negros". *Diario Las Américas*. Septiembre 25, 1976, p. 5.

————. "La obra admirable de Lydia Cabrera". *Diario Las Américas.* Junio 29, 1974, p. 5.

FERNÁNDEZ ARRONDO, E. "Cuentos negros de Cuba". *Diario de la Marina.* La Habana 1940, s.p.

FERNÁNDEZ, ENRIQUE. "Saint Bad Girl" (foto de Mario Algaze). Revista *Exito*. Octubre 30, 1996, p. 74.

FERNÁNDEZ, WIFREDO. "*Anaforuana:* un libro de Lydia Cabrera". *El Miami Herald.* Agosto 1, 1976, p. 11.

————. "El último libro de Lydia Cabrera". *Diario Las Américas.* Marzo 22, 1970, p. 7.

————. "Puntos de vista". *Réplica.* Marzo 30, 1970, p. 16.

FIGUEROA, ESPERANZA. "Lydia Cabrera". *Noticias de Arte.* Mayo, 1982, p. 23.

FLORIT, EUGENIO. "Merecido homenaje". *Noticias de Arte.* Mayo, 1982, p. 14.

FRANKLIN, RONALD. "El viaje a Lydia Cabrera". *Palabras al Aire, ht 84.* Estocolmo, Suecia, 1984.

GALLARDO, JORGE EMILIO. "Descubrir a Cuba en París". *La Nación* (suplemento de literatura). Buenos Aires, Junio 12, 1988, p. 2.

GARCÍA CISNEROS, FLORENCIO. "Lydia Cabrera y la plástica cubana". *Noticias de Arte.* Mayo, 1982, p. 19.

GASH, JOSÉ. "Lydia Cabrera en el Centro Cubano". *Diario Las Américas.* Noviembre 18, 1973, p. 5.

—————. "Tres libros de escritoras cubanas". *Diario Las Américas.* Abril 4, 1974, p. 5.

GONZÁLEZ, CELEDONIO. "La alfombra mágica de Lydia Cabrera". *Diario Las Américas.* Julio 6, 1983, p. 5.

—————. "Otán Iyebiyé". *Diario Las Américas.* Octubre 2, 1991, p. 5A.

GREENFIELD, CHARLES. "Lydia Cabrera: Cuentos de Jicotea y otras maravillas". *Miami Mensual.* No. 10, Octubre 1981, pp. 82, 84.

GUTIÉRREZ, JOEL. "Funeral de figura de las letras cubanas". *El Nuevo Herald.* Septiembre 22, 1991, pp. 1B y 3B.

HIRIART, ROSARIO. "Ibeyi Aña en el guiñol". *El mundo.* Marzo 16, 1969, s.p.

—————. "Lydia Cabrera: Cronología, vida y obras". *Noticias de Arte.* Mayo 1982, pp. 26-30.

INCLÁN, JOSEFINA. "Bodas de oro en la cultura cubana". *Diario Las Américas.* Marzo 15, 1986, p. 5.

—————. "Francisco y Francisca". *Diario Las Américas.* Septiembre 25, 1976, p. 5.

—————. "Las piedras preciosas de Lydia Cabrera". *Diario Las Américas.* Abril 3, 1970, p. 5.

—————. "Lydia". *Noticias de Arte.* Nueva York. Mayo 1982, p. 21.

—————. "Piedras mágicas". *Diario Las Américas.* Abril 19, 1977, p. 5.

—————. "Un homenaje a Lydia Cabrera". *Diario Las Américas.* Abril 9, 1976, p. 5.

—————. "Un nuevo libro de Lydia Cabrera". *Diario Las Américas.* Febrero 17, 1974, p. 5.

—————. "Y volvemos al nuevo libro de Lydia Cabrera". *Diario Las Américas.* Febrero 20, 1974, p. 5.

LABRADOr RUIZ, ENRIQUE. "Lydia Cabrera". *Noticias de Arte.* Mayo, 1982, p. 4.

LEVINE, SUZANNE JILL. "Meeting Lydia Cabrera". *Noticias de Arte.* Mayo 1982, p. 22.

MARÍN, CÉSAR. "Entrevista con Lydia Cabrera". *El Diario-La Prensa.* Nueva York, Julio 13, 1990, p. 5.

MÁRQUEZ, ENRIQUE. "Ayapá". *Diario Las Américas.* Marzo 24, 1972, p. 8B.

MURIEDA3, MERCEDFS. "Negros y ñáñigos". *Bohemia.* Julio 13, 1969, s.p.

NIURKA, NORMA. "Los bellos recuerdos de una intensa vida". Suplemento Galería, *El Miami Herald.* Junio 25, 1978, p. 11.

NOTICIAS DE ARTE, Nueva York, número especial. *Homenaje a Lydia Cabrera.* Mayo 1982.

PALENZUELA, FERNANDO. "Lydia Cabrera, un castillo de negritud". *El Crisol.* Febrero 6, 1971, s.p.

PERERA, HILDA. "Recordando a Teresa de la Parra con Lydia Cabrera". *Romances.* IV, 1967, pp. 64-98.

PRADO, PURA DEL. "Lydia Cabrera y Ayapá, la jicotea". *Diario Las Américas.* Octubre 17, 1971, p. 3.

REMOS, ARIEL. "Ciclo sobre culturas africanas de Cuba". *Diario Las Américas.* Junio 10, 1978, p. 5B.

—————. "Murió Lydia Cabrera". *Diario Las Américas.* Septiembre 21, 1991, p. 2A.

REXACH, ROSARIO. "En Recuerdo de Lydia Cabrera". *Diario Las Américas*. Octubre 4, 1991, p.5A.

RODRÍGUEZ ICHASO, MARI. "Espiritismo, Hechicería y Santería por Lydia Cabrera". *Vanidades Continental*. 1974, s.p.

RUIZ DEL VIZO, Hortensia. "Francisco y Francisca". *Diario Las Américas*. Octubre 30, 1976, p. 5.

SÁNCHEZ-BOUDY, JOSÉ. "Hablan Francisco y Francisca en la Quinta San José". *Diario Las Américas*. Octubre 21, 1976, p. 5.

SANTOS, DÁMASO. "Nuevo encuentro con Lydia Cabrera". *Línea*. Murcia, 12 de octubre, 1975, s.p.

VALERO, ROBERTO. "Lydia Cabrera ha muerto". *Diario Las Américas*. Octubre 13, 1991, p. 4A.

VEGA CEBALLOS, VÍCTOR. "En memoria de nuestra genial amiga Lydia Cabrera: cubana excepcional". *Diario Las Américas*. Octubre 27, 1991, p.5A.

VILLAVERDE, FERNANDO. "Antología reune a cubanos de aquí y de allá". Suplemento Galería, *El Miami Herald*. Mayo 11, 1986, p. 14.

—————. "Sobre, para y de Lydia Cabrera". *El Miami Herald*. Junio 6, 1982, p. 13.

VIETTI, LILIA. "Lydia Cabrera y el mundo afrocubano". *La Voz del Interior*. Argentina, Agosto 27, 1989, p. 4C.

ZAMBRANO, MARÍA. "El estilo en Cuba: La Quinta San José", *Bohemia*, Julio 20, 1952, s.p.

OBRAS CITADAS Y DE CONSULTA

INTRODUCCIÓN

CABRERA, LYDIA. *El Monte: Igbo Finda Ewe Orisha Vititi Nfinda.* Miami, Florida, Colección del Chicherekú. Ediciones Universal, 1992.

CIRLOT, JUAN EDUARDO. *Diccionario de símbolos,* Barcelona, Editorial Labor S.A., 1981.

HIRIART, ROSARIO. *Lydia Cabrera: vida hecha arte.* New York, Eliseo Torres & Sons, 1978; Miami, Ediciones Universal, 1983.

PARTE I:
SIMBOLISMO Y MITOLOGÍA DE BASES AFRICANAS

1
TODOS LOS CAMINOS NOS LLEVAN AL MONTE

EL PASADO AFRICANO Y SUS DIOSES

ADESANYA, ADEBAYO. "Yoruba Methaphysical Thinking". *Odú.* Idaban, V, 1958, pp. 36-41.

ALÚM, R.A., R.A. Núñez Cedeño, and R. Nodal. "The Afro-Hispanic Abakuá: a Study of Linguistic Pidginization". *Orbis.* 31. 1-2, 1985, pp. 262-284.

CABRERA, LYDIA. *El Monte: Igbo Finda Ewe Orisha Vititi Nfinda.* Miami, Florida, Colección del Chicherekú. Ediciones Universal, 1992.

—————. *La sociedad secreta Abakuá, narrada por viejos adeptos.* Miami, Ediciones C.R., Colección del Chicherekú en el exilio, 1970.

CROS SANDOVAL, MERCEDES. *La religión afrocubana.* Madrid, Editorial Playor, S.A., 1975.

GUTIÉRREZ, MARIELA. *El cosmos de Lydia Cabrera: Dioses, animales y hombres.* Miami, Ediciones Universal, Colección Ebano y Canela, 1991.

—————. *Los cuentos negros de Lydia Cabrera: Un estudio morfológico.* Miami, Ediciones Universal, Colección Ebano y Canela, 1986.

JAHN, JANHEINZ. *Las culturas neoafricanas.* México, Editorial Fondo de Cultura Económica, 1978.

231

NÚÑEZ CEDEÑO, RAFAEL A. "The Abakuá Secret Society in Cuba: Language and Culture". *Hispania*. Marzo, 1988, pp. 148-154.

SOSA RODRÍGUEZ, ENRIQUE. *Los ñáñigos*. Cuba: Ediciones Casa de las Américas, 1982.

SIMMONS, D. *The diary of Antera Duke. Efik Traders of Old Calabar*. ed. Darryl Forde, London, Oxford University Press, 1956.

2
LA TEMÁTICA DE LAS AGUAS

EL IDIOMA SIMBÓLICO DE LAS AGUAS
EN LA CUENTÍSTICA DE LYDIA CABRERA

CABRERA LYDIA. *Anagó: vocabulario lucumí* (El yoruba que se habla en Cuba). Prólogo de Roger Bastide. Miami, Ediciones Universal, 1986.

—————. *Ayapá: cuentos de Jicotea*. Miami, Ediciones Universal, 1971.

—————. *Cuentos negros de Cuba*. Prólogo de Fernando Ortiz. Madrid, Ediciones C.R., Col. del Chicherekú en el exilio, 1972.

—————. *Cuentos para adultos, niños y retrasados mentales*. Miami, Ultra Graphic Corp., Col. del Chicherekú en el exilio, 1983.

—————. *El Monte: Igbo Finda Ewe Orisha Vititi Nfinda*. Miami, Florida, Colección del Chicherekú. Ediciones Universal, 1992.

—————. *La lengua sagrada de los ñáñigos*. Miami, Ediciones Universal 1988.

—————. *¿Por qué? Cuentos negros de Cuba*. Madrid, Ediciones C.R., Col. del Chicherekú en el exilio, 1972.

—————. *Yemayá y Ochún: Kariocha, Iyalorichas y Olorichas*. New York, 2a. ed. Prólogo y bibliografía de Rosario Hiriart. Ediciones C.R., Distribución exclusiva E. Torres, Eastchester, 1980.

CIRLOT, JUAN EDUARDO. *Diccionario de símbolos*. Barcelona, Ed. Labor S. A., 1981.

COOPER, J. C. *An Illustrated Encyclopedia of Traditional Symbols*. London, Thames & Hudson Ltd., 1978.

CROS SANDOVAL, MERCEDES. *La religión afrocubana*. Madrid, Editorial Playor, S.A., 1975.

GUTIÉRREZ, MARIELA. *El cosmos de Lydia Cabrera: Dioses, animales y hombres*. Miami, Ediciones Universal, Colección Ebano y Canela, 1991.

—————. *Los cuentos negros de Lydia Cabrera: un estudio morfológico*. Miami, Ediciones Universal, Colección Ebano y Canela, 1986

3
EL MITO DEL CHIVO EXPIATORIO

"LAS MUJERES SE ENCOMIENDAN AL ÁRBOL DAGAME":
EJEMPLO DE *TEXTO DE PERSECUCIÓN* GIRARDIANO

CABRERA, LYDIA. "Las mujeres se encomiendan al árbol Dagame," en *¿Por qué? Cuentos negros de Cuba.* Colección del Chicherekú en el Exilio, 2a. edición, 1972, pp. 57-62.

CIMINNA, VINCENT. *Violence and Sacrifice: An Analysis of Girard's Interpretation of Ritual Action,* Ph. D. Dissertation, Dept. of Comparative Literature, New York University, June, 1984.

CIRLOT, JUAN EDUARDO. *Diccionario de símbolos,* Barcelona, Editorial Labor S.A., 1981.

FRAZER, SIR JAMES G. *The Golden Bough: A Study in Magic and Religion,* London, MacMillan & Co., 1967.

GIRARD, RENÉ. *La Violence et le Sacré,* Paris, Grasset, 1978.

————. *Des Choses Cachées Depuis la Fondation du Monde,* Paris, Grasset, 1978.

GUTIÉRREZ, MARIELA. *El cosmos de Lydia Cabrera: Dioses, animales y hombres,* Miami, Ediciones Universal, Colección Ebano y Canela, 1991.

————. *Los cuentos negros de Lydia Cabrera: Un estudio morfológico.* Miami, Ediciones Universal, Colección Ebano y Canela, 1986.

JAHN, JANHEINZ. *Muntu: Las culturas neoafricanas,* México, Fondo de Cultura Económica, 1978.

MORAZÉ, C. *Science and the factors of Inequality,* Paris, 1979.

YOUNG, DUDLEY. *Origins of the Sacred,* New York, St.Martin's Press, 1991.

4
DE BABALAWOS Y CONJUROS

INKIN PUNGUELE BONDAN KISA BONDAN KISA
BONDAN GÜEI: EL *BILONGO* DE ERUBÚ

CABRERA, LYDIA. *Anagó: vocabulario lucumí* (El yoruba que se habla en Cuba). Prólogo de Roger Bastide. Miami, 2a. edición, Ediciones Cabrera y Rojas, Col. del Chicherekú en el exilio, 1970.

————. *El Monte: igbo finda, ewe orisha, vititinfinda.* Miami, 7a. edición, Ediciones Universal, Col. del Chicherekú, 1992.

————. "Esa raya en el lomo de la jutía", en *¿Por qué? Cuentos negros de Cuba,* Madrid, Ediciones Cabrera y Rojas, Col. del Chicherekú en el exilio,1972, pp.153-176.

————. *La Regla Kimbisa del Santo Cristo del Buen Viaje.* Miami, Peninsular Printing Inc., Col. del Chicherekú en el exilio, 1977.

————. *Otán Iyebiyé: las piedras preciosas*. Miami, Ediciones Cabrera y Rojas, Col. del Chicherekú en el exilio, 1970.

————. *Reglas de Congo: Palo Monte Mayombe*. Miami, Peninsular Printing Inc., Col. del Chicherekú en el exilio, 1979.

————. *Vocabulario congo* (El bantú que se habla en Cuba). Prólogo de Isabel Castellanos. Miami, Ediciones Cabrera y Rojas, Col. del Chicherekú en el exilio, 1984.

LÖBSACK, THEO. *Medicina mágica: Métodos y logros de los curanderos milagrosos*. México, Fondo de Cultura Económica, 1986.

MURPHY, JOSEPH M. *Santería: An African Religion in America*. Boston, Beacon Press, 1988.

PARTE II:
ESTRUCTURA Y SÍMBOLOS

FUNCIONES ESTRUCTURALISTAS Y SIMBÓLICAS
DEL ELENCO CABRERIANO

AARNE, ANTTI AND STITH THOMPSON. *The Types of the Folktale: A Classification and Bibliography*. FF Communications, no. 184, 2d. rev. ed. Helsinki, 1964.

BREMOND, CLAUDE. *Logique du récit*. Paris, Éditions du Seuil, 1973.

CABRERA, LYDIA. *Ayapá: Cuentos de Jicotea*. Miami, Ediciones Universal, 1971:
"Vida o muerte", pp. 21-23. "La venganza de Jicotea", pp. 33-36. "Jicotea era un buen hijo", pp. 37-48. "Ncharriri", pp. 49-53. "Irú Ayé", pp. 55-63. "El vuelo de Jicotea", pp. 67-75. "El ladrón del boniatal", pp. 77-84. "La rama en el muro", pp. 87-107. "Jicotea y el árbol de güira que nadie sembró", pp. 125-129. "Jicotea una noche fresca", pp. 131-138. "En el río enamorado", pp. 217-235. "El juicio de Jicotea", pp. 249-256. "La herencia de Jicotea", pp. 257-264.

————. *Cuentos negros de Cuba*. Prólogo de Fernando Ortiz. Madrid, Ediciones C.R., Col. del Chicherekú en el exilio, 1972:
"Taita Jicotea y Taita Tigre", pp. 54-66. "Arere Marekén", pp. 124-126. "Osaín de un Pie", pp. 150-155.

————. *¿Por qué? Cuentos negros de Cuba*. Madrid, Ediciones C.R., Col. del Chicherekú en el exilio, 1972:
"Por qué...se cerraron y volvieron a abrirse los caminos de la isla", pp. 15-24. "Por qué...cundió brujería mala", pp. 30-34. "Por qué...Jicotea lleva su casa a cuestas, el majá se arrastra, la lagartija se pega a la pared", pp. 35-43. "Por qué...el chivo hiede", pp. 50-52. "Por qué...las mujeres se encomiendan al árbol Dagame", pp. 57-63. "Por qué...la tierra le presta al hombre y éste, tarde o temprano, le paga lo que le debe", pp. 63-65. "Por qué...el algodón ciega a los pájaros", pp. 68-73. "Por qué... Susudamba no se muestra de día", pp. 101-119. "Por qué...dicen los gangás, Los grandes no pagan favores de humildes", pp. 144-146. "Por qué...esa raya en el

lomo de la Jutía", pp. 153-160; 173-176. "Por qué...el carapacho a heridas de Jicotea", pp. 186-193. "Por qué...las nariguetas de los negros están hechas de fayanca", pp.194-198. "Por qué...el mono perdió el fruto de su trabajo", pp. 214-219.

GREIMAS, ALGIRDAS JULIEN. *Sémantique Structurale*. Paris, Larousse, 1966.

GUTIÉRREZ, MARIELA. *Los cuentos negros de Lydia Cabrera: Un estudio morfológico*, Miami, Ediciones Universal, Colección Ebano y Canela, 1986.

—————. "Un gran personaje de Lydia Cabrera". *En torno a Lydia Cabrera*. Miami, eds. Isabel Castellanos y Josefina Inclán, Ediciones Universal, Col. Ebano y Canela, 1987, pp. 88-94.

PROPP, VLADIMIR. *Morphologie du conte*. Paris, Éditions du Seuil, 1970.

VESELOVSKI, ALEKSANDRE NIKOLAEVICH, *Istoricheskaia poetika*. Leningrad, Khudozhestvennaia litera, 1940.

A MANERA DE EPÍLOGO:

EL ACHE: PIEDRA ANGULAR DE LA MITOLOGÍA YORUBA

BASCOM, WILLIAM. "The Focus of Cuban Santería", *Southwestern Journal of Anthropology*. VI. No. 1, 1950, pp. 64-68.

—————. "The Yoruba in Cuba". *Nigeria*. No. 37, 1951, pp. 14-20.

BASTIDE, ROGER. Prólogo a *Anagó*, de Lydia Cabrera. Miami, Ediciones Universal, 1957, 1970, 1986, pp. 7-11.

CABRERA, LYDIA. *Anagó: vocabulario lucumí*. Prólogo de Roger Bastide. Miami, Ediciones Universal, 1986.

—————. *El Monte: igbo finda, ewe orisha, vititinfinda*. Miami, Ediciones Universal, 1992.

CIRLOT, JUAN EDUARDO. *Diccionario de símbolos*. Barcelona, Editorial Labor, S.A., 1981.

DILTHEY, WILHELM. *Pattern and Meaning in History: Thoughts on History and Society*. New York, Harper & Row, 1962.

LACHATAÑERÉ, RÓMULO. "El sistema religioso de los lucumíc y otras influencias africanas en Cuba". *Estudios afrocubanos*. Vol. III, Nos. 1, 2, 3 y 4, 1939, pp. 28-84; Vol. IV, Nos. 1, 2, 3 y 4, 1940, pp. 27-38.

—————. *O mío Yemayá*. Manzanillo, Editorial Arte, 1938.

MURPHY, JOSEPH. *Santería: An African Religion in America*. Boston, Beacon Press, 1988.

ORTIZ, FERNANDO. *Los negros brujos*. Miami, Ediciones Universal, 1973.

ÍNDICE DE CUENTOS ANALIZADOS

Ayapá: Cuentos de Jicotea (1971)

Verbum ✳ ENSAYO